HEYNE
BÜCHER

HEYNE
RAT-
GEBER

HERBERT KÜRTH / ARIBERT KUTSCHMAR

BAUWERKE UND BAUSTILE

Architektur von der Antike
bis zur Gegenwart

WILHELM HEYNE VERLAG
MÜNCHEN

HEYNE-BUCH Nr. 4486
im Wilhelm Heyne Verlag, München

Titel der Originalausgabe:
BAUSTILFIBEL/ARCHITEKTUR

Lizenzausgabe mit Genehmigung des volkseigenen Verlages
Volk und Wissen, Berlin, DDR
Printed in Germany 1976
Zeichnungen: Ruth und Rudolf Peschel
Umschlaggestaltung: Atelier Heinrichs, München
Satz: Schaber, Wels
Druck und Bindung: Ebner, Ulm

ISBN 3-453-41144-7

Inhalt

Vorwort

Dieses einmalige Werk wurde von namhaften Autoren der DDR geschrieben.

Deshalb stößt der westdeutsche Leser natürlich bei bestimmten Interpretationen zwangsläufig auf Formulierungen, die ihn vielleicht etwas ungewöhnlich anmuten.

Diese Ausdrucksweise entspricht der politischen und gesellschaftlichen Struktur der DDR. Für den Leser der BRD wird dadurch die Nutzungsmöglichkeit des Bandes in keiner Weise beeinflußt, da die Qualität des Werkes von der Verschiedenheit der Interpretationsstile unberührt bleibt.

Dieses Buch mit seiner Fülle von Informationen ist für jeden Leser eine wertvolle Hilfe, um sich einen Überblick zu verschaffen oder um »verlorengegangene« Kenntnisse wieder aufzufrischen.

Deshalb freuen wir uns, dieses Nachschlagewerk in einer preiswerten Taschenbuch-Ausgabe verlegen zu können.

Wilhelm Heyne Verlag München

Vom Wesen der Architektur

Seit jeher baut der Mensch. Er sucht oder schafft sich Dach und Räume, um sich und seine Vorräte vor Regen und Wind, vor Hitze und Kälte, vor wilden Tieren oder auch vor anderen Menschen zu schützen. Die Menschen der Urgesellschaft bewohnten primitive Höhlen oder Hütten; mit der Entwicklung der menschlichen Gemeinschaft wurden jedoch die Raumbedürfnisse immer vielfältiger. Heute verrichtet der Mensch nur noch wenige Tätigkeiten im Freien; die meiste Zeit seines Lebens verbringt er in von ihm selbst geschaffenen Räumen: in Arbeits- und Wohnräumen, in Räumen für Bildung und Erziehung, für Kultur und Erholung. Die bauliche Hülle dieser Räume, die Decken, Wände und Dächer — das Gebaute — nennen wir »Gebäude«. So vielfältig die Bedürfnisse des Menschen geworden sind, so vielfältig ist heute das Bild der Gebäude: Fabriken und Wohnhäuser, Ställe und Scheunen, Bahnhöfe und Wassertürme, Lagerhallen und Verwaltungsbauten, Schulen und Kindergärten, Sporthallen und Kaufhäuser, Theater, Museen, Kirchen und Baudenkmäler und viele andere Gebäudegattungen in den Städten und auf dem Lande gehören zu unserer gewohnten Umwelt.

Der Mensch bezwang und bezwingt durch Arbeit auf mannigfache Weise die Natur. Er gestaltet die Erde, seine Umwelt, mit seinen Mitteln zu seinen Zwecken. Überall sind die Erfolge menschlicher Arbeit sichtbar. Nur die wilden Gebirge, die Sand- und Schneewüsten und das Meer bieten heute noch den Anblick ursprünglicher ungestalteter Natur. Alle Ergebnisse menschlicher Arbeit sind Zeugnisse menschlicher Kultur; in ihnen wird nicht nur das Streben nach Zweckmäßigkeit, sondern auch nach Schönheit deutlich. Die schöpferische Fähigkeit und Kraft des Menschen, mit der er sich in seiner natürlichen und sozialen Umwelt vergegenständlicht, ist immer von ästhetischen Zielen und Bedürfnissen begleitet, weil der Mensch nach einer optimalen Verwirklichung seines »Gattungslebens und seiner selbst als Subjekt strebt. Dieses Streben ist gebunden an historisch konkrete Gesellschaftsordnungen, und die Progressivität einer Gesellschaftsordnung wird mit gemessen an dem Maß, wie sie zur Selbstverwirklichung, zur Befreiung des Menschen beiträgt. Den gebauten räumlichen Teil der Umwelt, in dem sich Leben und Tätigkeit des Menschen vollziehen, nennen wir Architektur. Es sind die Bauwerke und die Räume, die zwischen ihnen gebildet werden. Und gerade hier zeigt sich besonders klar das menschliche Bemühen um Schönheit. Seit den frühen Stufen der menschlichen Gesellschaft läßt sich der Mensch bei der Errichtung seiner Bauwerke nicht nur von Nützlichkeit und Zweckmäßigkeit leiten, sondern er verknüpft damit in starkem Maße auch seine geistig-ästhetischen Ideen und Ansprüche. So wird an jedem Bauwerk, mehr oder weniger ausgeprägt, ein ästhetisches Bemühen erkennbar. Es zeigt sich in ihnen das Ringen um eine aus den jeweiligen Lebensformen der Gesellschaft erwachsene ästhetische Ordnung sowie die Freude an harmonischen und schönen Formen. Das bedeutet allerdings nicht, daß jedes Gebäude der Vergangenheit oder Gegenwart den Anspruch erhebt, als Kunstwerk zu gelten. Die übergroße Mehrzahl aller seit jeher entstandenen Bauten wurden weder als Werke der Kunst konzipiert, noch ging von ihnen die Wirkung eines Kunstwerks aus. Jedoch konnten unter historisch gesehen relativ günstigen gesellschaftlichen Bedingungen Bauten entstehen, die mit Recht als Kunstwerke bezeichnet werden. Sie waren in der Lage, die jeweiligen herrschenden gesellschaftlichen Ideen und Verhältnisse bewußtzumachen, von ihnen ging eine ähnliche starke ideologische Wirksamkeit aus wie von Werken der bildenden Kunst, der Musik oder der Literatur. Der Einfluß der Architektur auf das gesellschaftliche Bewußtsein wurde im Laufe der Geschichte stets von den herrschenden Klassen genutzt. Indem sie ihre eigenen baulichen Bedürfnisse befriedigten, schufen sie sich zugleich ein ideologisches Beeinflussungsmittel. In Größe und Pracht der Burgen, Dome und Klöster des Mittelalters, im Prunk der Residenz- und Lustschlösser absolutistischer Fürsten, in den gleißenden, monumentalen Fassaden der Industrie-, Bank- und Kaufpaläste der kapitalistischen Ära, also in den künstlerischen Formen der verschiedenen Bauepochen, spiegeln sich die Ziele der herrschenden Klasse, Lebensgefühl und Ideologie, Macht und Reichtum der jeweiligen Bauherren für uns nacherlebbar wider.

In der sozialistischen Gesellschaft wird das werktätige Volk selbst zum Bauherrn; die Aufgabe der Architektur ist es, persönliche Bedürfnisse und gesellschaftliche Erfordernisse auch im materiellen Bereich des Bauens optimal zur Übereinstimmung zu führen und den ständig steigenden ästhetischen Ansprüchen an die Gestaltung der menschlichen Umwelt gerecht zu werden. Ziel sozialistischen Bauens, der gesellschaftlichen Bauten und baulichen Ensembles in ihrer räumlichen Funktion und ihrer ideologischen Wirksamkeit ist es, das Verhalten, Denken und Fühlen der Menschen zu beeinflussen und so die Entwicklung sozialistischer gesellschaftlicher Beziehungen der Menschen zu stimulieren.

So erfüllt die Architektur in allen Zeiten praktische Erfordernisse der Gesellschaft, die weitgehend verbunden sind mit mehr oder weniger starken ideellen Einflüssen.

Da die Werke der Architektur Produkte schöpferischer menschlicher Arbeit sind, ist ihre Herstellung mit vielen funktionellen, produktionstechnischen und ökonomischen Fragen verknüpft.

Jedes Gebäude muß seinem Zweck entsprechen. Ein Wohnhaus soll dem ruhigen, gesunden Wohnen dienen, eine Fabrik dem einwandfreien Produktionsablauf, eine Schule dem ungestörten Lehren und Lernen, eine Klinik der Betreuung, Pflege und Heilung von Kranken. Die Form, Größe und Ausstattung der Einzelräume, ihre Ordnung zueinander, zur Umgebung und zu den Himmelsrichtungen werden von dem jeweiligen Zweck weitgehend bestimmt. Je spezialisierter die Forderungen an das Bauwerk sind, um so komplizierter wird die bauliche Lösung.

Genauso wichtig ist es, die richtige konstruktive Lösung zu finden. Die Standsicherheit eines Bauwerks muß auch bei Sturm und Schnee gewährleistet sein. Alle tragenden Bauglieder, die Dach- und Deckenbalken, die Mauern, Pfeiler und Fundamente müssen entsprechend ihrer Belastung bemessen werden. Das Dach soll das Regenwasser abhalten, Fenster und Türen sollen gut schließen, die Treppen sicher und bequem zu begehen sein. Dazu kommt die Forderung nach einem dem Stand der Produktivkräfte entsprechenden technischen Komfort.

Auch technologische Fragen sind beim Entwurf und der Ausführung von Gebäuden zu berücksichtigen. Die Entwicklung der Bautechnik bringt ständig neue Baustoffe und Baumittel hervor, für deren Einsatz der Architekt neue Bauweisen und Bauformen finden muß. Das war bei der Erfindung des Ziegelsteins nicht anders als heute der Übergang zur industriellen Massenfabrikation und Montage von Fertigteilen. Schließlich beeinflussen auch ökonomische Fragen das Baugeschehen.

Verantwortungsvoll muß der Architekt die funktionellen, technischen und ökonomischen Probleme lösen. Nicht immer wird es gelingen, allen Forderungen in gleichem Maße zu genügen; oft werden Kompromisse nötig sein.

Dabei darf nie vergessen werden, daß der Mensch nach den jeweiligen ästhetisch-künstlerischen Auffassungen seiner Zeit in ihrer Klassenbedingtheit baut. Die Bauwerke sollen den ästhetischen Ansprüchen ihrer Erbauer und Benutzer entsprechen. Doch ist die schöpferisch-gestalterische Tätigkeit nirgends — mit Ausnahme der Industrieformgestaltung — so eng an Wissenschaft, Technik und Ökonomie gebunden wie in der Architektur.

Die Vielfalt der Probleme, aber auch die räumlichen Ausmaße der Werke der Architektur vom Einzelbauwerk über die Baugruppe bis zur Gesamtstadt fordern jeweils die gemeinsamen Anstrengungen vieler Menschen. So war und ist das Bauen immer eine gesellschaftliche Aufgabe.

Schon in der Urgesellschaft war der Hüttenbau eine Aufgabe der Gemeinschaft; die ägyptischen Pyramiden konnten nur durch die organisierte Arbeit Zehntausender gebaut werden. Zu Unrecht wurden von der Geschichtsschreibung der Vergangenheit vielfach nur die Leistungen der Bauherrn und Baumeister gewürdigt, die Anstrengungen und Fähigkeiten der den Bau errichtenden Maurer, Steinmetzen, Zimmerleute usw. aber übersehen.

»Wer baute das siebentorige Theben?
In den Büchern stehen die Namen von Königen.
Haben die Könige die Felsbrocken herbeigeschleppt?
Und das mehrmals zerstörte Babylon —
Wer baute es so viele Male auf? In welchen Häusern des goldstrahlenden Lima wohnten die Bauleute?
Wohin gingen am Abend, wo die chinesische Mauer fertig war, die Maurer?
Das große Rom ist voll von Triumphbögen. Wer errichtete sie?«

... läßt Brecht mit Recht seinen »lesenden Arbeiter« fragen. So sind die Bauwerke der Vergangenheit nicht einfach nur eine Widerspiegelung der Lebensansprüche und der Klassenideologie ihrer Bauherren, sondern in gleichem Maße Zeugnisse der Arbeitskraft und handwerklichen Kunstfertigkeit sowie der schöpferischen Fantasie der Baumeister, Bauhandwerker und Bauarbeiter, des schaffenden Volkes.

Das Wort »Architekt« ist vom griechischen »architekton« abgeleitet und bedeutet »leitender Baumeister«; hier wird angedeutet, daß der Architekt nur einer unter vielen war. Das ist bis heute so geblieben: Architekten, Ingenieure, Statiker, Zeichner und bildende Künstler liefern den Bauentwurf; auf der Baustelle arbeitet eine Vielzahl gut ausgebildeter Fachkräfte: Maurer, Betonbauer, Zimmerleute, Dachdekker, Rohr- und Fliesenleger, Klempner und Elektriker, Tischler und Maler; dazu kommen Vermesser, Kraftfahrer, Kranführer, Pflasterer, Gärtner und viele andere.

Wie alle großen Gestaltungsbemühungen der menschlichen Gesellschaft erfordern die Werke der Architektur die gemeinsame, organisierte Arbeit vieler.

In dem schöpferisch-baulichen Bemühen der Vergangenheit und Gegenwart läßt sich aber auch häufig der Wunsch erkennen, über die Gestaltung eines Einzelgebäudes, eines baulichen Ensembles oder einer ganzen Stadt hinaus, die gesamte Umwelt komplex zu gestalten. Malerei und Plastik, Schmiede- und Wasserkunst, Möbelbau und Beleuchtungstechnik, Garten- und Landschaftsgestaltung werden in unterschiedlichem Maße in die Bauaufgaben mit einbezogen. Die Wirksamkeit jeder dieser Einzeldisziplinen wird durch das angestrebte Zusammenspiel gesteigert. »Im Zusammenwirken mit der Architektur erhält die bildende Kunst einen öffentlichen Platz in der gebauten räumlichen Umwelt und damit unmittelbar im Leben der Menschen und ihrer Gesellschaft, die Architektur aber erhält im Zusammenwirken mit der bildenden Kunst eine zusätzliche geistig-kulturelle Bedeutung« (Flierl). Dieser Tatsache waren sich die Architekten und bildenden Künstler von jeher bewußt. Man denke nur an die Synthese von Architektur, Bildhauerkunst und Malerei beim griechischen Tempelbau, bei gotischen Kathedralen oder bei den Meisterwerken illusionistischer Wand- und Deckenmalerei in barocken Schlössern und Kirchen. Michelangelo und Andreas Schlüter waren sowohl Architekten als auch Meister mehrerer Disziplinen der bildenden Kunst. Auch heute ist eine Synthese der Architektur mit bestimmten Formen der bildenden Kunst unter den Bedingungen einer sozialistischen Gesellschaft in neuer Qualität notwendig.

Doch geht es nicht darum, die Architektur als »Mutter der Künste« zu deklarieren, sondern alle umweltgestaltenden Disziplinen je nach Aufgabe funktionell und ideologisch richtig einzusetzen.

Derartige Versuche beschränkten sich in der Vergangenheit meist nur auf territorial sehr begrenzten Raum, etwa auf die Umgebung eines barocken Schlosses, dessen Nebengebäude und Park, allenfalls noch auf eine dazugehörige Residenzstadt. Der Plan des Fürsten Franz von Anhalt-Dessau, sein ganzes Ländchen gegen Ende des 18. Jahrhunderts zu einem »schönen Garten« zu machen, mußte ebenso Stückwerk bleiben wie die Bemühungen des Gartenarchitekten Peter Josef Lenné um 1842, die gesamte Potsdamer Umgebung einschließlich der Stadt und aller Schlösser und Parks zu einer gartenkünstlerischen Einheit zusammenzufassen. Bei der Urbarmachung und Erschließung von Neuland gelang es auch unter kapitalistischen Verhältnissen, mitunter ganze Städte oder Landstriche einheitlich und planvoll zu gestalten.

Die holländischen Polderbesiedlungen oder die neue brasilianische Hauptstadt Brasilia können hier als Beispiel gelten. Doch sind derartige staatliche Vorhaben, in denen die baulichen Erscheinungen privatkapitalistischen Profitstrebens weitgehend eingeschränkt werden konnten, untypisch und selten.

Aufgabe und Ziel sozialistischer Umweltgestaltung muß es sein, den gesamten Rahmen individuellen und gesellschaftlichen Lebens komplex zu gestalten, vom Gebrauchsgegenstand über den Innenraum bis zum Gebäude, vom baulichen Ensemble über das Dorf und die Stadt bis zu ganzen Landschaften oder Ländern. Der Architektur kommt in diesem Gestaltungsprozeß eine Schlüsselposition zu.

Vom Werden und Vergehen der Baustile

Verwirrend vielfältig ist das architektonische Bild der Vergangenheit schon in unserer Heimat, ganz zu schweigen von den oft phantasievoll-fremdartigen Bauten anderer Länder und Erdteile. Kaum ein Gebäude gleicht dem anderen. Einen unerschöpflichen Formenreichtum entwikkelten die Baumeister aller Zeiten. Und doch waren sie stets an bestimmte künstlerische Gestaltungsprinzipien gebunden.

Ähnlich wie Kunstwerke spiegeln auch Bauwerke die gesellschaftliche Wirklichkeit ihrer Zeit wider. Eine Betrachtung der Werke der Architektur von Vergangenheit und Gegenwart kann sich daher nicht in ästhetischen Feststellungen erschöpfen. Seit der Wende zum 19. Jahrhundert beschäftigen sich Gelehrte und Forscher mit historischen Bauformen. Die Baugeschichte, ein Zweig der allgemeinen Kunstgeschichte, sah ihre Aufgabe darin, die Entstehungszeiten und Architekten historischer Bauwerke festzustellen, gemeinsame Merkmale zu finden und deren Herkunft und Weiterentwicklung zu erforschen. Tausende von Architekturdenkmalen in aller Welt wurden aufgemessen, gezeichnet, fotografiert und inventarisiert. Auf Grund dieser umfangreichen Materialsammlungen war es möglich, gewisse allgemeingültige Aussagen über die Architektur der Vergangenheit zu machen. Schon die bürgerliche Kunstwissenschaft erkannte und definierte bestimmte Baustile oder zeitlich und geographisch begrenzte architektonische Richtungen und Strömungen, wie etwa die Romanik, die Gotik, die Renaissance oder das Barock in der europäischen Baukunst. Diese Bezeichnungen sind bis heute üblich, sie sind jedoch nicht auf die Architektur anderer Erdteile, wie Ostasien, Amerika oder Afrika, anwendbar.

Das Werden und Vergehen der Baustile ist wissenschaftlich nur zu erklären, wenn neben ihren formalen Erscheinungen auch die jeweiligen Entwicklungsstufen der Gesellschaft, der Stand der Produktivkräfte und die Form der Produktionsverhältnisse betrachtet werden.

Die frühesten Zeugen menschlichen Bauens sind kaum erhalten. Vergängliche Materialien, wie Holz, Bambus, Schilf, Stroh oder Lehm, wurden zum Bau primitiver Hütten verwendet. In mühsamer wissenschaftlicher Arbeit gelang es den Archäologen, derartige Behausungen aus der Zeit der Urgesellschaft auszugraben und zu rekonstruieren. Vergleichsmaterial lieferten die Völkerkundler, indem sie die Bauten und Bauweisen der Naturvölker studierten.

Konstruktion und Aussehen der Hütten der urgesellschaftlichen Stämme richteten sich ganz nach dem vorhandenen Material, dem Klima, der Lebensweise und den Stammeseigenarten der Erbauer. Während sich die Eskimos massive Iglus aus Eisblöcken schufen, bevorzugten die Ureinwohner Nordamerikas mit Häuten bespannte Zelte; während die Musgu in Nordkamerun feste bienenkorbförmige Lehmhütten bewohnten, von deren besteigbaren Dächern sie Ausschau nach Jagdbeute hielten, errichteten sich die Bewohner der malaiischen Inseln leichte Pfahl- und Baumhäuser (siehe Abb. Indianerzelt, Pfahlbau in Neuguinea).

Unsere Vorfahren auf deutschem Boden verwendeten meist Baumstämme, Flechtwerk und Lehm zum Bau ovaler oder rechteckiger Hüt-

Tannstock am Federsee, Siedlung, Mittlere Steinzeit, Rekonstruktion

ten. Neben den einfachen Wohnbauten gab es aber auch schon früh Anlagen und Einrichtungen für die Bergung von Nahrungsmitteln oder für die Verteidigung. Dazu gehörten beispielsweise die runden germanischen Fluchtburgen mit Wällen und Palisaden; sie dienten ihren Bewohnern zur gemeinsamen Verteidigung (siehe Abb. Rekonstruktion einer germanischen Fluchtburg). Die gewählte Kreisform war besonders rationell, da auf diese Weise die größtmögliche Fläche durch den geringsten Aufwand an Umwallung und die kleinste Zahl von Verteidigern geschützt werden konnte.

Zu den erhaltenen kultischen Anlagen zählen unter anderem die Großsteingräber, insbesondere die Kammer- und Ganggräber Nord-

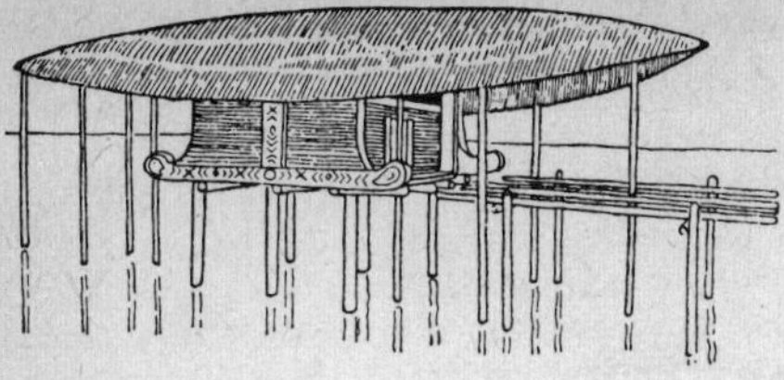

Pfahlbau in Neuguinea

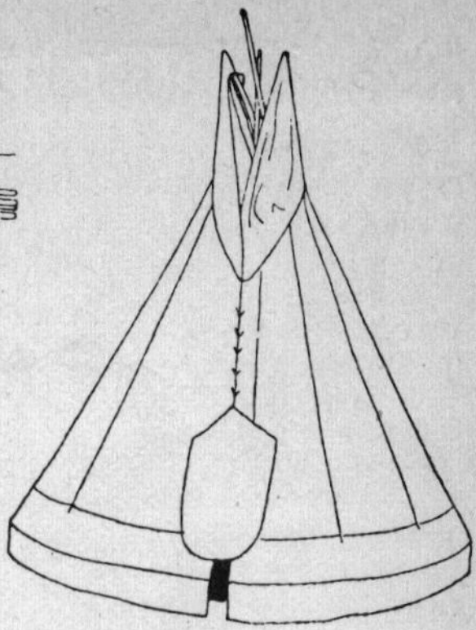

Zelt der Ureinwohner Nordamerikas

europas, die Hügelgräber sowie der Sonnenkultplatz »Stonehenge« bei Amesbury in England (siehe Abb. Hügelgrab und Rekonstruktion des Kultplatzes Stonehenge). Diese Anlage aus der ältesten Bronzezeit besteht aus drei konzentrischen Reihen aufgerichteter, zum Teil riesiger Steinblöcke (Monolithe) und hat einen Gesamtdurchmesser von dreißig Metern.

Bei den Bauten der Urgesellschaft handelt es sich im allgemeinen nur um primitive, den einfachsten Raumbedürfnissen der Menschen entsprechende Wohn- und Schutzanlagen. Doch läßt sich an dem beschriebenen Kultplatz Stonehenge bereits der Wille zu künstlerischer

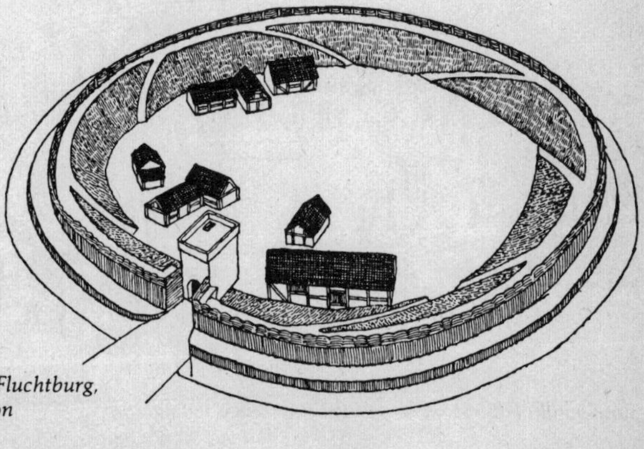

Germanische Fluchtburg, Rekonstruktion

Hügelgrab

Gestaltung und kultischer Wirksamkeit ablesen; somit ist hier der Begriff »Baukunst« im Sinne gebauter Kunst berechtigt.

Erst seit der Zeit der Sklavenhaltergesellschaft werden derartige Werke der »Baukunst« häufiger. Durch die Herausbildung privaten Eigentums an Produktionsmitteln, die Spaltung der menschlichen Gesellschaft in Besitzende und Besitzlose, in Ausbeuter und Ausgebeutete, entwickelten sich Voraussetzungen dafür, daß prachtvolle und monumentale Bauten errichtet werden konnten. Erstmalig verfügte eine Oberschicht, die der Sklavenhalter, über den nötigen Reichtum und auch die Arbeitskräfte, um sich prächtige Gebäude errichten zu lassen, die über einen praktisch-nützlichen Zweck hinausgingen. Die Sklavenhalter machten sich Wissenschaft und Kunst zunutze; ihre Bauten sollten neben der Befriedigung ihrer anspruchsvollen Bedürfnisse von

Sonnenkultplatz »Stonehenge« bei Amesbury in England

ihrem Ruhme und ihrer Macht künden und damit zugleich auch der ideologischen Beeinflussung der ausgebeuteten Massen dienen. Tempel, Paläste und gewaltige Grabbauten der Herrscher entstanden. Die Architektur trat in den Dienst der herrschenden Klasse. An dieser Tatsache hat sich während aller folgenden antagonistischen Gesellschaftsformationen nichts geändert. Jede der jeweils herrschenden Klassen bediente sich der Architektur für die Befriedigung ihrer Raum- und Formansprüche und — bewußt oder unbewußt — gleichzeitig als ideologische Waffe. Die herrschende Klasse allein verfügte über die materiellen Mittel für die Errichtung monumentaler Bauwerke.

Die Folge der aufblühenden und niedergehenden Baustile entspricht im wesentlichen dem Wandel der Produktionsverhältnisse, dem Emporstreben oder Absterben der einen oder anderen Klasse. Man denke nur an die Zusammenhänge zwischen der Entwicklung des Frühkapitalismus und der Renaissance oder des Absolutismus und des Barocks. So war und ist die Architektur wie alle anderen Künste klassengebunden.

Zu jeder Zeit muß jedoch die menschliche Gesellschaft ungeachtet ihrer Klassenspaltung auch als eine Einheit in ihren Widersprüchen betrachtet werden, denn die bauliche Gestaltung der Umwelt war stets eine Aufgabe der gesamten Gesellschaft. Wenn auch in jeder Epoche die herrschenden Ideen die der herrschenden Klasse sind, so finden doch in den geistigen Strömungen der Zeit die Gedanken und Gefühle der verschiedenen Schichten des Volkes ihren Ausdruck, sie zeigen sich in der Architektur in dieser oder jener Form und wirken auch über die Bauwerke auf alle Angehörigen einer Gesellschaft zurück. Daraus erklärt sich die große Verbundenheit der besten Werke des künstlerischen Schaffens mit dem geistigen Leben des Volkes während einer

Stützende steinerne Bauelemente der Vergangenheit: Monolith und Säule

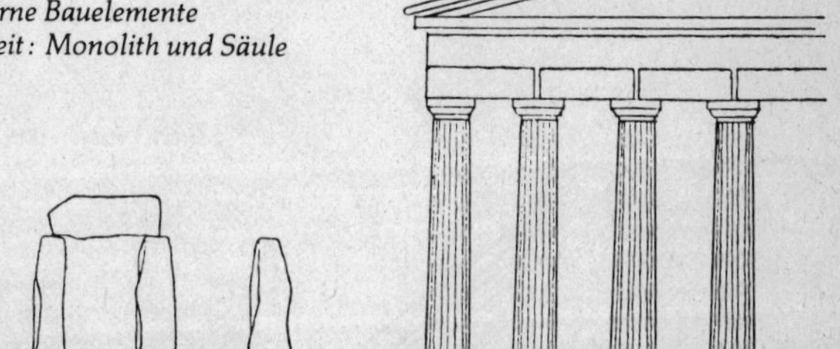

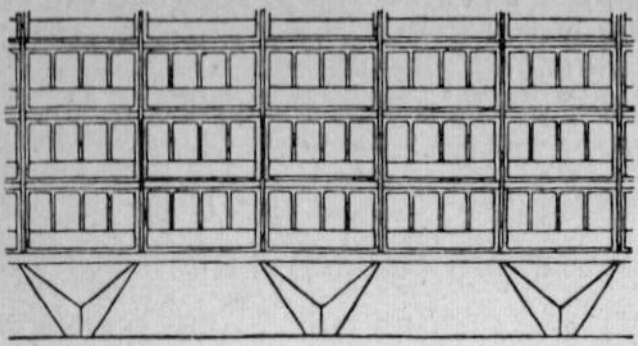

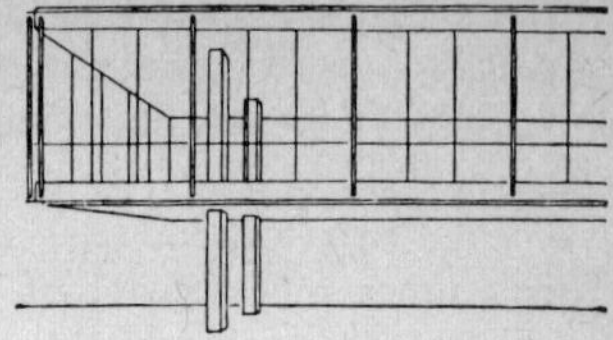

Stützende Bauelemente der Gegenwart: V-Stütze und einfache Geschoßstütze

jeden Epoche. Auch werden im Laufe der gesellschaftlichen und künstlerischen Umwälzungen nicht alle der einmal vorhandenen Formen durch neue verdrängt. Vorhandene künstlerische Erfahrungen geraten in der Regel nicht in Vergessenheit, sondern gehören zu dem unauslöschbar vorhandenen kulturellen Erbe eines jeden Volkes.

Der Wandel der Stilformen unterliegt auch nationalen und regionalen Besonderheiten oder dem seiner Zeit kühn vorauseilenden Gedankenflug einzelner Künstlerpersönlichkeiten sowie dem jeweils erreichten Stand des Wissens und Könnens aller am Bau beteiligten Arbeitskräfte.

Während sich die architektonischen Formen entsprechend den Veränderungen der gesellschaftlichen Struktur ablösen, entwickelte sich die technisch-konstruktive Seite der Architektur in direkter Abhängigkeit von den Produktivkräften. Ständig suchten und fanden die Menschen neue Wege, um ihre Raumbedürfnisse konstruktiv zu bewältigen. Der bautechnische Fortschritt von primitiven Holz- und Steinkonstruktionen bis zu den kühnen Stahl- und Stahlbetonbauten unserer Zeit folgte ökonomischen Gesetzmäßigkeiten. Er konnte beschleunigt oder gehemmt, aber nicht aufgehalten werden. Die heute üblichen Bauweisen, der Massivbau, der Skelettbau und der Zeltbau, sind von

Y-Stütze und dreizinkige Gabelstütze

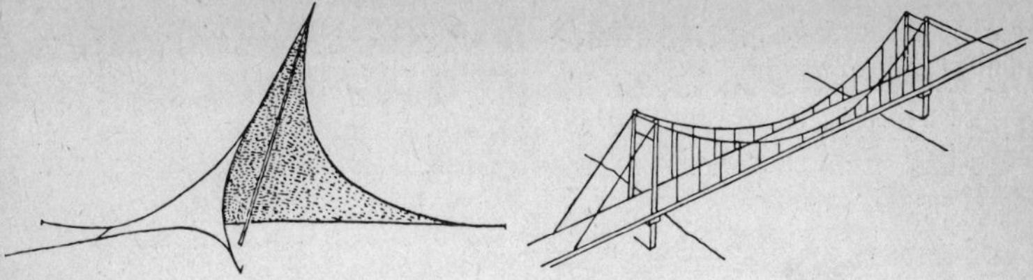

Konstruktionsprinzip des Zeltdaches, Hängebrücke

ihrem konstruktiven Prinzip her, wie verschiedene Beispiele aus der Urgesellschaft beweisen, schon sehr alt.

Während die Eskimos mühsam Eisblöcke aufschichteten oder die Germanen und Slawen Baumstämme zu Blockbauten zusammenfügten, mauerte man später mit Natur- und Ziegelsteinen, türmen heute mächtige Kräne Betonplatten zu Hochhäusern aufeinander. Das Prinzip des Massivbaus ist das gleiche geblieben; die raumabschließenden massiven Wände nehmen zugleich die statischen Lasten auf; sie bestehen aus schweren, festen Materialien. Bei den Fassaden dominieren die Mauerflächen, die nur von relativ kleinen Fensteröffnungen durchbrochen werden. Daher rührt der schwere und vielfach klotzige Eindruck von Massivbauten.

Den Skelettbau findet man in seinen Anfängen bei den Pfahlbauten der Südsee. Ein Gerippe aus Baumstämmen oder Bambus bildet das statische Gerüst des Bauwerks; die nichttragenden Wände bestehen aus leichtem Flechtwerk. Die Fachwerkbauten unserer Heimat, die gotischen Kathedralen mit ihrem Strebewerk und die modernen Stahl- und Stahlbetongerippebauten gehen auf den gleichen Konstruktionsgedanken zurück. Die raumabschließenden Wände sind hier teilweise vollständig in Glasflächen aufgelöst. Das feingliedrige Skelett und die

Konstruktionen von Hängedächern

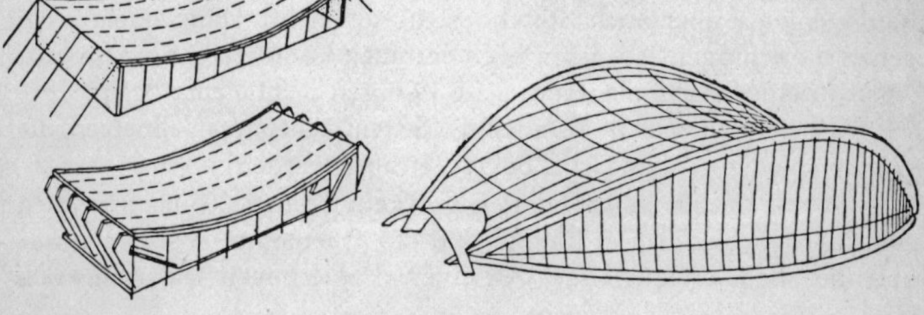

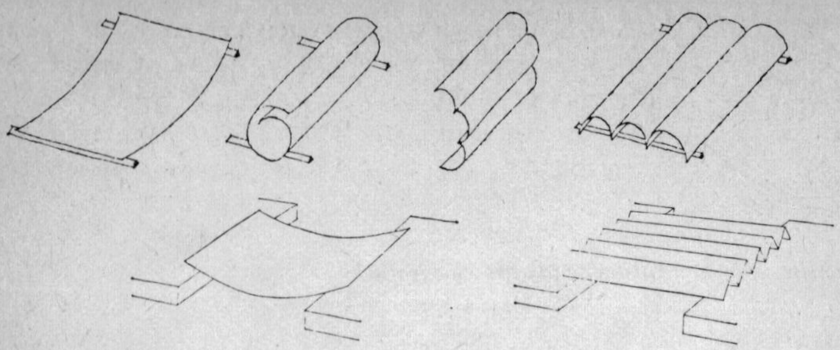

Konstruktionsprinzipien des Schalen- und des Faltdaches

großen Fensterflächen erzeugen den Eindruck von Leichtigkeit und Eleganz.

Das Konstruktionsprinzip der Zelte, wie sie die Ureinwohner Nordamerikas verwendeten, mit stützenden Masten und einer dünnen, aber festen Bespannung, wird heute bei Hängedächern angewendet. Die physikalischen Grundlagen dieser Konstruktion wurden bereits im 19. Jahrhundert erkannt und zum Beispiel beim Brückenbau verwertet: Eisen und Stahl lassen sich besonders rationell beim Bau verwenden, wenn man die entsprechenden Bauelemente auf Zug beansprucht. Bei einer Hängebrücke »hängt« die Fahrbahn tatsächlich an einer sinnvollen, von seitlichen Stützen getragenen Eisenkonstruktion. Bis auf die Stützen, die vielfach aus Stein errichtet wurden, tritt in allen Konstruktionsgliedern nur Zug auf. In den beiden Stützen wird dann die Last der Brücke als Druck ins Erdreich abgeleitet. Fast das gleiche Prinzip liegt modernen Hängedachkonstruktionen zugrunde. Die Dachhaut besteht aus einem mit Beton vergossenen Netz aus Stahlseilen; sie ist nur wenige Zentimeter dick und hängt zwischen zwei stützenden Wänden, die wie bei der Hängebrücke nach außen abgespannt sein müssen. Durch Berechnungen und Versuche entwickelten die Bauingenieure aber auch Stützkonstruktionen für Hängedächer, bei denen die schrägen Abspannungen entfallen konnten. Bei einem Entwurf für eine Sporthalle (Abb. Seite 19 unten rechts) zum Beispiel bestehen sowohl die Dach- als auch die Seitenflächen aus Seilnetzen, die von den beiden großen Druckbögen getragen werden.

Zwei erst im 20. Jahrhundert entwickelte Konstruktionsprinzipien zur Überdeckung großer Räume sind die sogenannte »Faltbauweise« und die »Schalenbauweise«. An einem Papierbogen lassen sie sich leicht erklären: während dem ungefalteten Bogen jede Stabilität fehlt, überspannt der gerollte und gefaltete Bogen ohne Unterstützung einen größeren Raum. Ähnlich geformte dünne Stahlbetonfaltungen oder -schalen werden heute in fast allen Ländern der Erde verwendet. Gewicht und Materialaufwand sind bei dieser Bauweise äußerst gering.

Während man mit dem traditionellen Gewölbe aus Stein nur Kuppelräume bis zu etwa 40 Metern Spannweite überdecken konnte (vergleiche zum Beispiel das Pantheon in Rom 43,6 m, die Hagia Sophia in Konstantinopel 32 m, die Peterskuppel in Rom 42 m), gestatten Schalenkonstruktionen Spannweiten über 200 Meter (beide Abb. Seite 21). Bei einer in Paris gebauten Ausstellungshalle mit 205 m Spannweite beträgt die Schalendicke weniger als 1/1000 der Spannweite. Dagegen hat die Schale eines Hühnereis mit 0,4 mm durchschnittlich eine Dicke von 1/100 des Eidurchmessers. Interessant ist es auch, die Entwicklung bestimmter traditioneller konstruktiver Elemente zu verfolgen. Zwischen den Monolithen von Stonehenge und den »klassischen« Säulen ist konstruktiv kein Unterschied (Abb. Seite 17). Wie vielfältig ist aber das Bild des stützenden Bauelementes »Säule« in unserem Jahrhundert. Neben der meist schmucklos glatten, schlanken Stahl- oder Stahlbetonstütze wurden sogenannte V-Stützen, Y-Stützen und andere Formen entwickelt. Kaum noch erkennbar ist die »Säule« in einem Bahnhofsentwurf aus dreizinkigen Gabelstützen (Abb. Seite 18 unten rechts). In zunehmendem Maße wurden in den letzten Jahren auch Textil-, Gummi- und Kunststoffhäute beim Bauen verwendet. Davon zeugen Zeltkonstruktionen, wie man sie beispielsweise in mannigfaltigen Formen auf großen Ausstellungen und zur Überdachung von Sportveranstaltungen findet. So wurden für das Olympiagebäude in München »Zeltdächer« konstruiert, die den Gesetzen der Zeltbauweise aus Häuten und Fellen folgen.

Zu allen Zeiten, während aller Gesellschaftsordnungen und Stilepochen waren und sind die Menschen aus der Tätigkeit des Bauens heraus bemüht, sich die Gesetze der Physik, der Statik und Festigkeitslehre nutzbar zu machen.

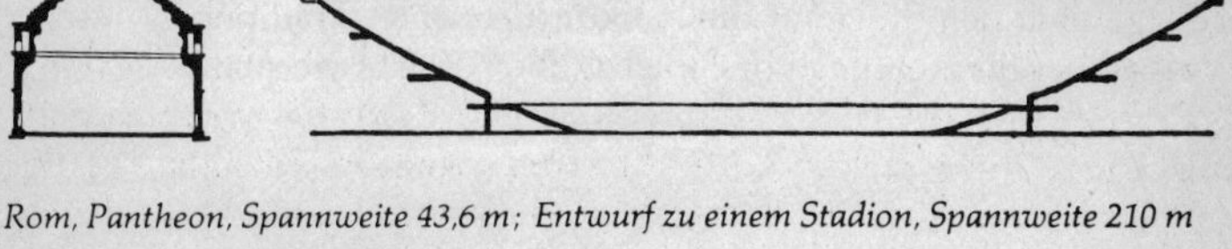

Rom, Pantheon, Spannweite 43,6 m; Entwurf zu einem Stadion, Spannweite 210 m

Wie die architektonischen Formen sich wandelten, so hatten während der einzelnen Gesellschaftsformationen auch unterschiedliche Bauaufgaben zentrale Bedeutung. Mit der Entwicklung der Produktivkräfte und der Wandlung der Produktionsverhältnisse im Prozeß ständig wachsender Arbeitsteilung entstanden aus neuen Bedürfnissen der Menschen neue Gebäudegattungen, andere wurden überflüssig. Waren trutzige Burgen, prächtige Schlösser und gewaltige Dome typisch für die Epoche des Feudalismus, so brachte die kapitalistische Gesellschaftsordnung mit ihrer kapitalistischen Warenproduktion Fabriken, Verkehrs- und Ausstellungsbauten, Börsen und Warenhäuser hervor. Auch das sozialistische Leben erfordert neue Gebäudearten in der Stadt und auf dem Lande. Besonders auffällig ist die Wandlung des Bildes in den Dörfern.

Die Entwicklung der Bautechnik und der Wandel der vorherrschenden Gebäudegattungen müssen in die baugeschichtliche Betrachtung einbezogen werden. Über eine reine Stilgeschichte hinausgehend ist in den folgenden Kapiteln versucht worden, einen kurzen Überblick über das Bauen in der Vergangenheit und Gegenwart zu geben. Die ausführlichere Behandlung deutscher Architekturgeschichte will immer im Zusammenhang mit der Baukunst in den anderen europäischen Ländern gesehen werden, da es zwischen diesen Ländern viele Formen der wechselseitigen Beeinflussung der Kulturen und selbstverständlich auch der Baukunst gibt. Es war jedoch im Rahmen dieses Buches noch nicht möglich, die großen baukünstlerischen Leistungen solcher außereuropäischen Länder wie Indien, China, Vorderasien u. a. entsprechend zu würdigen.

Eine Charakterisierung der herrschenden Gesellschaftsordnung, ihrer Gebäudegattungen, Stilformen und städtebaulichen Leistungen, des jeweiligen Standes der bautechnischen Erkenntnisse sowie der sozialökonomischen Stellung der Architekten und Bauhandwerker wurden jedem Kapitel vorangestellt. Über die formale Erscheinung der einzelnen Baustile hinaus soll dadurch auf die Ursachen ihres Werdens und Vergehens hingewiesen werden. Die Kenntnis der vielfältigen architektonischen Möglichkeiten und Lösungen der Vergangenheit soll dem Leser helfen, die Probleme des heutigen Bauens zu verstehen. Die Kenntnis der schönsten Bauwerke der Vergangenheit wird nicht zuletzt auch den Stolz auf die baukünstlerischen Traditionen unseres Volkes und die Achtung vor denen anderer Völker wecken.

Die Baukunst der Antike

Als eines der »sieben Weltwunder« rühmten die Schriftsteller der Antike die Cheopspyramide bei Kairo, das Grab und Grabmal des Pharaos Cheops, der um 2600 v. u. Z. etwa 23 Jahre lang das ägyptische Reich regierte. Über einer Grundfläche von 230 mal 230 Metern erhebt sie sich 137 Meter empor (einst sogar 146,5 m. — Erst die gotische Baukunst erreichte im Turm des Straßburger Münsters wieder eine solche Höhe). Etwa 2,3 Millionen Steinquader von durchschnittlich 2,5 Tonnen Gewicht waren aus den Steinbrüchen heranzuschaffen. Die granitene Deckenplatte der Grabkammer wiegt sogar rund 50 Tonnen. Mit einfachsten hölzernen Hebewerkzeugen mußten die vorher sorgfältig behauenen Steinblöcke von Stufe zu Stufe gehoben werden. Allein für den Transport des Steinmaterials sind Zehntausende von Menschen 20 Jahre tätig gewesen. So entstand unter unsäglichen Mühen das gewaltige Grabmonument, in dessen Innerem, in der sogenannten Königskammer, der Sarg des Pharao aus rotem Granit steht. Welch gewaltiger Fortschritt gegenüber den urgesellschaftlichen Zuständen mußte in der Entwicklung der Produktivkraft und Organisation der menschlichen Gesellschaft vorausgegangen sein, um ein derart kompliziertes bauliches Unternehmen zu bewältigen!

Im 4. Jahrtausend v. u. Z. lernten die Menschen, für die Herstellung ihrer Werkzeuge als erstes Metall das Kupfer zu verwenden. Damit wurden den Ackerbauern vollkommenere Werkzeuge in die Hand gegeben, so daß zunächst in den subtropischen Schwemmlandschaften des Nils und des Zweistromlandes mit Hilfe von Bewässerungssystemen fruchtbare Bodenkulturen entstanden, von deren Ertrag weit mehr Menschen leben konnten als zur Bebauung des Landes nötig waren. Die handwerkliche Produktion, das Gießer-, Weber- und Töpferhandwerk, lösten sich von der Landwirtschaft. Ein reger Produktenaustausch setzte innerhalb der Völkerstämme und zwischen den Völkern ein. Durch die ungleichmäßige Entwicklung in den verschiedenen Landschaften kam es bald zu Raubkriegen. Die Kupferwaffen verstärkten die militärische Kraft ihrer Besitzer, und erfolgreiche militärische Führer gewannen eine bedeutende Macht mit immer mehr wirtschaftlichen Vorteilen. Die Gefangenen wurden als billige Arbeitskräfte verwendet, als Sklaven, die keinerlei Recht über ihr Leben mehr besaßen. So bildete sich aus der urgemeinschaftlichen Ordnung die Sklavenhalterordnung heraus: die Gesellschaft spaltete sich in Klassen auf. Die herrschenden Klassen schufen sich sehr bald ein eigenes

Gizeh, Pyramide des Cheops, Schnitt

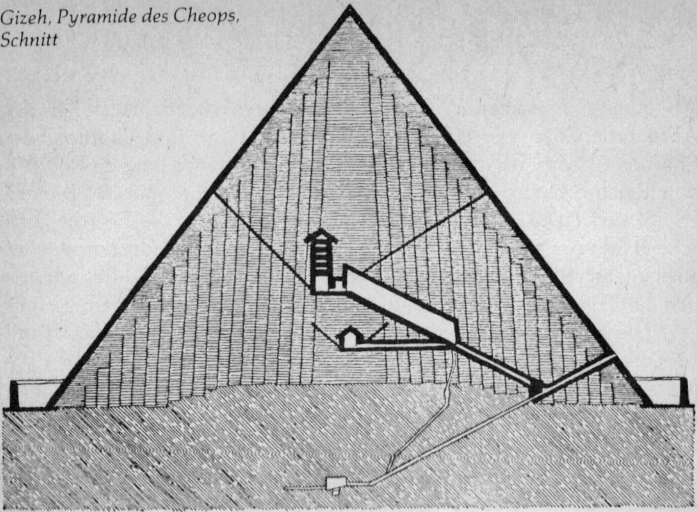

Herrschaftsinstrument, den Staat, der eine straffe Organisation ermöglichte und die einmal gewonnenen Privilegien gegenüber den ausgebeuteten Klassen mit allen Mitteln sichern mußte.

Unter diesen neuen gesellschaftlichen Verhältnissen entwickelten die Menschen bereits reiche und äußerst vielgestaltige materielle und geistige Kulturen. Diese bildeten, gemeinsam mit dem jeweiligen wirtschaftlichen Reichtum und der gesellschaftlichen Macht der Herrscherklasse, die Voraussetzungen für die Errichtung solcher großartigen Bauwerke, wie sie uns in den ägyptischen Pyramiden, in den griechischen Tempeln und in den römischen Stadtanlagen erhalten geblieben sind. Schon der oberflächliche Vergleich dieser Bauwerke aus der Epoche der Sklavenhalterstaaten läßt auf große Unterschiede in der geistigen Haltung ihrer Schöpfer schließen.

Die ältesten Zeugen der Baukunst sind uns aus Mesopotamien, dem fruchtbaren Land zwischen Euphrat und Tigris, bekannt. Mächtige, festungsartige Monumentalbauten künden von den ersten Sklavenhalterstaaten dieses Gebietes, ihrer wechselvollen Geschichte und von der starken, unbeschränkten Macht kriegerischer Könige. Diese nannten sich zwar Beschützer ihrer Völker, ließen aber mit brutaler Gewalt jeglichen Ungehorsam brechen. Auch ihre Religion beruhte im wesentlichen auf Verherrlichung der Gewalt und auf Einschüchterung und

Unterdrückung der Untertanen. Die Despoten Sumers, Babylons, Assurs und der Perser ließen mächtige Königsburgen anlegen. Sie errichteten aber auch »Bauwerke des Himmels«, mit denen sie die Gunst ihrer Götter zu gewinnen suchten, zugleich jedoch als Ruhmeszeichen ihrer Herrschaft. Diese riesigen Tempeltürme, sogenannte Zikkurats, fanden als »Turmbau zu Babel« in die Legende des Alten Testaments Eingang. Die babylonischen und assyrischen Bautraditionen wirkten lange auf spätere Kulturvölker nach.

Etwa genauso alt wie die Kultur Mesopotamiens ist die des alten Ägypten. Hier war der Nil die Quelle der Fruchtbarkeit des Landes. Die Pharaonen beherrschten mit einer Oberklasse von Beamten und Priestern die aus Pächtern, Abhängigen und Sklaven bestehende Bevölkerung. Während der drei Jahrtausende, in denen verschiedene Königsgeschlechter — sogenannte Dynastien — einander ablösten, entstanden riesige Tempel, Paläste und Grabstätten. Die ägyptische Religion beruhte auf der Idee des Weiterlebens nach dem Tode, und so umgaben die alten Ägypter ihre Toten mit all den schönen Dingen der realen Welt. Dieser Totenkult, der jedoch stark mit dem Irdischen verbunden war und dem auch die Pyramidenbauten dienten, prägte das Gesicht der ägyptischen Kunst. Schwerpunkte architektonischen Schaffens waren bis 2052 v. u. Z. Unterägypten mit der Hauptstadt Memphis, später Oberägypten mit Theben. Die Bauten hatten große, klare monumentale Formen; Mauerflächen, Säulen und Gesimse waren häufig mit reichem, reliefartigem Schmuck versehen.

Etwas später als Mesopotamien und Ägypten erblühte die früheste europäische Hochkultur auf den Inseln zwischen Griechenland und Kleinasien im Ägäischen Meer, vor allem auf Kreta. Mit ausgedehnten Palastanlagen, die unzählige Höfe und Zimmer enthielten, die mit Luftheizung, Wasserleitungen, Kanalisation, Badewannen und Schiebetüren ausgestattet waren, erreichte die kretische Baukunst um 1500 v. u. Z. ihren Höhepunkt. Der riesenhafte Palast zu Knossos lebte als »Labyrinth« in der griechischen Minotaurussage fort. Zugleich ist dieser Palast beredtes Zeugnis für eine straffe staatliche Ordnung. Der Reichtum der Kultur Kretas beruhte vor allem auf der hohen handwerklichen Kunst seiner Bewohner, die sich sonst von Viehzucht, Fischfang und Ackerbau nährten; zum anderen waren sie erfahrene Seeleute und Händler. Sie beherrschten mit ihren Schiffen lange Zeit das östliche Mittelmeer und hatten Handelsverbindungen mit vielen Ländern des Orients. Um 1400 v. u. Z. wurde der kretischen Kultur durch das Eindringen der griechischen Achäer ein Ende gesetzt, die seit 2000 v. u. Z. den Süden der Balkanhalbinsel bewohnten. In Mykene, dem Zentrum ihrer Kultur, in Tiryns und Athen finden sich ihre Bauten, vor allem wehrhafte Burgen. Diese mykenische Kultur der Achäer wurde um 1200 v. u. Z. durch die Wanderung der Dorer unterbrochen.

Unter den Griechen, die sich aus Achäern, Ioniern und Dorern zusammensetzten, erlangte die Kunst in der Sklavenhaltergesellschaft ihre höchste Entfaltung. Die Griechen bewohnten den Peloponnes, große Teile Kleinasiens, Süditalien mit Sizilien, Nordafrika, Südfrankreich und die Küsten des Schwarzen Meeres. Ihren Höhepunkt erreichte die griechische Kultur nach der archaischen Periode im 7. und 6. Jahrhundert vor allem in der klassischen Periode im 5. Jahrhundert v. u. Z. Neben Städtebau, Architektur und bildender Kunst blühten die Philosophie, die Dichtkunst, die Musik und das Theaterwesen. Die Griechen kannten keine zentral gelenkte Staatsmacht, wie sie die großen Despoten Ägyptens und Vorderasiens besaßen, sondern wohnten in kleinen Stadtstaaten, unter denen Athen und Sparta die wichtigste Rolle spielten. In diesen Stadtstaaten entwickelte sich eine neue Regierungsform: die Demokratie der freien Bürger. Diese wählten die Regierenden und waren durch eine Volksversammlung an den Regierungsgeschäften beteiligt. Das Ideal der freien Bürger war die allseitige Ausbildung des Körpers und Geistes. Die Sklaven, die die Mehrheit der Bevölkerung ausmachten, hatten an der Demokratie der Sklavenhalter keinen Anteil. Während in der ägyptischen Baukunst die monumentalen Werke dem Totenkult dienten, entstanden in der griechischen Architektur Gebäudegattungen, die dieser antiken demokratischen Ordnung, der Gemeinschaft freier Bürger, entsprachen. Neben dem aus dem Wohnhausbau entwickelten Tempel, der zum Mittelpunkt des gesellschaftlichen Lebens wurde, baute man Rathäuser, Theater, Sport- und Bildungsstätten. Der Mittelpunkt einer griechischen Stadt war nicht mehr ein heiliger Bezirk wie in Babylonien, sondern der Marktplatz, die sogenannte Agora, der Treffpunkt der Bürger. Die griechische Baukunst ist Ausdruck eines frühen klassischen Humanismus. Selbst die harmonischen Maßverhältnisse der Bauten und ihrer architektonischen Details — vor allem der Säulen — waren den Proportionen des menschlichen Körpers nachgebildet.

Die Machtkämpfe der griechischen Städte untereinander verursachten ihren Untergang. Zur Zeit des bis nach Indien reichenden hellenistischen Weltreiches unter der Herrschaft Alexanders von Makedonien (365—323 v. u. Z.) erlebte die griechische Kultur mit dem Hellenismus noch eine prunkvolle Spätblüte und strahlte weit über das Mittelmeergebiet hinaus nach Osten. Nach Alexanders Tod verfiel dieses

Sklaven bei Bauarbeiten, ägyptisches Wandbild

Reich, dessen Teilstaaten im 2. und 1. Jahrhundert v. u. Z. von den Römern unterworfen wurden. Die römische Kunst stellte die letzte Etappe in der künstlerischen Entwicklung der antiken Kultur dar. Ihre Wurzeln finden sich in der Kunst der Etrusker, die seit dem Beginn des 6. Jahrhunderts v. u. Z. die heutige Toskana bewohnten, sowie in der griechischen Kunst. Der anfänglich kleine Stadtstaat Rom vereinigte im 3. Jahrhundert v. u. Z. ganz Italien unter seiner Herrschaft. Durch ständige Eroberungskriege unterwarfen sich die Römer schließlich alle Mittelmeerstaaten und ganz Westeuropa. Auf ein riesiges Heer und einen gut organisierten Verwaltungsapparat gestützt, errichteten sie das Römische Imperium. Ihre Architektur verherrlichte in prächtigen Platzanlagen, Triumphbögen, Amphitheatern, Thermen, Basiliken, Palästen und Villen die Staatsmacht, die seit dem Ende des 1. Jahrhunderts v. u. Z. von einem Kaiser (Cäsar) verkörpert wurde. Zu dieser Zeit erreichte die römische Kultur ihren Höhepunkt. Auch sie hatte die Arbeit unzähliger Sklaven zur Grundlage, die in den eroberten Gebieten gefangengenommen wurden.

Nicht nur in der Stadt Rom selbst, die bereits mehr als eine Million Einwohner hatte, sondern auch in den eroberten Gebieten von Afrika bis England entstanden Werke römischer Baukunst. In West- und Süddeutschland finden sich die Reste vieler römischer Städte, Militärlager und Bauten, von denen ein Stadttor in Trier — die Porta Nigra — am bekanntesten ist. Nachdem das Christentum, zuerst nur eine Religion der unterdrückten Sklaven, seit 313 Staatsreligion geworden war, beeinflußte es mehr und mehr die römische Kunst. Die Kirche, der Versammlungsraum der christlichen Gemeinde, entwickelte sich aus dem üblichen römischen Versammlungssaal, der Basilika. Die im Jahre 395 erfolgte Teilung in ein West- und ein Oströmisches Reich leitete den Niedergang der römischen Kunst ein. Sklaven- und Kolonenaufstände, der zunehmende Einfall germanischer Stammesverbände sowie die ständigen Machtkämpfe der herrschenden Klasse führten im 5. Jahr-

Mykene, »Schatzhaus des Atreus«, Schnitt

hundert zum Zusammenbruch des Weströmischen Reiches und beendeten die Entwicklung der römischen Baukunst. Die später nach Italien vordringenden germanischen Ostgoten hinterließen nur ein bedeutendes architektonisches Zeugnis: das Grabmal des Königs Theoderich (454—526), der Ravenna zu seiner Hauptstadt gewählt hatte.

Im Oströmischen Reich mit der Hauptstadt Byzanz (heute Istanbul), die dem Ansturm der Völkerwanderungszeit widerstand, konnten sich römische Bautraditionen weiterentwickeln. Von der Blüte der byzantinischen Baukunst zeugte die über 50 m hohe Kuppel der 537 vollendeten Sophienkathedrale (Hagia Sophia). Von ihr ging ein starker Einfluß auf das Siedlungsgebiet der Ostslawen aus; in den kuppelreichen Kirchen des alten Rußland lebten byzantinische Bautraditionen weiter.

In den Jahrtausenden der Sklavenhaltergesellschaft machte die Entwicklung der Produktivkräfte große Fortschritte. Dementsprechend wurde auch die Bautechnik durch Verwendung neuer Materialien und Konstruktionsprinzipien wesentlich verbessert. Wie in der Urgesellschaft wurden zunächst Baumstämme, Schilf, Lehm, Flechtwerk usw. zum Bauen verwendet. In Mesopotamien begann man schon sehr früh, regelmäßige Ziegel aus Lehm zu formen und an der Luft zu trocknen. Die Außenwand bedeutender Monumentalbauten wurde vielfach durch eine Verkleidung aus farbig glasierten, gebrannten Ziegeln geschützt. Aus ihnen wurden zum Beispiel am Ischtar-Tor zu Babylon gelbe Stiere und Fabeltiere auf leuchtend blauem Grund zusammengesetzt. Wir können sie heute in den Berliner Staatlichen Museen bewundern. Infolge der Verwendung von Lehmziegeln, die im Laufe der Jahrtausende verwitterten und verfielen, blieben in Mesopotamien — von wenigen Ausnahmen abgesehen — nur die Fundamente der Bauten erhalten. Dagegen stehen zahlreiche ägyptische, griechische und römische Bauwerke bis heute. Hier wurde Naturstein als Baumaterial benutzt. Aus Kalkstein errichteten die Ägypter ihre Tempel, Paläste und Pyramiden; Marmor verwendeten die Griechen. Die bei den Römern zunächst üblichen luftgetrockneten Ziegel wurden bald durch gebrannte Backsteine ersetzt, die den vorderasiatischen Völkern damals schon lange bekannt waren. Infolge ihrer hohen Festigkeit sind derartige Backsteinbauten bis heute erhalten. Teilweise wurden sie auch mit Marmor- und Steinplatten verkleidet. Daneben errichteten die Römer auch Bauten aus Naturstein, besonders aus Marmor und Travertin, einem harten Tuffkalkstein. Während die Griechen die Steinblöcke trocken übereinandersetzten, »klebten« die Römer die Steine mit Mörtel zusammen. Seit dem 2. Jahrhundert v. u. Z. wurde ein neues Baumaterial verwendet: Beton, damals eine harte, wasserunlösliche Mischung aus Kalklösung, vulkanischem Sand (Puzzolan) und Schotter. Diesen Beton verwendete man anfänglich nur zum Straßenbau, später fand er auch weitgehend Verbreitung beim Hausbau.

Der Gebrauch künstlicher und natürlicher Steine als Baumaterial erlaubte neue, in der Urgesellschaft unbekannte Konstruktionen. Die Verwendung steinerner Säulen als Tragglieder ging vielfach auf alterprobte Bauweisen zurück. So sieht die ägyptische Säule zusammengebündelten Papyrusstengeln ähnlich und war diesen häufig nachgeformt. Die Bauweise der griechischen Tempel mit Säulenreihen und Gebälk läßt auf Holzbautraditionen schließen. Ein neues, ganz dem Steinbau entsprechendes Konstruktionsprinzip war das Gewölbe. Hier besteht die Decke eines Raumes aus Steinen, die sich infolge einer gekrümmten Deckenfläche gegeneinander verklemmen. Die frühesten Gewölbe finden sich in Mesopotamien, zum Beispiel bei der Terrasse der ebenfalls als Weltwunder berühmten »Hängenden Gärten« in Babylon.

Athen, Theseion-Tempel

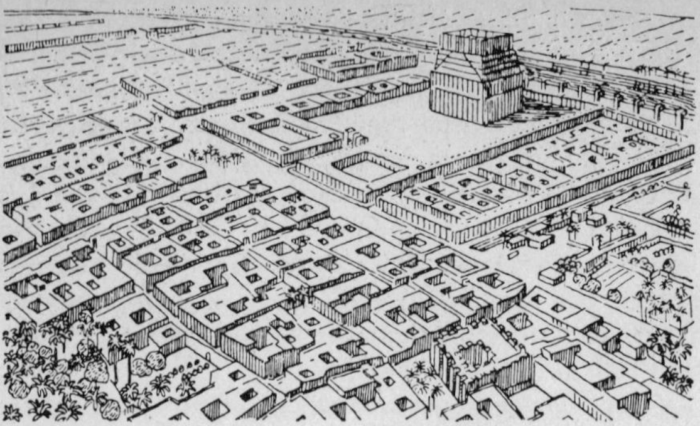

Babylon im 7. Jahrhundert, Rekonstruktion, Zikkurat 90 m hoch, 90 m breit

Neben den »echten« Gewölben waren zunächst auch »falsche« Gewölbe üblich. Hier wurden die Steine nicht von der eigenen Spannung der Decke gehalten, sondern man ließ jede Steinschicht etwas über die untere vorspringen. Auf diese Weise wurden die mykenischen Kuppelgräber errichtet. Eines dieser Gräber, das von dem Archäologen Heinrich Schliemann (1822—1890) in Mykene entdeckte »Schatzhaus des Atreus«, hat einen Durchmesser von 14,50 m und ist 13 m hoch. Vierunddreißig konzentrisch angelegte überkragende Steinreihen bilden die Kuppel.

Babylon, Ischtar-Tor, erbaut um 570 v. u. Z. unter Nebukadnezar

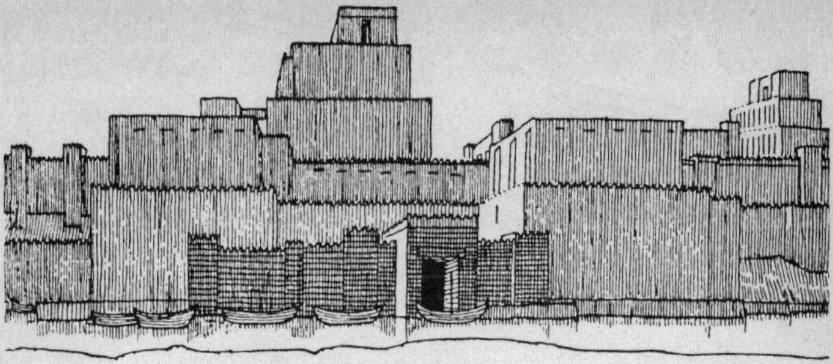

Assur, Stadtsilhouette vom Tigris aus, Rekonstruktion von Walter Andrä

Den echten Gewölbebau führten die Römer zu höchster Vollendung. Neben gewölbten Toren, Brücken und kilometerlangen Bogenreihen für Wasserleitungen schufen sie gewaltige Kuppelbauten. Das um das Jahr 125 in Rom errichtete Pantheon, ein Rundtempel, hat einen Durchmesser von 43,50 m, seine Höhe beträgt 42,70 m. Die 6,20 m dicken Wände tragen heute noch die aus Beton und Ziegeln konstruierte Kuppel. Geniale römische Wölbkonstruktionen überdeckten auch die heute zerstörten Thermen des Kaisers Caracalla (176—217). In ihren Sälen und Hallen konnten gleichzeitig etwa 1600

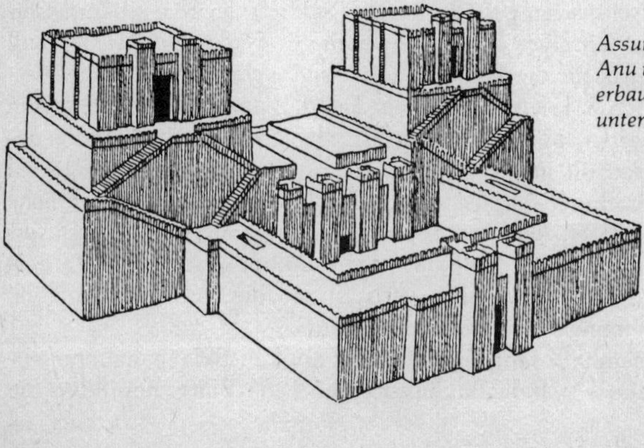

Assur, Tempel des Anu und Adad, erbaut 8. Jh. v. u. Z. unter Tiglatpileser I.

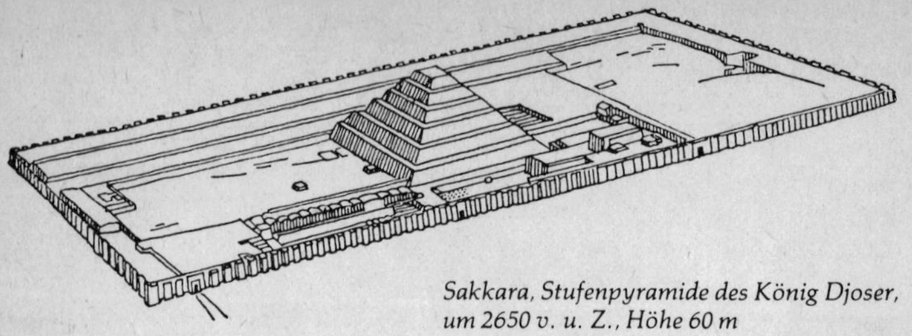

Sakkara, Stufenpyramide des König Djoser, um 2650 v. u. Z., Höhe 60 m

Menschen baden, Sport treiben und sich erholen. Die Spannweiten römischer Gewölbebauten wurden erst im 19. Jahrhundert durch die Anwendung eiserner Dachkonstruktionen überboten.

Die am Bau tätigen Arbeitskräfte waren in der Sklavenhaltergesellschaft im allgemeinen Sklaven; meist wurden sie erbarmungslos zur Arbeit angetrieben. Daneben gab es Baumeister und Architekten, die die Bauten entwarfen und ihre Ausführung überwachten. Ihre soziale Stellung war besser als die der Bauhandwerker. Zum Teil gehörten sie, wie in Ägypten, dem Priesterstand an, zum Teil bekleideten sie auch Beamtenposten. Namen von Baumeistern sind uns schon aus Ägypten bekannt; die Selbstbiographie Innenis, der um 2000 v. u. Z. den Amon-Tempel zu Karnak baute, ist überliefert. Zu den berühmtesten griechischen Architekten zählten Iktinos und Kallikrates, die 447 bis 438 v. u. Z. die Tempel auf der Akropolis zu Athen schufen. Ganz regelmäßige Stadtanlagen entwarf Hippodamos von Milet in der zweiten Hälfte des 5. Jahrhunderts v. u. Z. Er zählt damit zu den ältesten uns bekannten Städtebauern. Über die Anforderungen, die an einen römischen Architekten gestellt wurden, schrieb der Kriegsbaumeister Vitruv wenige Jahre vor der Zeitenwende: Er muß »sowohl talentvoll sein, als gelehrig für die Wissenschaft, denn weder Talent ohne Wissenschaft, noch Wissenschaft ohne Talent kann einen vollendeten Künstler schaffen, auch soll er stilistisch gebildet sein, kundig des Zeichnens, geschult in der Geometrie, in der Optik nicht unwissend und in der Arithmetik unterrichtet, er soll mehrfache geschichtliche Kenntnisse besitzen, die Philosophen fleißig gehört haben, sich auf Tonkunst verstehen, der Heilkunst nicht unkundig sein, mit den Entscheidungen der Rechtsgelehrten vertraut sein, die Sternkunde und die Gesetze des Himmels kennengelernt haben«.

In den dreieinhalb Jahrtausenden der antiken Sklavenhaltergesellschaft entwickelte sich die Baukunst zu höchster Blüte. Besonders die

Architektur Griechenlands und Roms hat seither wiederholt die Kulturgeschichte Europas tiefgreifend beeinflußt. Antike Bauwerke galten in vielen nachfolgenden Epochen als das anzustrebende Ideal zur Erreichung vollkommener Schönheit.

Babylon erstand im 7. Jahrhundert v. u. Z. nach wechselvollen Schicksalen in neuer Pracht. Doppelte Stadtmauern von acht Kilometern Länge mit acht Toren umgaben die Riesenstadt mit den Herrscherpalästen und den über 50 Tempeln. Weitläufig erstreckte sich am Ufer des Euphrat das Heiligtum des Marduk. Zwischen Tempelhöfen führte ein Portal zu dem großen Hof. Eine riesige Zikkurat stieg auf quadratischem Grundriß in Terrassen auf, deren oberste das 21 m hohe, blau glasierte »Hochzeitsgemach« des Gottes trug.

Am Ende einer langen, von hohen Mauern eingefaßten Prozessionsstraße stand das Ischtar-Tor. Einfach und streng ist seine Form, zwei Türme treten etwas vor. Die Wände sind mit farbigen Emailziegeln verkleidet. Auf blauem Grund reihen sich flache Reliefs mit Göttersymbolen: schreitende Löwen, Stiere, Schlangengreife, die von Ornamentbändern gerahmt werden.

Die assyrischen Städte wuchsen entweder allmählich wie Assur durch die Entwicklung alter Siedlungen oder wurden etwa wie Kalach (Nimrud) als Residenzstädte auf königlichen Befehl planmäßig angelegt. Ausgrabungen ermöglichten es, Assur, die Hauptstadt des assyrischen Reichs, zu rekonstruieren. Es fanden sich die Steinplatten und Reliefs sowie die Schmelzziegel, die einst an den Hauptbauwerken die aus luftgetrockneten Lehmziegeln errichteten Mauern schützten. Monumental kubisch sind alle Bauformen. Türme in gleichen Abständen gliedern die Stadtmauern, abgetreppte Zinnen bekrönen sie. Im Hintergrund ragt das Aschschur-Heiligtum auf. Der rechte Turm gehört zum Tempel des Anu und Adad, der als Doppelheiligtum zwei Stufen-

Gizeh, Pyramiden des Cheops (Chufu — Höhe 145 m, Seitenlänge 233 m), des Chephren (Chafre) und des Mykerinos (Menkaure), erbaut in der IV. Dynastie um 2600, 2550 bzw. 2480 v. u. Z.

Dèr el-Bahari, Totentempel des Mentuhotep, Ende des 3. Jahrtausends v. u. Z.

türme (Zikkurats) besaß. Durch ein Portal, das zwei Türme flankieren, gelangt man in den Hof und zu den beiden unteren Kulträumen. Paare von Treppenrampen bilden den Zugang zu den Terrassen der Zikkurats und den Hochtempeln.

Etwa seit dem Jahre 3000 v. u. Z. wurden in Ägypten die verstorbenen Könige einbalsamiert und in einer Mastaba, einem bankartigen Grabmal mit glatten geböschten Wänden, beigesetzt, diente doch die Baukunst im Alten Reich dem Totenkult. Die Grabstätte enthielt einen Raum für Opfer und Gedenkfeiern. In weiteren vermauerten Räumen standen Statuen der Toten. Die Wände waren mit Reliefs bedeckt, die wertvolle Hinweise auf die Gesellschaftsstruktur und das Leben der Toten geben. Am Grabmal des Königs Djoser sind gleichsam mehrere Mastabas übereinandergetürmt. Den Stufenbau umgibt rings eine steinerne Nachbildung der königlichen Residenz in Memphis, mit der Eingangshalle, dem Palast, der Krönungsstätte, den Speichern und Verwaltungsgebäuden sowie der Umfassungsmauer. Die Nachfolger Djosers gaben ihrem Grabmonument quadratischen Grundriß und füllten die Stufen aus: die geometrisch reine Pyramidenform war gewonnen. Sie erhielt zum Schutz noch eine Verkleidung aus härterem Stein und kündete nun von Ruhm und Macht des Königs. Er verkörperte in seiner Person Land, Staat und Gott, war er doch nach ägyptischem Glauben der Sohn des Sonnengottes, sein Grab also zugleich Gottestempel. Die Pyramiden lagen am Rand der Wüste, kleinere Grabbauten für die königliche Familie und für Würdenträger umgaben sie. Dem Nil zu waren Tempelhallen vorgelagert, die eine bedeckte Straße mit dem Torbau am Fluß verband.

Am Anfang des Mittleren Reiches bewahren die Königsgräber noch die Pyramidenform. Erst später trat im Mittleren Reich (etwa 2100 bis

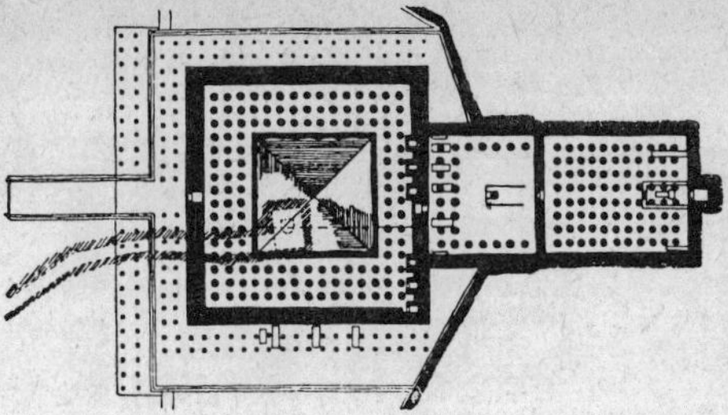

1750 v. u. Z.) an die Stelle der Mastabas und Pyramiden mehr und mehr das Felsengrab. Hier ist vor allem der Totentempel Mentuhoteps für diesen Übergang charakteristisch.

Am Totentempel des Mentuhotep — von Mentuhotep III. begonnen und Mentuhotep IV. vollendet — krönt noch eine kleine Pyramide den weitläufigen Terrassenunterbau. Rings um beide Terrassen und den hohen Sockel der Pyramide ziehen sich Pfeilerhallen, so daß der Eindruck entsteht, die Pyramide erhebe sich aus dem Dach der oberen Halle. Die obere Halle allein stützen 140 achtseitige Pfeiler, die durch ihre Aufstellung an der Fassade ein für die ägyptische Baukunst bisher ganz ungewohntes Bild schaffen. Eine breite Rampe verbindet sie mit dem Vorhof. Rückwärts öffnet sich ein weiterer Hof mit Säulenhallen. Anschließend umfängt den Besucher ein tiefer Saal mit dem Heiligtum. Die Grabkammer ist unter der Tempelanlage in den Fels gehauen, zu ihr führt ein Gang von 150 m Länge.

Die ägyptischen Tempelanlagen waren der Rahmen für große kultische Prozessionen. Sie begannen deshalb mit langgestreckten Widder- oder Sphinxalleen. Durch eine Pforte, die zwei riesige flach gedeckte Türme, die Pylonen, zu einer prächtigen Schauseite erweiterten, gelangte man in einen rechteckigen, von Säulen umstandenen Hof. Es folgte ein halbdunkler Saal mit dicht aneinandergereihten Säulen, der nur einer Anzahl Vornehmer zugänglich war. Den Abschluß bildete das Heiligtum, eine dunkle Kammer mit dem Bild des Gottes. An den Tempel ließen sich jederzeit neue Vorbauten anfügen. So erhielt der riesige Amon-Tempel 5 Pylonentore. Sein vorderstes Riesentor war 43 m hoch, 113 m breit und 15 m tief. Besser erhalten ist das Tor des Horus-Tempels zu Edfu. Seine geböschten glatten Wände sind mit Flachreliefs in klar gegliederten Reihen bedeckt. Friesbänder rahmen

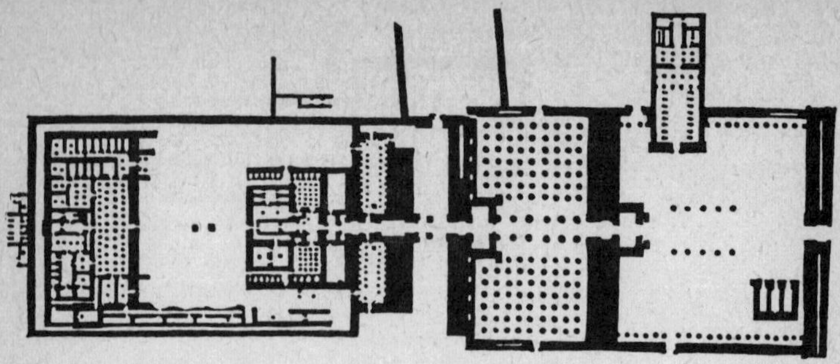

Theben/Karnak, Amon-Tempel, Grundriß, Länge 360 m, Breite 118 m, Baubeginn um 2000 v. u. Z. (Bauzeit von der II. Dynastie bis zur Ptolemäerzeit)

sie ein. Kehlen bilden den oberen Abschluß. Oft standen kolossale Pharaostatuen und Obelisken davor.

Die ägyptischen Tempelhallen glichen einem steingewordenen Hain. Ihre Decken zeigten das Blau des Himmels, Sterne und schwebende Geier. Ihre Säulen waren meist als Pflanzen geformt, als Papyrus, Lotos oder Palme. Es gab einfache und gebündelte Säulen. Sie standen auf einer niedrigen Basis, hatten vielfach einen stark eingezogenen, von Deckblättern umhüllten Fuß und zum Teil einen ausgebauchten Schaft. Den Säulenkopf, das Kapitell, bildeten geöffnete Blüten oder Knospen, Dolden oder eine Reihe von Palmblättern. Im Säulensaal von Karnak tragen 16 Reihen von mächtigen Säulen das Dach.

Edfu, Horustempel, Pylon, kurz v. d. Zeitenwende

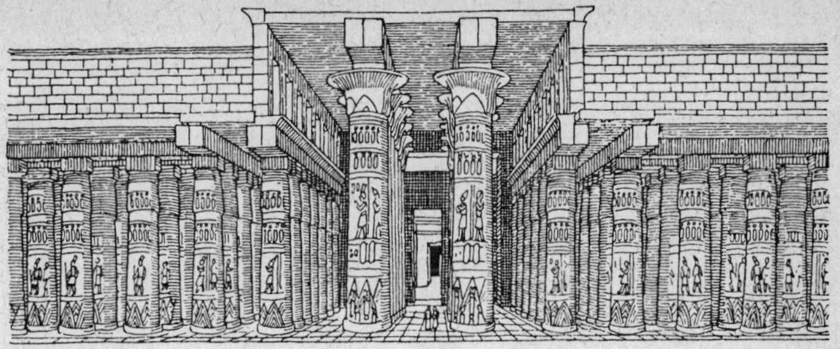

Karnak, Amon-Tempel, Großer Säulensaal, erbaut etwa 1300—1230 v. u. Z. unter Sethos I. und Ramses II., Breite 103 m, Höhe der Mitte 24 m, Tiefe 52 m, Fläche 5356 m², 134 Säulen

Sie lassen nur wenig Raum zwischen sich. Alle sind reich mit bunten Reliefs und Hieroglyphen geschmückt. Die zwei mittleren Reihen sind 21 m, die übrigen 13 m hoch. Die 3 erhöhten Mittelschiffe erhalten durch Gitterfenster ein gedämpftes Licht. In diesen Räumen kamen sich die Gläubigen vor einer derartigen Demonstration der Macht des Göttlichen zwergenhaft klein vor.

Zu den besterhaltenen Bauwerken Ägyptens gehört der Felsentempel bei Abu-Simbel. Stufen führen vom Ufer des Nils zu einer Terrasse und einer Fassade mit einer Reihe von vier kolossalen Sitzfiguren des Königs hinauf. Ihre Füße, Knie und die Kopfbedeckungen bilden drei riesige Stufen, die zwischen schräger Berg- und senkrechter Schau-

Ägyptische Papyrus-Säulenformen

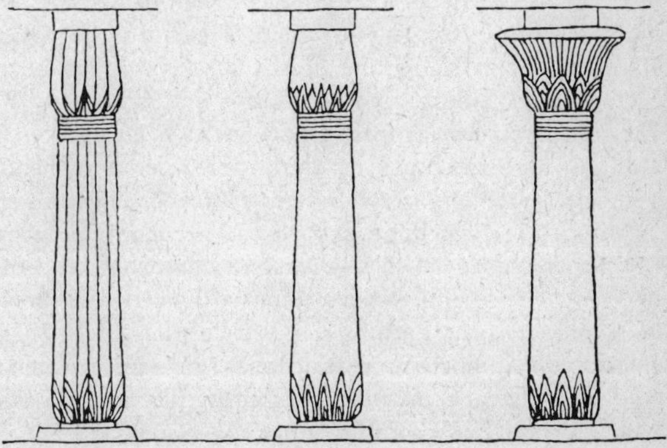

wand ausgleichen. In der Mitte, über dem Eingang steht in einer Nische eine kleine Statue mit einem Falkenkopf, die den Sonnengott darstellt. Den oberen Abschluß bildet ein Relieffries mit betenden Pavianen, für heilig angesehene Tiere der ägyptischen Mythologie. Alles ist aus dem Sandsteinfelsen herausgehauen, auch das Tempelinnere, das sich 60 m tief in den Berg erstreckt. Die erste Halle, die dem offenen Hof der Freibauten entspricht, wird von acht Pfeilern getragen, an denen wiederum Kolossalstatuen des Königs von fast 10 m Höhe stehen. Es folgen ein zweiter Pfeilersaal, ein Quersaal und der Raum mit dem Heiligtum, dessen Rückwand die überlebensgroßen Sitzbilder des Königs und der Götter Pta, Amon und Ré einnehmen. Da die Achse des Tempels genau nach Osten ausgerichtet ist, lassen zur Tag- und Nachtgleiche die Strahlen der aufgehenden Sonne die vier Sitzfiguren im tiefsten Inneren plötzlich geheimnisvoll aufglühen.

Mit der Fertigstellung des Assuan-Staudammes wäre der Tempel überflutet worden. Um das wertvolle Bauwerk zu erhalten, hat die ägyptische Regierung einen internationalen Wettbewerb über die Möglichkeiten zur Rettung des Tempels ausgeschrieben. Ein Projekt sah vor, die Tempelanlage aus dem Bergmassiv zu sägen und zu heben, so daß der Tempel über der Wasseroberfläche des Stausees zu stehen käme. Da die Kosten dafür zu hoch waren, wurde nach einem schwe-

◁ *Abu-Simbel/Nubien, Felsentempel, erbaut unter Ramses II. um 1250 v. u. Z., Höhe der Sitzfiguren 20 m*

Ägyptisches Wohnhaus; unten: Grundriß eines ägyptischen Wohnhauses

dischen Projekt der Tempelkomplex in transportable Blöcke zersägt und auf dem Berggipfel wieder aufgebaut.

Die ägyptischen Wohnhäuser bestanden aus luftgetrockneten Nilschlammziegeln; daher blieb keins von ihnen erhalten. Immerhin geben uns ausgegrabene Fundamente sowie Darstellungen auf Reliefs eine ziemlich genaue Vorstellung. In den Städten vermischten sich die Wohnhäuser der Reichen und Armen, lediglich eine gewisse Trennung der verschiedenen Beschäftigungsgruppen ist festzustellen. Hauptwohnraum in den Wohnhäusern der Reichen war eine tiefe Halle; ihr

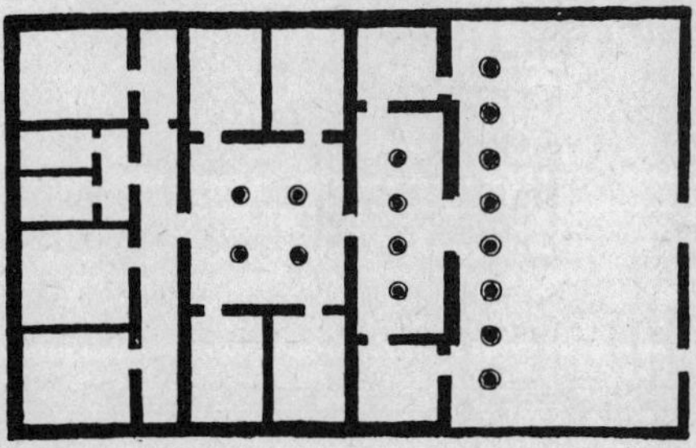

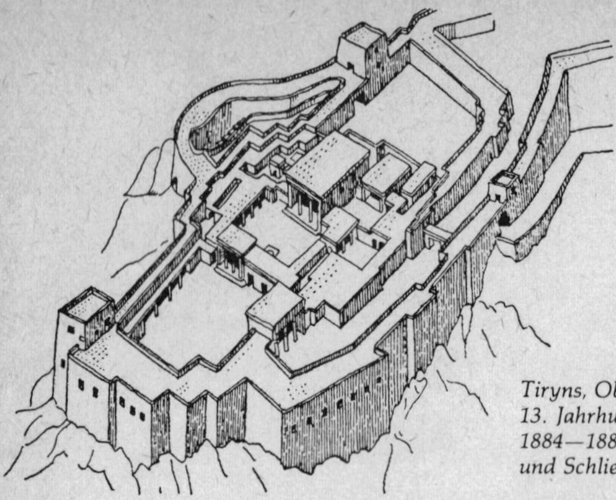

Tiryns, Oberburg,
13. Jahrhundert v. u. Z.,
1884—1885 von Dörpfeld
und Schliemann ausgegraben

vorgelagert war ein langer Säulensaal, der sich zu einem Säulengang und zum großen Hof öffnete. Rückwärts schlossen sich Schlafräume, Küche und Magazine an. Die Wände, sogar die Fußböden, waren farbenprächtig bemalt. Meist gehörten zum Haus noch ausgedehnte kunstvolle Gärten mit Brunnen und einem kleinen kultischen Bauwerk.

Tiryns, ein Palast der mykenischen Kultur, ist übersichtlich, klar geordnet. Rings umgeben ihn etwa 20 m hohe Mauern aus gewaltigen Steinblöcken. Durch mehrere Tore gelangt man über einen äußeren

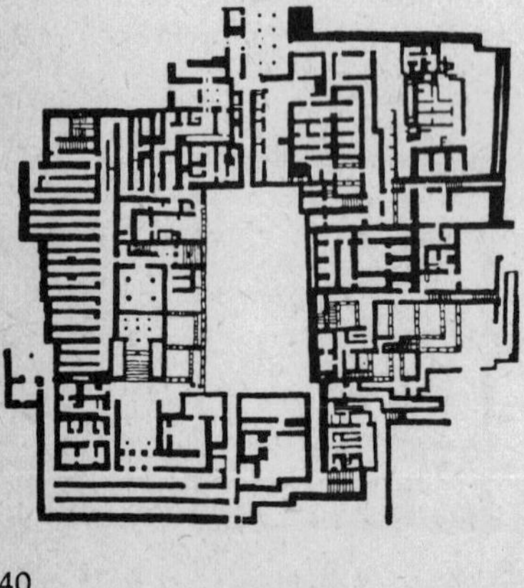

Kreta, zweiter Palast
von Knossos,
1. Hälfte 2. Jahrtausend v. u. Z.,
Innenhof 27 × 59 m

Mykene, Kuppelgrab, sogenanntes »Schatzhaus des Atreus«, Durchmesser 15,2 m, Höhe 13,6 m

Hof in einen zweiten, von Säulen umstandenen Hof. In der Hauptachse führen zwei Vorhallen zum rechteckigen Hauptwohnraum.

Knossos ist einer der berühmten Paläste der kretischen Kultur, auf die die Sage vom Labyrinth zurückgeht. Zahllose, verschieden gestaltete Räume der weitläufigen Anlage umgeben einen großen Innenhof (27 × 59 m). Korridore verbinden sie, Treppenhäuser an Lichtschächten führen zum Obergeschoß.

Das sogenannte »Schatzhaus des Atreus« ist ein unterirdisches Königsgrab nahe der Burg. Ein 36 m langer Gang, der nach jeder Be-

Mykene, Löwentor, um 1400 v. u. Z., Türsturz 4,5 m lang, 2 m tief, 1 m hoch

Athen, Akropolis von Nordwesten, 447—407 v. u. Z. völlig neu erbaut, Propyläen 437—432 v. u. Z. von Mnesikles, rekonstruiert von Thiersch

stattung zugeschüttet wurde, führt zu einem Kultraum aus einem unechten Gewölbe in Form eines Bienenkorbs. Eine Seitentür führt zu der anschließenden kleinen Grabkammer. Die ausgesparten Dreiecke sollen den Türsturz entlasten (siehe auch Abb. Seite 28).

Am wuchtigen Eingangstor in der Burgmauer von Mykene tragen zwei senkrechte Steine einen gewaltigen waagerechten Stein, den Türsturz. Auf ihm ruht ein dreieckiger Steinblock mit dem Relief zweier Wappenlöwen.

Athen verfügte nach dem Sieg über die Perser als Haupt des attischen Seebundes über große Mittel, so daß die Bauten des Burgbergs, der Akropolis, kurz nacheinander errichtet wurden.

Steile Mauern umgeben rings das Felsplateau der Akropolis. Im Westen führt eine monumentale Freitreppe hinauf, die allerdings erst später, in der Zeit des Augustus, hinzugefügt wurde. Der ursprüngliche Aufgang wand sich vom Süden um die Terrasse mit dem Nike-Tempel herum, so daß man diesen anmutigen Bau von mehreren Seiten sah. Oben empfängt den Besucher die Torhalle der Propyläen. Ihre sechssäulige dorische Fassade wird von niedrigen Seitenhallen flankiert. Durch eine tiefe Vorhalle gelangt man zu 5 Toren, Treppen führen in eine zweite, höher gelegene Halle. Nach Durchschreiten fiel der Blick auf die kolossale Athena-Statue, die mit ihrer vergoldeten Spitze den Schiffern als Wahrzeichen diente, und auf die harmonisch

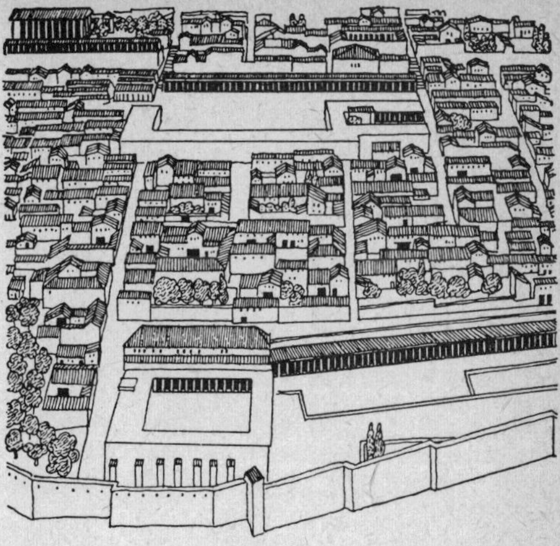

Priene, Neugründung etwa 350 v. u. Z.

gruppierten Weihestätten: rechts den Parthenon und links das Erechtheion.

Der griechische Tempel umschließt das Standbild des Gottes, dem er geweiht war. Während sich der ägyptische Tempel abschließt, durch Länge und Wechsel von hellen und dunklen Teilen erdrückend wirkt, ein Raum für Prozessionen ist, bietet sich der griechische Tempel frei, überschaubar und durch keine Tür abgeschlossen dar. Er ist mit der Landschaft verbunden, Teil der Natur. Die Prozessionen schreiten um ihn herum.

Die reifste Form ist der Ringhallentempel, der Peripteros, wie er sich im Parthenon darstellt. Ringsum stehen Säulen, so wie am alten Holztempel Holzpfeiler die Lehmwände der Cella umgaben, um sie vor der Witterung zu schützen.

Priene, eine Stadt an der Küste Kleinasiens, wurde nach einheitlichem Plan mit rechtwinkligem Straßennetz angelegt. Da sie an einem Berghang liegt, auf dessen Gipfel eine Burg steht, mußten erst durch Stützmauern Terrassen geschaffen werden. Burg und Stadt sind mit einem Mauersystem umgeben. Straßen von 6 m Breite führen längs des Hanges entlang, sie werden von schmaleren, stark ansteigenden Straßen oder Treppen gekreuzt.

Mittelpunkt ist der Markt (75 × 46 m) mit einem Zeusaltar und zahlreichen Ehrenstatuen, ihn umgeben an drei Seiten Säulenhallen.

Griechische Säulenordnungen: Dorische, ionische und korinthische Säule

Im Norden begrenzt ihn auf einer 1 ½ m hohen Terrasse die lange Heilige Halle. Westlich schließt sich als Stätte des Handels der kleine Fischmarkt an, ostwärts ein Hof mit dem Asklepios-Tempel für die Heilung Suchenden. Der quadratische Bau über ihm mit dem Pyramidendach ist das Rathaus. Seine aufsteigenden Sitzreihen im Inneren des Baues faßten 600 Personen. Links oben ist das Hauptheiligtum zu sehen mit einem Athena-Tempel, einem ionischen Peripteros auf hoher Terrasse. Ein Stadion und ein Gymnasium liegen unten dicht an der Stadtmauer, deren Verlauf sich dem Gelände anpaßt.

Im Wohnviertel Prienes gliederte sich ein ungefähr 47 × 35 m großer Wohnhausblock im allgemeinen in vier Häuser. Die Häuser sind schlicht, haben einen Innenhof und des Klimas wegen zur Straße nur wenige Fenster. Solche streng mathematisch geordnete Stadtpläne ließen sich am leichtesten bei Neugründungen in den Kolonien durchführen, zum Beispiel auch in Smyrna, Pergamon und Alexandria. Einige gab es bereits im 5. Jahrhundert v. u. Z., so in Piräus, dem Hafen Athens. Sie gehen auf den Baumeister Hippodamos zurück.

Der dorische Stil (ältestes Beispiel um 625 v. u. Z.) ist wuchtig und streng, nur sparsam sind seine einfachen Formen verziert. Die aus Trommeln zusammengesetzte Säule steht ohne Basis auf dem Unterbau, dem Stylobat, und verjüngt sich nach oben. Durch die flachen, senkrechten Furchen, die Kanneluren, entsteht der Eindruck des Emporwachsens. Durch eine leichte Schwellung, die Entasis, wirkt die Säule fast organisch. Oben vermittelt zum Gebälk ein Kapitell, es be-

Dorischer Stil: Insel Ägina, Aphaia-Tempel, um 500 v. u. Z.

Selinunt/Sizilien, Akropolis, um 600 v. u. Z.

steht aus dem wulstförmigen Echinus und der quadratischen Platte des Abakus. Die Form des Gebälks erklärt sich aus dem ursprünglichen Holzbau. Die Dreischlitzplatten, die Triglyphen, mit einer darunter befindlichen Tropfenleiste sind aus den Köpfen der Längsbalken hervorgegangen. Sie lagern auf dem glatten Architrav, dem alten Querbalken. Durch die Reliefs zwischen den Triglyphen, die Metopen, entsteht ein reicher Fries. Oben schließt ein vorstehendes Gesims ab, das Geison. Alle schmückenden Teile waren bemalt.

Der ionische Stil (seit 570 v. u. Z. nachweisbar), der sich in Klein-

Athen, Akropolis, Parthenon, erbaut 447—432 v. u. Z.

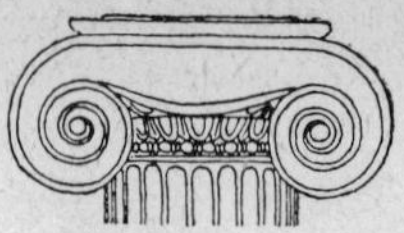

Ionisches Kapitell-Erechtheion

Ionischer Stil: Athen, Akropolis, Nike-Tempel, 450—421 v. u. Z., von Kallikrates

asien und auf den Ägäischen Inseln herausbildete, ist geschmeidiger. Die Säulen sind schlanker und nur wenig verjüngt, ihre Kanneluren sind tiefer, zahlreicher und durch Stege getrennt. Sie stehen auf einer Basis, die aus einem Polster mit zwei Wülsten und einer Kehle gebildet wird. Auch das Kapitell gleicht einem federnden Polster, dessen Enden zu schneckenartigen Voluten eingerollt sind. Ein Zierband aus Perlschnur und Eierstab schließt es unten, eine schmale Deckplatte oben ab.

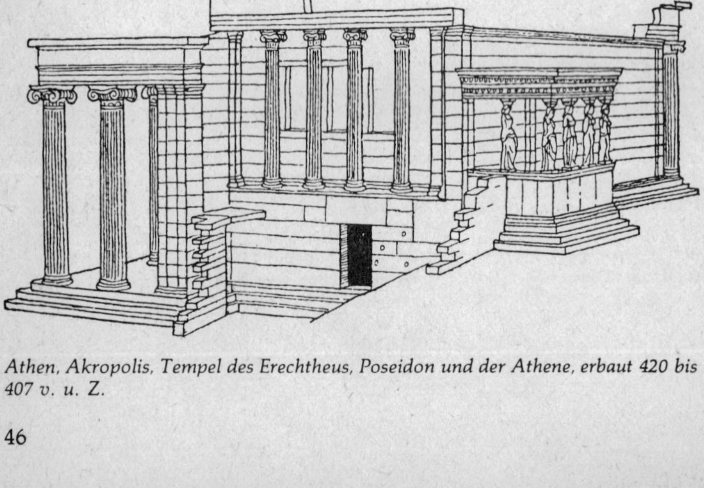

Athen, Akropolis, Tempel des Erechtheus, Poseidon und der Athene, erbaut 420 bis 407 v. u. Z.

Korinthisches Kapitell: Denkmal des Lysikrates

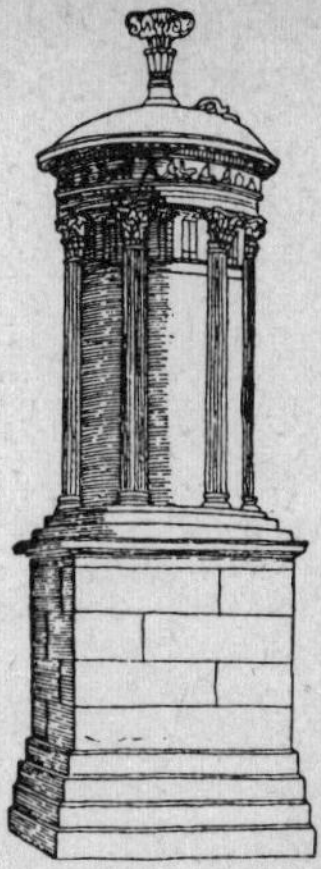

Korinthischer Stil:
Athen, Denkmal des Lysikrates, 334 v. u. Z.,
Sockel 4 m, Rundbau 6,5 m

Erst spät (etwa 400 v. u. Z.) entstand aus dem ionischen der prachtentfaltende korinthische Stil. An seinen kelchartigen Kapitellen verdrängen Naturformen den bisher tektonischen Aufbau der Säulen. Die Eckvoluten wachsen aus einem einfachen oder doppelten Kranz von Akanthus hervor, einem stilisierten Blattornament, das vom Naturvorbild des Bärenklaugewächses abgeleitet wurde.

Die Formen der frühen, noch sehr langgestreckten Tempel sind von

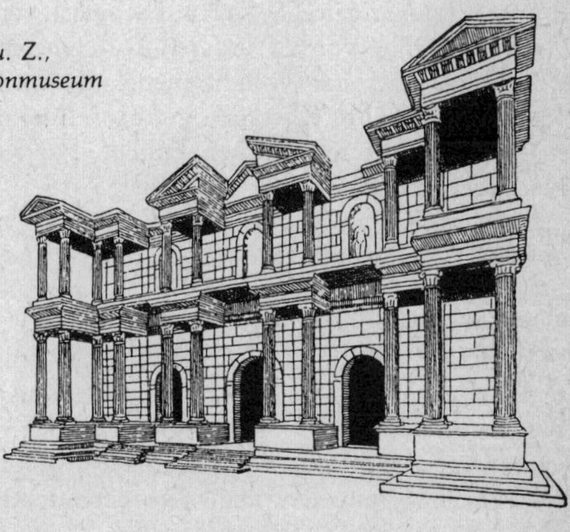

Milet, Markttor um 160 v. u. Z.,
Breite 29 m, Berlin, Pergamonmuseum

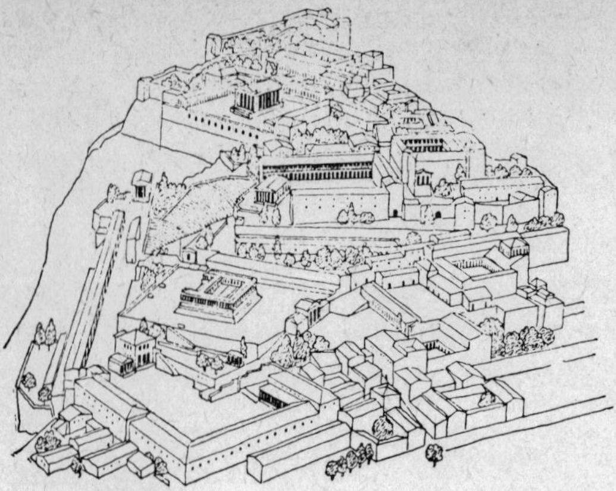

Pergamon, Akropolis, Rekonstruktion von Fr. Thiersch, Altar zwischen 180 und 170 v. u. Z.

lastender Schwere. Ihre Säulen sind kurzstämmig und gedrungen, ihre Höhe beträgt etwa das Vierfache des unteren Durchmessers. Sie verjüngen sich noch sehr stark, stehen dicht gedrängt, und ihr Kapitell lädt weit über den Schaft aus (Selinunt, Akropolis).

Der Aphaia-Tempel wirkt schon schwereloser. Das Gebälk ist schwächer und ruht auf schlankeren Säulen. Diese neigen sich ganz leicht nach innen, was den Zusammenhalt festigt. — Die größeren Ausmaße des Parthenon, die erhöhte Säulenzahl erforderten noch leichtere Bauformen. Die sich nur schwach verjüngenden Säulen erreichen eine Höhe von elf unteren Durchmessern. Zwischen Last und Träger besteht jetzt vollkommene Harmonie. Die Ecksäulen sind etwas stärker, ihre Abstände geringer. Aus dem »strengen« Stil der Anfangszeit, der archaischen Epoche, hat sich der »erhabene«, der klassische griechische Stil entwickelt.

Der griechische Tempel hat sich aus dem griechischen Wohnhaus entwickelt. Die einfachste Form, der Antentempel, war ein Megaron mit zwei Säulen zwischen den vorspringenden Mauern, den Anten. Tritt eine Säulenreihe vor die Front, spricht man von Prostylos; erhielten auch die Rückseiten Vorhallen, so entstand der Doppelantentempel oder der Amphiprostylos wie der zierliche Nike-Tempel. An ihm sind die ionischen Säulen noch ziemlich gedrungen; schlank und leicht werden sie erst an dem zeitlich jüngeren Erechtheion. Ihm sind zwei völlig verschiedene Hallen vorgebaut. An der südlichen Vorhalle, der Korenhalle, die eine Treppe umschließt, dienen Frauengestalten, Karyatiden, als Stützen.

Das Lysikrates-Denkmal zeigt den korinthischen Stil. Es hat die Form eines schlanken Rundtempels, den rings Halbsäulen umgeben. Lysikrates ließ ihn als würdiges Postament für einen als Siegerpreis errungenen Dreifuß errichten.

An dem prächtigen Markttor von Milet sind weitstehende Säulenpaare in zwei Geschossen vor die Wand getreten. Sie bilden einen lokkeren Rahmen für die drei Portale und die darüber befindlichen Nischen. Durch das unterbrochene Gebälk und durch die vortretenden Seitenflügel ist eine stark plastische Fassade entstanden. Die neue freie Verwendung der Säulen, der bewegte Rhythmus sind bereits Merkmale des Hellenismus.

Pergamon, an dessen Stelle sich heute die türkische Stadt Bergama erhebt, lag an der Westküste Kleinasiens gegenüber der Insel Lesbos. Schon im 7. Jahrhundert v. u. Z. befand sich an dieser Stelle eine menschliche Ansiedlung. Noch in jenen Zeiten, als das griechische Festland seine kulturelle Blüte erlebte, war Pergamon eine unbedeutende Bergfeste. Erst nach Alexander dem Großen und nach Abwehr der einfallenden feindlichen Stämme gewann Pergamon politische und kulturelle Bedeutung.

Die Akropolis von Pergamon baut sich in Terrassen auf, auf denen man die verschiedensten öffentlichen Bauten errichtete und deren Bauwerke aus verschiedener Zeit stammen. Die höchste Terrasse trägt eine Anlage aus der römischen Kaiserzeit, das Trajaneum. Hallen umgeben auf drei Seiten den streng symmetrisch angelegten Tempel. Der Athena-Tempel der mittleren Terrasse steht leicht übereck, bewahrt sich so seine Freiheit gegenüber den langen zweistöckigen Säulenhallen der Bibliothek, die den Platz säumen. — Die untere Terrasse beherrscht der riesige Zeusaltar, bekannt als Pergamonaltar, den König Eumenes II. als Dankopfer für seinen Sieg über die Galater (Kelten) errichten ließ, da nach antikem Glauben der Sieg erst durch die Hilfe der Götter möglich war. Treppen führen zu einer mit einem Säulenumgang umgebenen Plattform. Um seinen Sockel zieht sich ein 130 m langer Fries, der das Ringen zwischen Göttern und Giganten in leidenschaftlicher Erregtheit wiedergibt. Götter und Giganten symbolisieren den Kampf der Pergamener gegen die einfallenden feindlichen Stämme und damit den Sieg des humanistischen Geistes gegen die zerstörenden Gewalten. Hier zeigt sich die Eigenart der Griechen, historisches Geschehen nur im Gewand des Mythos in die Kunst einfließen zu lassen. Der Altar wurde am Ende des 1. Jahrtausends von den damals dort herrschenden Byzantinern abgerissen und als Baumaterial genutzt. Ende des 19. Jahrhunderts fand Humann einen Teil der Bruchstücke, die heute im Berliner Pergamonmuseum gezeigt werden.

In Baalbek ist aus späterer Zeit ein kleiner Rundtempel in fast barocken Formen erhalten. Sein weit ausladendes Gesims wird von mächtigen, schräg stehenden Säulen getragen. In Rundbogennischen standen ursprünglich Statuen.

Nicht weit davon ist eine Tempelanlage freigelegt worden. In straffer Ordnung folgen auf einer Hauptachse die von Türmen flankierte Propyläenhalle, zu der in voller Breite eine Treppe ansteigt, ein eng geschlossener Hof in Form eines Sechsecks und ein zweiter, quadratischer Hof. Als Abschluß erhob sich auf einem 7 m hohen Unterbau der Jupiter-Tempel. Alle Teile ordnen sich nach römischem Vorbild einem monumentalen Gesamtplan unter, denn Baalbek war unter den ersten Kaisern als römische Kolonie entstanden.

Die Schauspiele der Griechen fanden unter freiem Himmel statt und dauerten mehrere Tage. Das griechische Theater schmiegt sich in die Mulde eines Steilhanges. Im Halbkreis steigen die Sitzreihen auf. Nach 34 Reihen ist ein Gang eingefügt. Danach folgen noch weitere 21 Reihen, zwischen denen sich die strahlenförmigen Treppenzugänge verdoppeln. Auf der kreisrunden Orchestra, die aus einem Altarplatz hervorgegangen war, sang und tanzte der Chor. Dahinter wurde, vor einem langen, niedrigen Holzbau, der Skene, später auf einem erhöhten Bau, dem Proskenium, gespielt. Außer Olympia, dem Zentrum der sportlichen Wettkämpfe, die der herrschenden Klasse vorbehalten waren, hatten auch Korinth und Delphi ihre Kampfspiele. Das Stadion lag in Delphi an einem Abhang, so daß Sitzreihen nur auf einer Seite zu erbauen waren. Die Schmalseiten der langgestreckten Kampfbahn waren abgerundet, da auf ihr neben allen anderen Sportarten auch Wagenrennen stattfanden.

Im griechischen Wohnhaus gruppierten sich wie im orientalischen alle Räume um einen offenen Hof. Kahle, fast fensterlose Außenmauern schirmten das Innere gegen die Hitze ab. Von der Straße führte ein gedeckter Seitengang zum Hof. Ein offener Raum, die Exedra, diente als Männersaal. Durch eine Säulenvorhalle gelangte man vom Hof in den Hauptraum. In ihm hielt sich die Familie tagsüber auf, hier stand der Herd und der Hausaltar, hier empfing man die Gäste.

In Olynth, das 348 zerstört wurde, fand man Häuser, deren Innenhöfe von Galerien umgeben waren, mit Obergeschossen, die wohl die Gemächer für die weiblichen Familienmitglieder und die Sklaven enthielten.

Baalbek/Nordsyrien (griechisch: Heliopolis), Rundtempel, 2. Jahrhundert v. u. Z.

Später wurde der Hof ringsum durch einen Säulengang zum Peristyl erweitert. In diese innere Ringhalle mündeten alle Einzelräume, die untereinander keine Verbindung hatten. Später wurde das Peristyl zum Garten, der das Haus mit der Natur verband.

War das Forum Romanum, der alte Markt aus der Zeit der Republik, noch eine allmählich entstandene lockere Baugruppe, so wurden die Fora der Kaiserzeit nach einheitlichem Plan streng axial angelegt. Das bedeutendste war das Trajansforum, das fast die Größe der Akropolis von Athen erreichte. Vom Augustusforum aus gelangte man durch

Baalbek, Tempelanlage

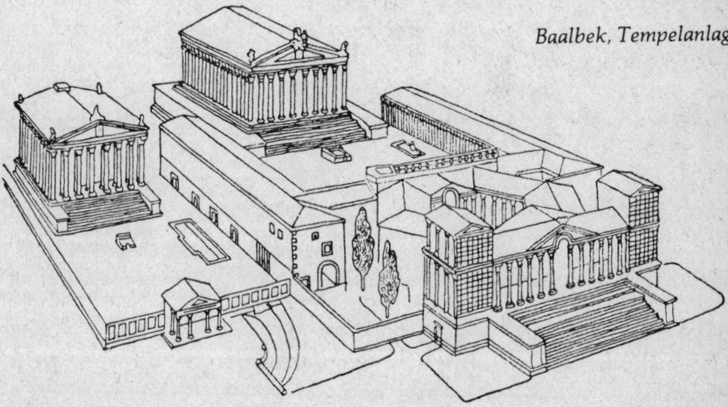

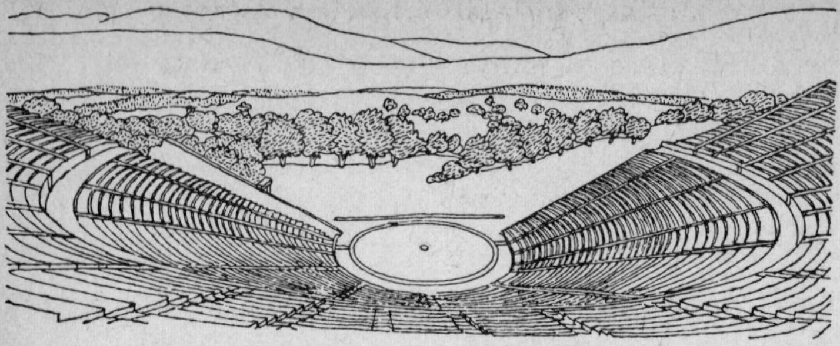

Epidauros (Peloponnes), Theater, 3. Jahrhundert v. u. Z., von Polyklet d. J., etwa 14 000 Sitzplätze

ein Triumphtor in einen weiten, fast quadratischen Säulenhof, der sich seitlich zu halbrunden, zweistöckigen Exedren mit Kaufläden ausweitete. In seiner Mitte stand das überlebensgroße vergoldete Reiterbild Trajans. Drei prächtige Portale führten in eine fünfschiffige Basilika. Es folgten zwei Bibliotheken, von deren Emporen man die Reliefs der Trajanssäule betrachten konnte, die des Kaisers Sieg über die Daker verherrlichten. Ein Hof mit einem dem Kaiser geweihten Tempel beschloß als Krönung die gesamte Anlage des Trajansforums.

Eine römische Provinzstadt war wie ein Militärlager als Rechteck angelegt und in rechtwinklige Baublöcke aufgeteilt. Längs führte die

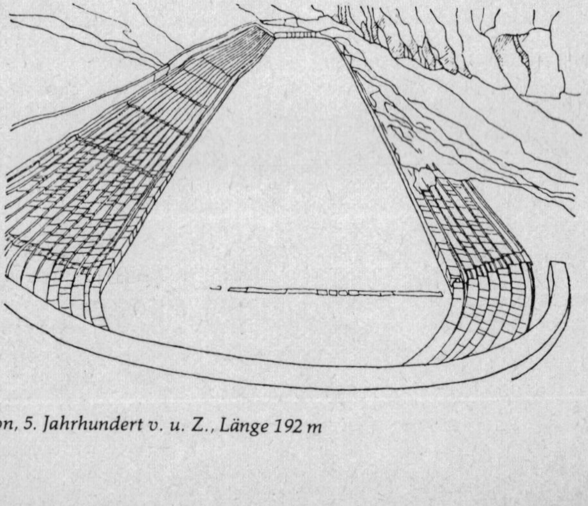

Delphi, Stadion, 5. Jahrhundert v. u. Z., Länge 192 m

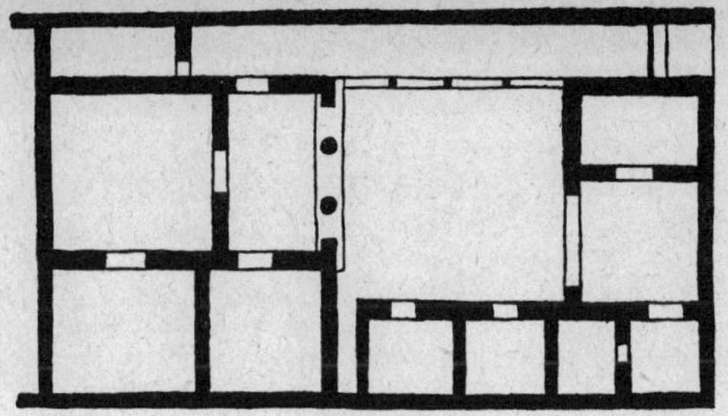

Priene, Wohnhaus, um etwa 300 v. u. Z., Grundriß

Heerstraße hindurch, die als Geschäftsstraße Laubengänge hatte. Eine zweite durchlaufende Straße kreuzte sie, am Schnittpunkt lagen der Markt mit der Basilika, dem Gerichts- und Verwaltungsgebäude, und der Tempel. Zinnengekrönte Mauern mit zahlreichen Rundtürmen umschlossen die Stadt. Die Stadt Boppard am Rhein hatte bereits eine Schwemmkanalisation, wie die beiden Kanalmündungen am Rheinufer zeigen.

Mit einem Pantheon, einem Tempel, der allen Göttern geweiht war, versuchte Rom, die vielen Kulte der eroberten Länder in einem Rundtempel zu vereinen. Dazu diente ein gewaltiger Innenraum, den eine

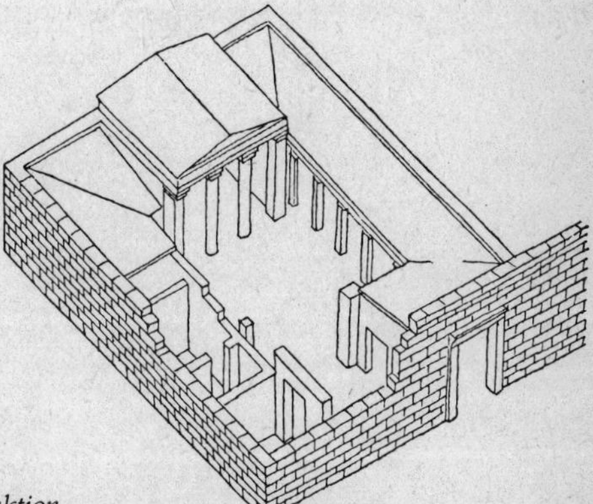

Priene, Wohnhaus, Rekonstruktion

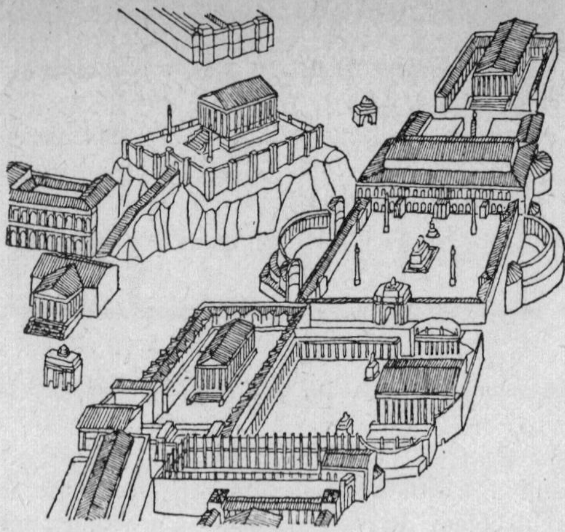

Rom, Trajansforum, 100—113 von Apollodoros von Damaskus mit Forum Augusti (unten), dem Forum Caesari (links daneben) und dem Kapitolinischen Hügel mit dem Juno-Tempel

mächtige Kuppel überwölbt. Ein offenes Rund in ihrem Scheitel von neun Meter Durchmesser leuchtet den einheitlichen Raum gleichmäßig aus, der mit einem Blick sofort zu erfassen ist. Höhe und Durchmesser des Raums sind einander gleich, so daß eine eingeschriebene Kugel genau den Boden berühren würde. Der 6,2 m starke Mauerring besteht aus zwei Schalen, von denen die innere die Kuppel trägt, während die höher geführte äußere den Seitenschub aufzufangen hat. Zwischen 8

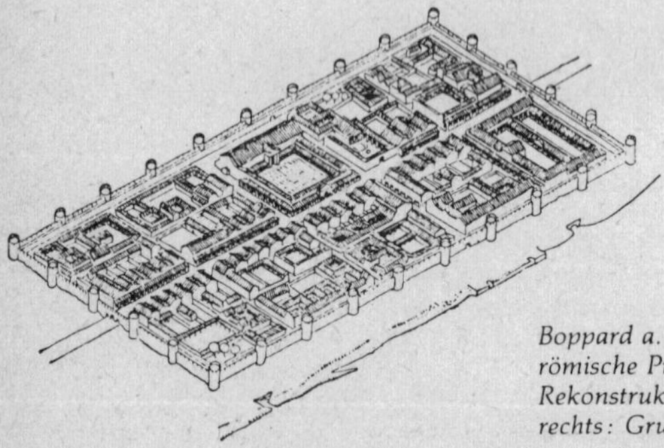

Boppard a. Rh., römische Provinzialstadt, Rekonstruktion von O. Völcker; rechts: Grundriß

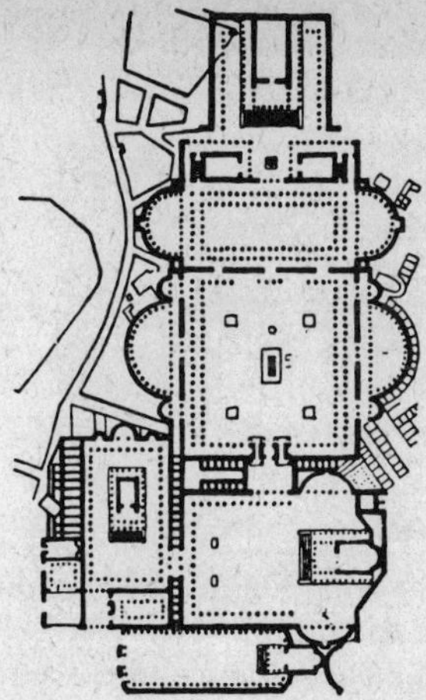

Rom, Trajansforum, 100—113 von Apollodoros von Damaskus, Grundriß

Pfeilern öffnen sich abwechselnd runde und eckige, von Säulen gerahmte Nischen, wobei die in den beiden Hauptachsen liegenden rund und die in den Diagonalen liegenden eckig sind. Ihr ringsum laufendes Gebälk teilt die Wand im Goldenen Schnitt. Die Blendfenster darüber sind erst 1747 an die Stelle einer Pilastergliederung getreten. Den oberen Abschluß bildet eine Kassettendecke. Zahlreiche, ins Mauerwerk eingebaute Entlastungsbögen verteilen brückenartig die Kuppel-

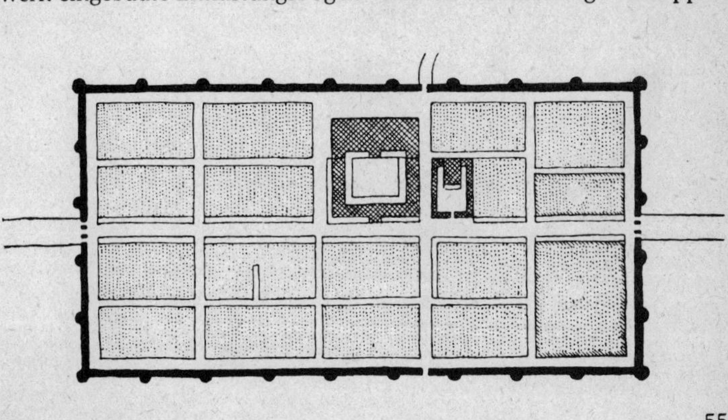

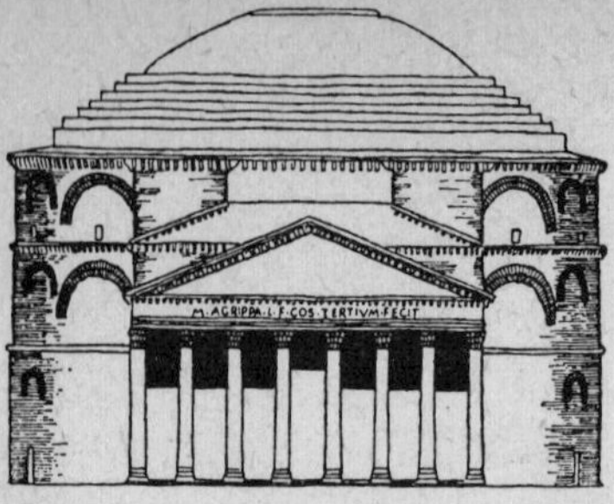

*Rom, Pantheon,
I. Bau 27 v. u. Z.,
110 abgebrannt,
Neubau 115—125,
Kuppeldurchmesser —
Höhe 43,6 m*

last. Ganz schlicht ist der allein von zwei Gesimsen gegliederte Außenbau. Eine Säulenvorhalle mit Giebelabschluß bildet den Eingang.

Amphitheater (»Doppeltheater«) in Ellipsenform dienten Tierhetzen, Gladiatorenkämpfen und anderen öffentlichen Veranstaltungen. Den gewaltigsten Bau ließ Vespasian in Rom errichten: Drei Reihen von je 80 Arkaden mit Halbsäulen, unten dorischen, dann ionischen, zuletzt korinthischen, umgeben das Oval und lassen Licht in die gewölbten Eingangs- und Wandelhallen und die Treppenfluchten ein. Ein weiterer, von korinthischen Pilastern gegliederter Mauerring umschließt den obersten Rang.

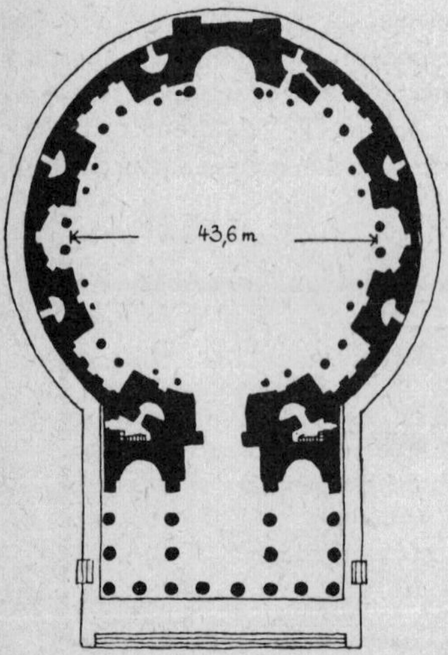

Grundriß

*Rechts: Innenansicht
aus einer Seitennische
(nach einem Stich
von Antonie Sarto, Rom 1829)*

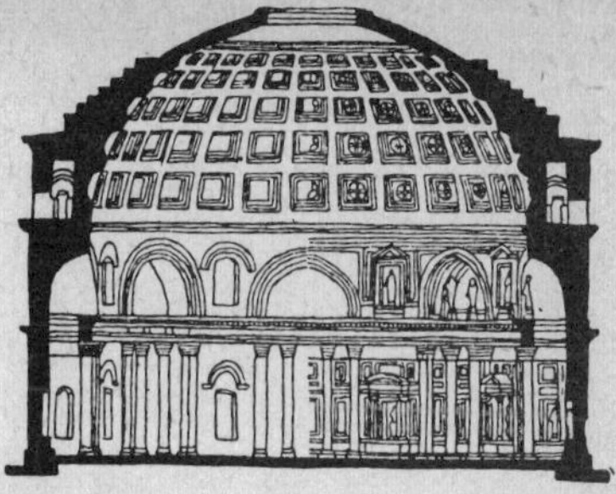

Querschnitt

Weitläufige luxuriöse Badeanlagen, Thermen, entstanden zur römischen Kaiserzeit, die auch Bibliotheken, Kunstgalerien, Lese- und Vortragssäle sowie Vergnügungs- und Speisesäle enthielten. Farbiger Marmor verkleidete die Wände, die Gewölbe erstrahlten in Glasmosaiken. In der Mittelachse lagen das offene Schwimmbecken, der von Kreuzgewölben überspannte Mittelsaal und das runde überkuppelte Warmbad. Durchgangsräume führten zu den Sporthallen, Schwitz-, Massage- und Salbräumen.

Majestätische Triumphbögen kündeten in Rom und vielen Provinzstädten von den Siegen der römischen Herrscher. Die schwere Stein-

Rom, Flavisches Amphitheater oder Kolosseum, vollendet 80, etwa 45000 Sitzplätze

masse wird durch gliedernde Säulenordnungen aufgelockert. Am Titusbogen stehen vier Halbsäulen auf hohem Sockel, ihr Architrav wird von einem wuchtig ausladenden verkröpften Gesims abgeschlossen. Genau auf halber Höhe sitzt der Bogen dem Kämpfergesims auf, das sich in den seitlichen Blendfenstern fortsetzt. Auf der Attika stand

Kolosseum (Querschnitt), Größe 188 × 156 m, Arena 86 × 54 m, Höhe 48,5 m

Rom, Thermen des Caracalla, Mittelsaal (Rekonstruktion)

die Quadriga, ein vierspänniger Triumphwagen. Der Konstantinbogen hat drei Tore. Die Schlußsteine der seitlichen Bögen haben gleiche Höhe wie die Kämpfer, auf denen der mittlere Bogen aufsitzt.

In Pompeji, das im Jahre 79 durch einen Vesuvausbruch völlig verschüttet wurde, förderten Ausgrabungen zahlreiche Wohnhäuser,

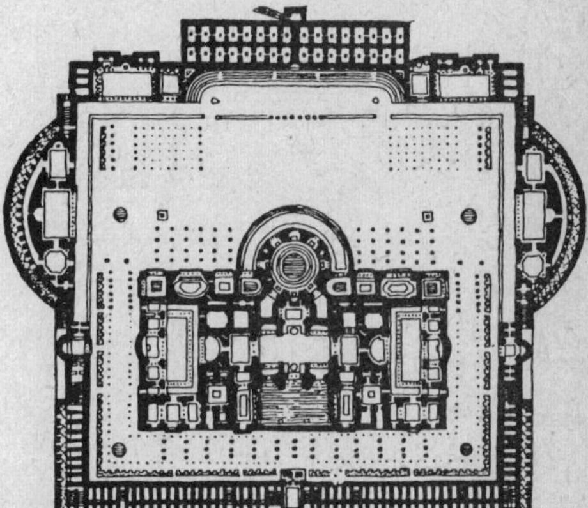

Rom, Thermen des Caracalla (Rekonstruktion), 206 begonnen unter Septimius Severus, 216 vollendet unter Caracalla, etwa 330 × 330 m

Rom, Titusbogen, nach 81, Denkmal für den Sieg über die Juden und die Einnahme Jerusalems

meist Villen der Reichen, zutage. Die Räume sind streng symmetrisch seitlich der Mittelachse angeordnet, wie bei der Urform des etruskischen Hauses. Der Mittelraum, das Atrium, erhält Licht durch eine Deckenöffnung; ein darunter aufgestelltes Becken, das Impluvium, fängt das Regenwasser auf. Dem Eingang gegenüber liegt der türlose Speiseraum, das Tablinum. Daneben führt ein Gang zum Garten, der häufig nach griechischem Vorbild ein Peristyl ist und von Säulenhallen, teilweise zweistöckig, umgeben wird.

Rom, Konstantinbogen, um 326, Denkmal für den Sieg über Maxentius

Pompeji, Typ eines Wohnhauses, seit dem 2. Jahrhundert v. u. Z. üblich

Außer Villen wohlhabender Bürger gab es in Pompeji und vor allem in den Großstädten auch mehrstöckige Mietshäuser für die Volksmassen. In der Geschäftsstadt Ostia, dem Hafen Roms, lassen sich drei Typen nachweisen: reine Wohnhäuser, Häuser mit Geschäften im Erdgeschoß und solche, die vor den Läden noch Säulengänge hatten. Oft kragten im dritten Geschoß Balkone vor.

Kilometerlange Aquädukte versorgten die Römerstädte mit Wasser. Bei Nîmes in Südfrankreich ist eine derartige Anlage, der berühmte

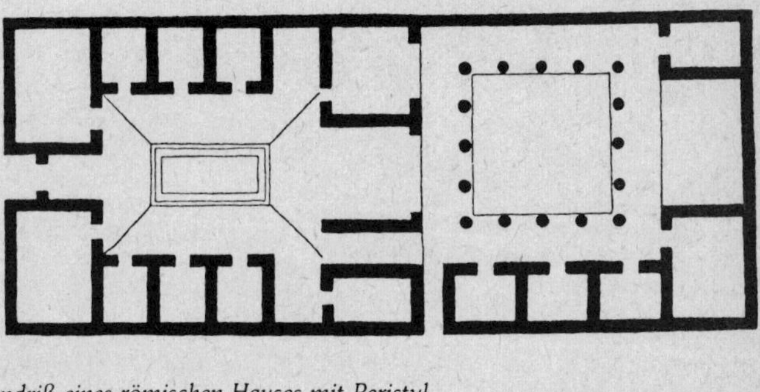

Grundriß eines römischen Hauses mit Peristyl

Ostia, Mietshäuser, Zeitalter Trajans, Rekonstruktion von Calza

»Pont du Gard«, erhalten geblieben. Sorgfältig ist die Brücke aus Quadern ohne jeden Mörtel aufgeschichtet. Eine untere Bogenreihe trägt die Straße, darüber erhebt sich ein zweites Stockwerk. Es folgt eine dritte Reihe aus 35 kleineren Bögen mit dem Kanaltrog, der von Kalksteinplatten abgedeckt wird.

Als 313 das Christentum römische Staatsreligion geworden war, baute man Kirchen, Versammlungsstätten der Gemeinden, nach Art der römischen Markt- und Gerichtshalle, der Basilika. Diese hatte ein

Nîmes, Pont du Gard,
19 v. u. Z., Länge 269 m, Höhe 49 m

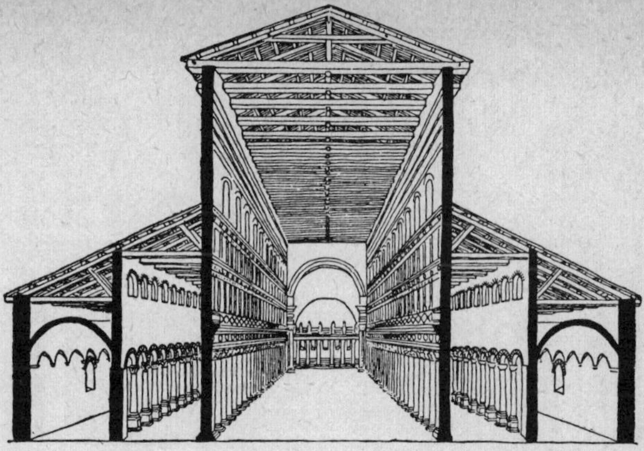

Rom, Alte Peterskirche, Anfang 4. Jahrhundert, nach einem Fresko im Vatikan

breites erhöhtes Mittelschiff und beiderseits von Säulen abgeteilte niedrige Seitenräume. Durch wenige Änderungen wurde sie zu einem Andachtsraum, in dem die dichten Reihen der Säulen, der Fluß ihres Gebälks und die Fenster des Lichtgadens zu der halbrunden Apsis weisen, in der der Altar steht.

Die alte Petersbasilika erhielt als Grabkirche des Apostels noch ein zweites Seitenschiffpaar, das bereits überwölbt war und dessen Säulen statt des waagerechten Architravs Bogen verbanden. Der Weg zum

Rom, Altchristliche Basilika Sta. Maria Maggiore, 352—66, Neubau 432, Decke 15. Jh.

Ravenna, San Apollinare in Classe, 535—49, Rundbilder 18. Jahrhundert, nach altem Vorbild (Argeniarius)

Altar begann mit einer Freitreppe, führte durch eine Vorhalle in einen weiten Säulenhof und in das fünfschiffige Kircheninnere.

In San Apollinare betonen Bögen und gereihte Rundbilder die Richtung zum Altar. Ohne von einem Querhaus unterbrochen zu werden, leiten die Arkaden zur Apsis und dem den Altar überspannenden Triumphbogen, die beide in farbenprächtigen Mosaiken erstrahlen.

Hier hat der Außenbau Schmuck erhalten. Backsteine bilden Qua-

Ravenna, San Apollinare, Turm um 750

Ravenna, San Vitale, um 526—547, Zentralraum, rechts Vorraum zur Apsis

drat- und Rautenmuster, Bogenfolgen gliedern die Wände, gleichsam als Echo der Innenarkaden. Der frei stehende runde Glockenturm geht wohl auf syrische Vorbilder zurück, da die Antike den Turm nur bei Zweckbauten als Leucht- und Festungsturm kannte.

Die Kirche San Vitale ist ein Zentralbau im byzantinischen Stil; sie ist über dem Grab eines Märtyrers errichtet. Da San Vitale als Hofkirche diente, erhielt sie Emporen für Herrscher und Gefolge. Ein achtsei-

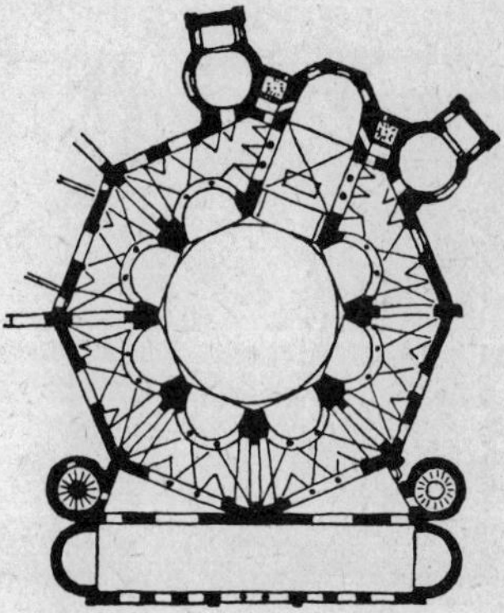

Ravenna, San Vitale, Grundriß

Konstantinopel, Hagia Sophia, 532—37, von Anthemios von Tralles und Isidoros von Milet, Kuppel: Höhe 60 m, Durchmesser 32 m; unten: Grundriß

tiger Umgang umschließt einen Zentralraum, dessen Seiten halbrund ausschwingende, in Arkaden aufgelöste Nischen bilden. An der Ostseite schließen Arkadenwände den Umgang ab und bilden einen Vorraum zur Apsis. Die Wandflächen sind mit starkfarbigen Mosaiken geschmückt. In die Kuppelwände bettete man Amphoren, Hohlkörper aus gebranntem Ton, ein, um ihr Gewicht zu verringern und die Akustik abzustimmen.

Die Hagia Sophia, die in nur fünf Jahren Bauzeit in Konstantinopel, der Hauptstadt des oströmischen Reiches, errichtet wurde, vereint

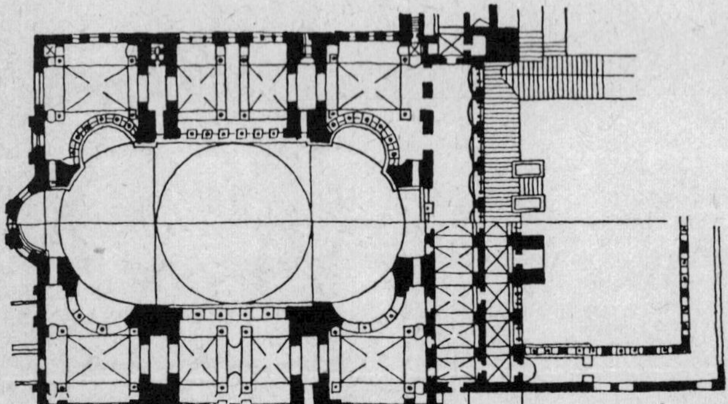

Wladimir, Uspenski-Kathedrale, 1158—61, nach Brand von 1185 erweitert; unten: Grundriß

Tendenzen der Basilika und des Zentralbaues. Der Zugang führt durch einen von Arkaden umgebenen Brunnenhof und eine Vorhalle. Von den Seitenschiffen und ihren Emporen aus sahen die Gläubigen dem Gottesdienst im Hauptraum zu, den eine riesige Kuppel überspannt, die von vier Hauptpfeilern getragen wird. Sphärische Dreiecke leiten zum Kuppelfuß über, an dem ein Kranz von 40 Fenstern Licht einläßt. Halbkuppeln anschließender Nebenräume weiten den Raum längs. Die Hauptpfeiler sind mit den Wänden verschmolzen, die durch Mosaiken aus farbigem Marmor ihre Schwere völlig verlieren.

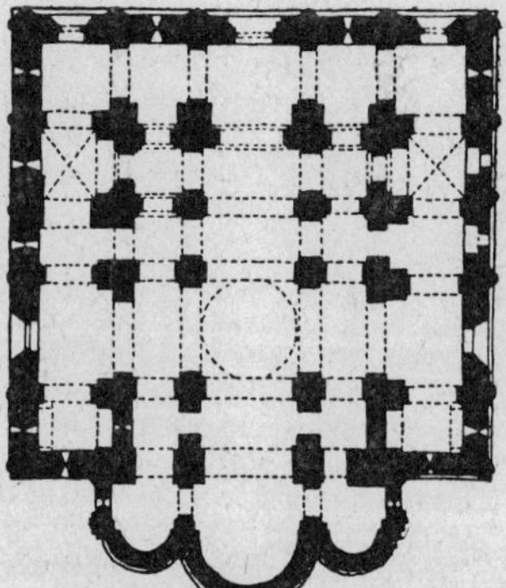

Ravenna, Theoderich-Grabmal, um 520

Mit der Christianisierung Rußlands, die seit 988 von Byzanz aus erfolgte, fand auch hier der Steinbau Eingang. Schon früh bildete sich unter Verarbeitung byzantinischer Grundideen ein nationaler Stil aus, wie die Sophienkathedralen des 11. Jahrhunderts zu Kiew und Nowgorod bezeugen. Außer diesen beiden Bauschulen entstand im Fürstentum Wladimir-Susdal östlich von Moskau eine dritte, die sich

Oviedo/Spanien, Westgotische Königshalle, um 750, seit 848 Kirche Sta. Maria de Naranco

Borgund/Norwegen, Stabkirche, 1. Hälfte 12. Jahrhundert

durch reiche Zierformen auszeichnet. Die Kirchen sind Kreuzkuppelkirchen: Um den Mittelraum mit einer Kuppel über hohem Tambour legen sich vier Kreuzarme und kleinere Eckräume, im Osten buchten drei Apsiden aus. Diese Form hatte die Uspenski-Kathedrale, die später auf fünf Schiffe erweitert wurde und noch vier Nebenkuppeln erhielt.

Im zweigeschossigen, zehneckigen Grabmal sind römische und germanische Elemente verschmolzen. Den Unterbau mit der kreuzförmigen Kapelle gliedern flache Rundbogennischen. Der runde Oberteil enthält den Grabraum. Den Bau deckt, wie bei einem germanischen Hügelgrab, ein einziger, innen ausgehöhlter Steinblock.

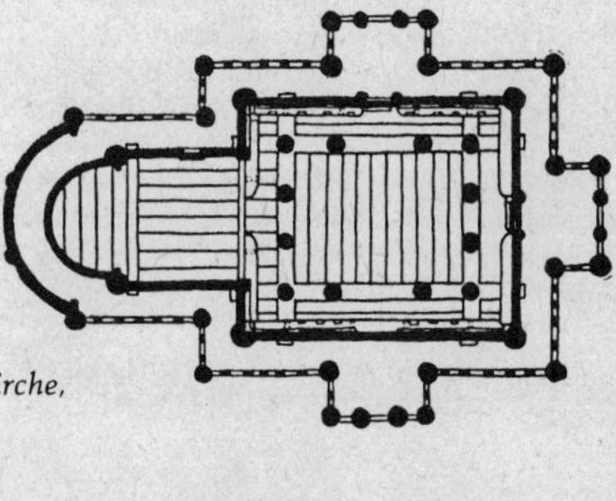

Grundriß der Borgund-Stabkirche, Zwölfmasten-Kirche

Eine einzige germanische Festhalle hat sich erhalten, die römischen Einfluß bekundet, aber in Anlage und Zier etwas völlig Neues ist. Die Säulen der Blendarkaden sind, ihrem Sinne widersprechend, als Bündel geflochtener Taue gebildet. Die Gurtstreifen des Tonnengewölbes sitzen auf flachen Konsolen eines Gesimsbandes, von denen wappenartige Embleme herabzuhängen scheinen.

Eindrucksvolle Zeugnisse der einst in Nord- und Osteuropa blühenden Holzbaukunst sind die norwegischen Holzkirchen, von denen noch etwa dreißig erhalten sind. Im Unterschied zum Blockbau aus waagerecht geschichteten Balken, wie er in Osteuropa verbreitet ist, sind sie aus senkrecht gestellten Pfosten im sogenannten Stab- oder Reiswerk errichtet. In Borgund umgeben den Hauptraum ringsum Masten, die das Obergeschoß stützen. Den Außenbau beherrschen steile Schindeldächer: die Pultdächer der Laufgänge, die zweihängigen Dächer der Portale sowie das abschließende Satteldach, das von einem dreistöckigen Türmchen bekrönt wird. Von den Dachfirsten ragen Ziermotive in der Art der Wikingerschiffsschnäbel auf.

Antike

ALLGEMEINE GESCHICHTE

um 3000 v.u.Z.	Erste Blüte der sumerischen Kunst im Stadtstaat Uruk
	Anfänge der Bronzetechnik im Vorderen Orient
um 2850 v.u.Z.	Erste ägyptische Dynastie
um 2772 v.u.Z.	Einführung des 365tägigen ägyptischen Kalenders
um 2400 v.u.Z.	Entstehung des »Gilgamesch-Epos«
um 1750 v.u.Z.	Gesetzessammlung Hammurapis
um 1500 v.u.Z.	Eisentechnik in Kleinasien
um 1365 v.u.Z.	Büste der Königin Nofretete
um 1000 v.u.Z.	Griechische Staatenbildung
um 800 v.u.Z.	Homers »Ilias« und »Odyssee«
604 v.u.Z.	Thronbesteigung Nebukadnezars in Babylon
um 600 v.u.Z.	Phönikische Schiffe umsegeln Afrika
490 v.u.Z.	Sieg der Athener über die Perser bei Marathon
um 475 v.u.Z.	Werke des griechischen Bildhauers Myron entstehen
459 v.u.Z.	Uraufführung der »Orestie« von Aischylos bei Athen
um 440 v.u.Z.	»Perikleisches Zeitalter«, Blüte der athenischen Kultur
336—323 v.u.Z.	Alexander von Makedonien, »der Große«, regiert
um 250 v.u.Z.	Archimedes entdeckt eine Reihe physikalischer Gesetze
146 v.u.Z.	Karthago und Korinth zerstört

74—71 v.u.Z.	Spartakusaufstand
58—51 v.u.Z.	Kriege Julius Cäsars in Gallien, Britannien und Germanien
19 v.u.Z.	Vergil vollendet »Aeneis«
9 u.Z.	Niederlage des Varus im Teutoburger Wald
79 u.Z.	Verschüttung Pompejis
um 150 u.Z.	Ptolemäus veröffentlicht sein astrologisches Weltsystem
313 u.Z.	Christentum römische Staatsreligion
um 375 u.Z.	Einbruch der Hunnen in Europa
395 u.Z.	Teilung des römischen Reiches
476 u.Z.	Zusammenbruch des weströmischen Reiches
493—526 u.Z.	Regierungszeit Theoderichs, König der Ostgoten
um 600 u.Z.	Abklingen der Völkerwanderung

BAUGESCHICHTE

um 3100 v.u.Z.	Bau des Tempelturmes Egiparimin in der Königsstadt Uruk
um 3000 v.u.Z.	Erste Natursteinbauten in Ägypten
um 2600 v.u.Z.	Bau der Cheops-Pyramide bei Gizeh
um 2600 v.u.Z.	Entstehung der Sphinx von Gizeh
um 1900 v.u.Z.	Bau des Palastes zu Knossos, Kreta
um 1400 v.u.Z.	Entstehungszeit des Löwentores auf der Burg zu Mykenä
um 1300 v.u.Z.	Beginn des Baues der Burg Tiryns am Ägäischen Meer
um 1250 v.u.Z.	Bau des Felsentempels in Abu Simbel unter Ramses II.
um 1150 v.u.Z.	Zerstörung der mykenischen Burgen und Kultur
753 v.u.Z.	Sagenhafte Gründung Roms durch Romulus
um 600 v.u.Z.	Übergang vom Holz- zum Steinbau beim griechischen Tempel
um 570 v.u.Z.	Bau des Ischtar-Tores in Babylon
um 500 v.u.Z.	Höhepunkt des dorischen Stiles
um 450 v.u.Z.	Bau des Poseidontempels, Paestum
447 v.u.Z.	Beginn des Wiederaufbaus der Akropolis zu Athen
um 400 v.u.Z.	Höhepunkt des ionischen Baustils
um 325 v.u.Z.	Vorherrschen des korinthischen Baustils
um 325 v.u.Z.	Alexander von Makedonien gründet etwa 70 Städte
um 170 v.u.Z.	Bau des Zeusaltars zu Pergamon
um 150 v.u.Z.	Zeit des sogenannten »späthellenistischen Barock«
64 u.Z.	Brand Roms zur Zeit Neros
80 u.Z.	Fertigstellung des Kolosseums
um 130 u.Z.	Bau der Kuppel des Pantheons
um 150 u.Z.	Große Tempelbauten in Baalbek
313 u.Z.	Bau der ältesten Rheinbrücke bei Köln
326 u.Z.	Bau des Konstantin-Bogens in Rom
326 u.Z.	Bau der St.-Peters-Basilika in Rom
um 520 u.Z.	Bau des Theoderich-Grabmals in Ravenna
537 u.Z.	Bau der Hagia Sophia in Byzanz
547 u.Z.	Vollendung der Kirche San Vitale in Ravenna
um 1090 u.Z.	Bau der ältesten norwegischen Stabkirche in Urnes

Die Baukunst in der Epoche der Feudalgesellschaft

Die Baukunst der Romanik

Erst einige Jahrhunderte nach der Völkerwanderung und dem Zusammenbruch des Römerreiches entwickelte sich in Europa langsam eine neue Baukunst. Um das Jahr 800 war das Frankenreich der mächtigste Staat in Mittel- und Westeuropa. Von dessen Kaiser Karl, der sich in Rom hatte krönen lassen, berichtet der Geschichtsschreiber Einhart (etwa 770—840): »... begann er doch sehr viele, seinem Reiche zur Zierde und zum Vorteil gereichende Bauwerke an verschiedenen Orten und vollendete auch manche. Als die vornehmsten unter ihnen dürfen mit Recht angesehen werden die mit wunderbarer Kunstfertigkeit errichtete Kirche der heiligen Mutter Gottes zu Aachen und die fünfhundert Schritte lange Rheinbrücke bei Mainz.« Die hier gemeinte Aachener Pfalzkapelle stellt den Höhepunkt der karolingischen Baukunst (800—950) dar. In Anlehnung an ravennatische Bautraditionen erhebt sie sich auf den Ruinen römischer Thermen. Quadersteine aus Verdun, Architekturteile und Ziegel von verlassenen Römerbauten aus Trier, Köln und Aachen, Säulen und Marmorbrocken aus Rom und Ravenna fügten italienische Bauhandwerker hier zusammen. Nach Plänen des Baumeisters Odo von Metz entstand die Repräsentations- und Grabkirche Karls des Großen, die im Jahre 805 vollendet wurde und bis zur Mitte des 16. Jahrhunderts die Krönungskirche der deutschen Kaiser blieb.

Der Formenreichtum der noch stark von der Antike beeinflußten karolingischen Architektur zeigt sich auch an der meist als »Torhalle« bezeichneten Königshalle des Klosters Lorsch. Ähnlich einem römischen Triumphbogen wurde sie für kaiserliche Amtshandlungen um 770 errichtet. Die von Pilastern und Halbsäulen gegliederte Fassade verkleidete man mit weißen und roten übereckgestellten Steinplatten.

Der baldige Zerfall des Frankenreiches, auch die Normannen- und Ungarneinfälle brachten das Bauwesen für anderthalb Jahrhunderte zum Erliegen. Erst nach 950, in der Zeit der ottonischen Kaiser, blühte es wieder auf. Jetzt entwickelte sich der ottonische Baustil als Bestandteil der Frühromanik. (Durch den Begriff »Romanik«, der erst seit 1820 in der Kunstgeschichte verwendet wird, soll die Weiterentwicklung des altchristlichen »römischen« Stils unter germanischen und orientalischen Einflüssen gekennzeichnet werden.) Bis etwa 1250 beherrschte dieser neue Stil das Bauschaffen in Deutschland. Zu dieser Zeit hatte sich die Feudalordnung in Europa durchgesetzt. Diese neue Form des gesellschaftlichen Zusammenlebens gründete sich auf das Privateigentum an Grund und Boden sowie auf die beschränkte Gewalt über die leibeigenen Bauern. Alles Land gehörte ursprünglich dem König; dieser verteilte es an seine Lehnsherren, und diese vergaben es an ihre Bauern. Jeder hatte für den zugeteilten Boden Naturalabgaben und auch Fron- bzw. Lehndienste zu leisten. Der Grad der Abhängigkeit der Bauern von den Feudalherren reichte von der Leibeigenschaft bis zur Zinsverpflichtung. Im Gegensatz zu den Sklaven waren die Bauern an ihrer Arbeit interessiert, denn einen Teil ihrer Produkte durften sie selbst behalten. Auf dieser Grundlage erhöhte sich die Arbeitsproduktivität, und die Produktivkräfte entwickelten sich schneller.

Die Feudalherren hatten die christliche Religion von den Römern übernommen. Da sich auch die Kirche einen gewaltigen Grundbesitz aneignete und Bischöfe und Klöster über riesige Ländereien verfügten, wechselten Bündnisse und erbitterte Machtkämpfe zwischen den weltlichen und geistlichen Feudalherren, zwischen Kaiser und Papst ab. Dazu kamen ständige Fehden der Feudalherren untereinander. Sie führten zur Schwächung der kaiserlichen Zentralgewalt und zur staatlichen Zersplitterung.

Der gesellschaftlichen Situation des frühen Mittelalters entsprachen die bedeutendsten Bauten der Zeit: Pfalzen, Burgen, Kirchen und Klöster, die im Auftrag der weltlichen und geistlichen Feudalherren errichtet wurden. Die Pfalzen waren Wohn- und Verwaltungsstätten der

Lorsch, Torhalle, um 770

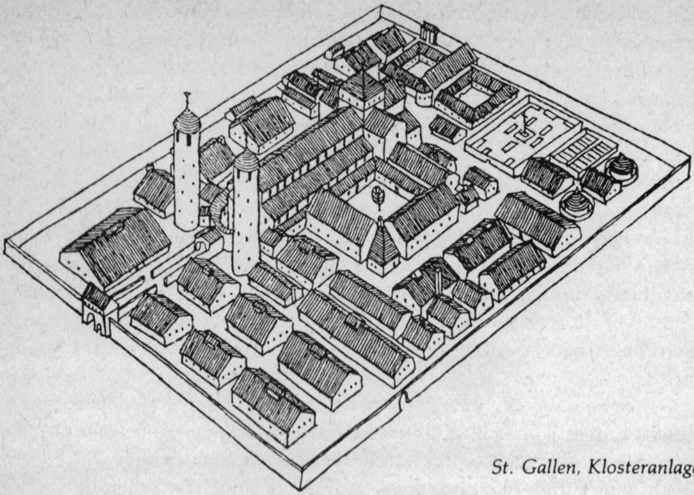

St. Gallen, Klosteranlage

Kaiser. Diese regierten nicht in einer Hauptstadt, sondern zogen mit ihrem Hofstaat ständig umher. Beratungen und Reichsversammlungen wurden in den Pfalzen abgehalten. Neben dem wichtigsten Gebäude, dem Kaisersaal, gehörten zu jeder derartigen Rast- und Regierungsstätte Wohn-, Stall- und Wirtschaftsgebäude sowie Kapellen. In Goslar und Gelnhausen finden sich Reste deutscher Kaiserpfalzen. Feste Wohnsitze der Feudalherren waren die Burgen, die ursprünglich Siedlungen und strategisch wichtige Punkte schützen sollten. Aus Verteidigungsgründen lagen sie in der Regel auf Bergkuppen oder in Flußschleifen. Sie waren von hohen Mauern, Wällen und Gräben umgeben und enthielten die Wohn- und Wirtschaftsgebäude einer Adelsfamilie. Meist beherrschte ein mächtiger Flucht- und Wohnturm, der Bergfried, die Burganlage. Die befestigten Feudalsitze prägten ein neues Landschaftsbild, wie es etwa die Burgenstraße oder die burgenreiche Saale-Unstrut-Täler heute noch zeigen. Zu den bekanntesten romanischen Burgen gehört die um 1067 gegründete Wartburg.

Höchste Vollendung erreichte die Architektur der Romanik im Kirchenbau. Die Wirkung der an altchristliche Bautradition anknüpfenden Basiliken wurde durch mannigfache neue Bauformen gesteigert. Ein oder zwei Querschiffe, Westchöre, Turmpaare und Vierungskuppeln bereicherten die Kirchenbauten. Reihen von Säulen und Pfeilern, die die Schiffe voneinander trennten, und der erhöhte Chorraum über einer Krypta bestimmten das Bild der nur durch kleine Fenster erhellten Sakralräume. Die vieltürmigen und durch Zwerggalerien geschmückten Kaiserdome in Mainz, Speyer und Worms stellen einen Höhepunkt der romanischen Architektur in Deutschland dar. Den Versuch, die Einfachheit der altchristlichen Basiliken wiederherzustellen, unternahm die von der Cluniazensischen Reformbewegung beeinflußte Bauschule des schwäbischen Klosters Hirsau (Klosterkirche Alpirsbach in Schwaben, Klosterkirche Paulinzella im Thüringer Wald und Liebfrauenkirche in Halberstadt). Daß sich die Klassenspaltung der Feudalgesellschaft bis in den Sakralraum erstreckte, zeigen unter anderem die sogenannten »Doppelkapellen« in einigen Burgen. Zwei Kirchenräume lagen direkt übereinander und waren nur durch eine Öffnung verbunden. Den oberen Raum benutzte der Feudalherr mit seiner Familie, im unteren versammelten sich die Dienstleute.

Die wichtigsten Zentren künstlerischen Schaffens im frühen Mittelalter waren die Klöster. Ein aufgefundener, um 820 gezeichneter Plan des Klosters St. Gallen zeigt eine klar geordnete, wirtschaftlich unabhängige und verteidigungsfähige Anlage. Um den Kreuzgang und die Klosterkirche gruppierten sich Wohn- und Wirtschaftsgebäude, Gäste- und Krankenhaus, Schule und Bibliothek, Garten und Stallanlagen. Die Standortwahl für Klöster und Stifte wurde vielfach von Geländesituationen bestimmt; so errichtete man derartige Gebäudekomplexe häufig auf Hügeln und Bergnasen; ähnlich wie Burgen beherrschten sie ihre Umgebung (Quedlinburg und Halberstadt).

Die Städte, die sich infolge der Trennung von Handwerk und Landwirtschaft und der Ausdehnung des Handels besonders seit dem 11.

Romanisches Gewölbesystem

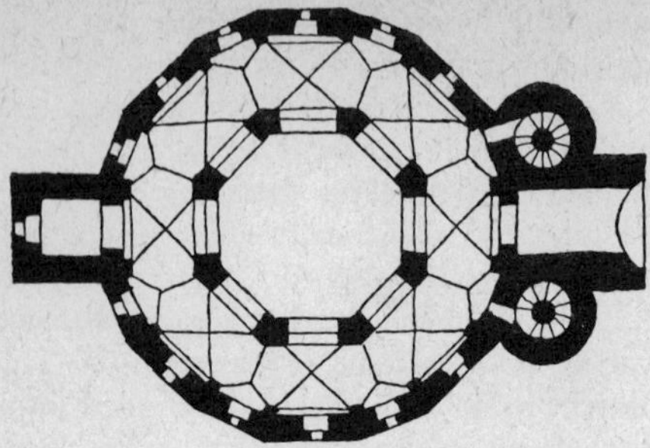

Aachen, Pfalzkapelle, Grundriß

Jahrhundert entwickelten, brachten zunächst kaum selbständige architektonische Leistungen hervor. Nur in den Residenz-, Bischofs- und Stiftsstädten entstanden Bauten und ganze städtebauliche Ensembles. So ließ Bischof Meinwerk zwischen 1000 und 1036 in Paderborn eine ganze Reihe von Klöstern und Kirchen errichten, die der Stadt eine 500 m lange monumentale Ostwestachse gaben. Berühmt sind die planmäßigen Stadtgründungen der Zähringer, der Grafen des Breisgau, zu denen auch die Stadt Freiburg gehört. Um 1119 wurde sie auf regelmäßigem Grundriß angelegt. Städtische Wohnhäuser aus romanischer Zeit sind kaum erhalten. Die letzten in Köln mit stufenförmigen Giebeln fielen dem zweiten Weltkrieg zum Opfer. In Trier und

Aachen, Pfalzkapelle, später Münster benannt, 798—805 von Odo von Metz

Aachen, Pfalzkapelle, Rekonstruktion

Regensburg finden sich noch städtische Feudalbauten, sogenannte »Wohntürme«.

Die Architekturformen der Romanik waren schwer und wuchtig. Mächtige ungegliederte Mauerflächen, nur von kleinen Rundbogenfenstern durchbrochen, massive Säulen, Pfeiler und Türme bestimmten das Bild. Die Bauten sind aus klaren, geometrisch geformten Kuben zusammengesetzt. Trotz regional gebundener Sonderformen entwickelte sich der romanische Baustil in Deutschland recht einheitlich. Zentren der Bautätigkeit waren zur Zeit der Ottonen Niedersachsen, zur Zeit der Salier das Mittelrheingebiet und unter den Staufern das Elsaß und die Umgebung von Köln. Während dieser rund

Köln, St. Pantaleon, Benediktiner-Klosterkirche, Westwerk, 964—980

dreihundertjährigen Entwicklung verfeinerten sich die romanischen Architekturformen. Die schweren Formen der Frühzeit wurden bei den rheinischen Kaiserdomen im 12. und 13. Jahrhundert durch eine stark plastische Gestaltung des Baukörpers abgelöst. Wandnischen, Lisenen, Rundbogenfriese und Zwerggalerien gliedern das Mauerwerk besonders in der Dachzone.

Über das Aussehen der Bauernhäuser, in denen die Mehrheit der Bevölkerung lebte, sind wir nicht genau unterrichtet. Infolge der Verwendung vergänglicher Materialien hat sich kein landwirtschaftliches Gebäude aus dem frühen Mittelalter bis heute erhalten. Man muß aber annehmen, daß heute bekannte Bauernhausformen zum Teil in Urformen bereits vorhanden waren. Die Monumentalbauten der herrschenden Klasse bestanden dagegen aus dauerhaften Materialien, vorwiegend aus Naturstein. Neben behauenen Quadern wurden teilweise auch unbearbeitete Findlingsbrocken vermauert. Einen erheblichen Teil der spätromanischen Bauten, wie das 1144 gegründete Kloster Jerichow bei Tangermünde, errichtete man aus Backstein.

In der zweiten Hälfte des 11. Jahrhunderts vollzog sich im romanischen Kirchenbau der Übergang von der flachen Holzbalkendecke, die leicht durch Brände zerstört werden konnte, zur gewölbten Steindekke. Aus der Durchdringung zweier Tonnengewölbe, wie sie teilweise in Frankreich angewandt wurde, entstand das Kreuzgewölbe. Zunächst vermochte man es nur über einem Quadrat zu errichten. Die Mittelschiffe der Kirchen setzten sich daher im Grundriß aus einer Reihe von Quadraten zusammen, denen jeweils zwei kleinere Quadrate in den schmaleren Seitenschiffen entsprachen. Dieses »gebundene System« wird am Grundriß des Domes zu Worms deutlich. Infolge des Gewichtes der Gewölbe mußten die Mauern an den Eckpunkten jedes Quadrates verstärkt werden; senkrechte Pfeilervorlagen gliederten die Mauermasse.

Die architektonischen Meisterleistungen des frühen Mittelalters erforderten gut ausgebildete Bauhandwerker. Die Baumeister der Romanik waren fast ausnahmslos hohe Geistliche; auf Reisen nach Italien und Byzanz hatten sie baukünstlerische Erfahrungen gesammelt. Am Dom zu Speyer waren beispielsweise die Bischöfe Benno von Osnabrück und Otto von Bamberg sowie der Benediktinermönch Gumbert als Architekten tätig. Die Maurer und Steinmetzen kamen zunächst aus Klosterwerkstätten. Vielfach wurden auch oberitalienische und byzantinische Bauhandwerker beschäftigt. Grobe Erd- und Transportarbeiten verrichteten klosterfremde Hilfskräfte unter Anleitung der Mönche. Die zunehmende Bautätigkeit seit der Mitte des 11. Jahrhun-

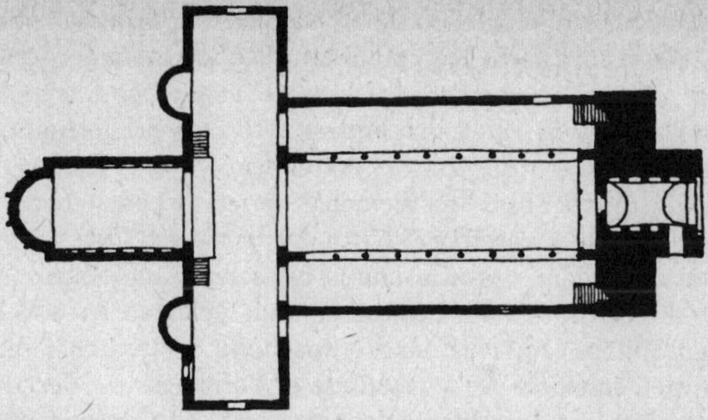

Hersfeld, Benediktiner-Klosterkirche, gegründet 769, Neubau 831
Nach Brand 1038 zweiter Neubau, seit 1761 Ruine, Länge 103 m, Chor 20 × 13, Querschiff 57,5 × 13 m

derts führte zur Entstehung sogenannter »Bauhütten«. Es waren Genossenschaften freier Bauhandwerker, die sich gegen Lohn verdingten. Grundlage dieses Systems war die sich entwickelnde Geldwirtschaft. Die nicht mehr an ein Kloster gebundenen Hüttenmeister und -handwerker konnten sich ihren Arbeitsplatz frei wählen. Den Wettbewerb mit den Klosterwerkstätten entschieden die Bauhütten in der Mitte des 12. Jahrhunderts zu ihren Gunsten. Die bautechnischen und künstlerischen Erfahrungen der einzelnen Bauhütten wurden sorgsam als Berufsgeheimnis gehütet und von Generation zu Generation weitergegeben.

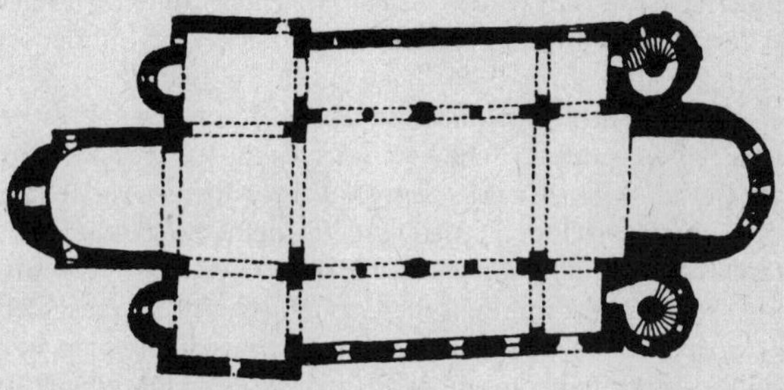

Gernrode, ehem. Nonnenstiftskirche St. Cyriakus, gegründet 961, Westapsis und obere Turmgeschosse 12. Jh.

Seit 1180 wurden in der deutschen Baukunst französische Einflüsse spürbar. Das französische Königtum unterstützte besonders die Städte im Kampf gegen die Selbständigkeitsbestrebungen des Adels. Auf dieser Grundlage entwickelten sich im französischen Bürgertum neue gesellschaftliche Ideen, die zu tiefgreifenden Veränderungen in der Architektur führten. Einzelne Elemente dieses neu entstehenden Baustils, der als »Gotik« bezeichnet wird, drangen nach Deutschland ein. Im Gegensatz zu dem für die Romanik typischen Rundbogenmotiv bevorzugte die Gotik den aus zwei aneinandergelegten Kreissegmenten gebildeten Spitzbogen. Aus der Vermischung romanischer und gotischer Formen entstand der sogenannte »Übergangsstil«, der zwischen 1220 und 1250 in Deutschland vorherrschte. Zu den bedeutendsten Bauten dieser Zeit gehören die Dome in Bamberg und Naumburg.

Für die Hofkapelle Karls des Großen diente als Vorbild San Vitale zu Ravenna, ein Bau des Römerreiches, dessen Nachfolge das Reich Karls antreten sollte. Der Aachener Bau ist von monumentaler Größe und Klarheit der Einzelformen. Statt der nischenartigen Ausbuchtungen umgeben den achteckigen Zentralraum standfeste Wände und scheiden ihn klar von dem 16eckigen Umgang. Besonders die unteren Arkaden bringen die Wucht der eckigen Pfeiler zur Geltung. Hoch steigt darüber das Emporengeschoß an, das durch Gänge mit den Gemächern des Kaisers verbunden war. Polierte Marmor- und Granitsäulen aus Italien schaffen gleichsam einen Vorhang vor den Emporen. Sie werden von Schichten aus wechselnd roten und weißen Sandsteinquadern eingerahmt. Den Abschluß bilden das Fenstergeschoß und die steinerne Kuppel, die einst mit Mosaiken ausgelegt war. Um die Schubkräfte des Zentralgewölbes sicher nach außen zu leiten, ließ man über den Emporen die Tonnengewölbe schräg ansteigen. Eine Eingangshalle barg Karls Grab. An einen hohen Mittelbau mit einer tiefen Nische an der Fassade lehnen sich zwei runde Treppentürme.

Klosterkirchen erhielten mitunter einen besonderen Westbau, das Westwerk, eine grundherrliche Eigenkirche, in der der Kaiser und sein Hofstaat bei Durchreise und Aufenthalt im Kloster Andacht hielten. Aber auch Sendgerichte, Taufen und Gemeindegottesdienste fanden dort statt. In St. Pantaleon besteht ein derartiges Westwerk aus einem gedrungenen Mittelturm zwischen zwei schlank hochschießenden Treppentürmen, die vom Quadrat ins Achteck übergehen und rund enden. Den Mittelbau umschließen zweigeschossige Flügel, die sich innen in Arkaden öffnen. Die Westwerke bildeten ein Gegengewicht zum Ostchor.

Gernrode, St. Cyriakus, Westansicht

Von einer karolingischen Klosterkirche vermag uns die großartige Hersfelder Ruine einen Eindruck zu vermitteln, behielt doch der Neubau des 11. Jahrhunderts, wie Grabungen ergeben haben, die ursprünglichen Grundmauern bei. Vor das dreischiffige Langhaus schiebt sich ein weit ausladendes Querhaus, das etwa die gleiche Länge aufweist und das den Chor vom Langhaus trennt. Der Grundriß hatte die Form eines T. Erst später wurde der langgestreckte Chor hinzugefügt, wodurch die Kirche in ihrem Grundriß die Form eines lateinischen Kreuzes erhielt.

Im Jahre 961 stiftete Markgraf Gero in Gernrode für die Witwe seines Sohnes, der auf Eroberungszügen gegen die Slawen den Tod fand,

Gernrode, St. Cyriakus, Längsschnitt

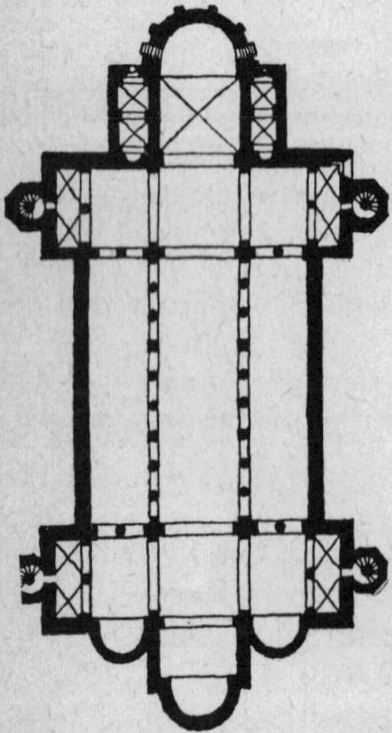

Hildesheim, Benediktiner-Klosterkirche St. Michael, erbaut um 1000—1033 unter Bischof Bernward; Veränderungen nach 1171, im 2. Weltkrieg schwer beschädigt, ursprünglicher Zustand nach Möglichkeit wiederhergestellt

ein Nonnenkloster, dessen Kirche St. Cyriakus, eine Basilika, unverändert erhalten blieb. Sie hatte von Beginn an die kreuzförmige Grundform: Jenseits des Querschiffs setzt sich das Mittelschiff noch in einem Chorquadrat fort. Ein Triumphbogen schließt das Querhaus gegen das Langhaus ab. Erst später hat man die Querschiffflügel ebenfalls durch Bögen abgetrennt, damit wurde das Kreuzungsquadrat zur sogenannten »ausgeschiedenen« Vierung. Das Langhaus ist gedrungen, seine Länge ist gleich seiner Höhe. Durch Wechsel von Pfeilern und Säulen, dem sogenannten Stützwechsel, hat die Wand eine Gruppierung erfahren. Die mittleren Pfeiler gliedern das Schiff in zwei Quadrate, von denen jedes im Erdgeschoß durch zwei Arkaden auf erhöhter Säule, im Emporengeschoß durch sechs paarweise umgriffene Bögen unterteilt ist. Zum Chor führt eine breite Treppe hinauf, deutlich grenzt er sich so vom Kirchenraum ab. Unter ihm liegt eine Krypta (s. S. 88), die der Verehrung von Reliquien, oft auch als Grabstätte für Feudalherren diente. Heute besitzt die Stiftskirche durch einen Umbau im 12. Jahrhundert auch einen Westchor mit einer Nonnenempore über einer zweiten Krypta. Dabei wurden auch die Türme erhöht und zwischen ihnen ein Glockenstuhl eingefügt. Das massive, unverputzte Mauerwerk des Außenbaues zieren nur ganz flach hervortretende senkrechte Mauerstreifen (Lisenen).

St. Michael hat zwei Querschiffe mit schlanken Treppenturmpaaren an den Stirnseiten, zwei quadratische Vierungstürme und zwei Chöre. Ost- und Westteil sind einander angeglichen. Im Inneren sind Mittel- und Querschiff in je 3 Quadrate unterteilt. Die Vierung wird durch mächtige Bögen aus roten und weißen Quadersteinen betont. Erschloß sich die alte Basilika dem von Westen eintretenden Besucher in einer Ansicht gen Osten, geht jetzt der Blick von den Seiteneingängen aus in mehrere Richtungen.

Der Dom zu Speyer wurde als erste deutsche Basilika in einer zweiten Bauphase eingewölbt. Im Gewölbe setzen sich die Mauern organisch fort, der Raum wächst monumental empor. Der Blick wird zur Höhe gelenkt, die im Hochschiff in hellem Licht erstrahlt. Man wählte die Form des Kreuzgewölbes, das aus rechtwinklig sich durchdringenden Tonnen besteht. Das Kreuzgewölbe des Domes in Speyer ist busig, sein Scheitel überragt die seitlichen Schildbögen.

Immer mehr wird die Wand aufgegliedert, vordringende und einspringende Teile gestalten sie plastischer. Schon im flachgedeckten Dom zu Speyer setzen sich die Pfeiler in Blendarkaden fort, die die oberen Fenster umgreifen. Durchgehende Halbsäulen tragen eine zweite Blendarkade. Im gewölbten Bau ruht die Deckenlast auf den

Speyer, Dom, gegründet um 1030, etwa 1082—1106 zur Gewölbebasilika umgebaut, Gesamtlänge 133,5 m

Pfeilern. Jeder zweite Pfeiler wurde zum Auffangen des Gewölbeschubs verstärkt. In Köln ist zwischen Arkaden und Lichtgaden ein Triforium eingeschoben, ein Laufgang mit Säulenstellungen. In Limburg sind noch Emporen eingefügt.

Auch die Außenwand wird reicher, bewegter. Bereits Hersfeld erhielt außer Lisenen einen Nischenkranz oberhalb des Gewölbes. In Mainz ist aus den Nischen eine Zwerggalerie geworden. Vom niedrigen Sockel steigen Blendarkaden mit wechselnden Scheitelhöhen auf. Vielfältiger ist St. Gereon gegliedert. Über einen Rundbogenfries folgen Blendarkaden mit Stufenfries, einfache Bogenstellungen, Kassettenfries und Zwerggalerie. In Bamberg teilen breite Friese die Geschosse. Die Fenster sind tief eingebuchtet, ihre Gewände abgetreppt.

Die Liebfrauenkirche zeigt die Eigenart der Hirsauer Schule, einer von der cluniazensischen Reformbewegung ausgehenden Bauschule. Zwei Turmpaare beherrschen den asketisch nüchternen Bau: zu den wuchtigen westlichen, quadratisch und mit Rhombendächern, kontrastieren die östlichen Türme, achtseitig und in steilen Helmen endend. Sie stehen am Querschiff und zeigen an, daß die eigentliche Mönchskirche, der Chor, jetzt bis hierher reicht; denn die Zahl der Mönche

Speyer, Dom, Bau Heinrichs III., etwa 1050—60; Speyer, Dom, Bau Heinrichs IV., etwa 1082—1106

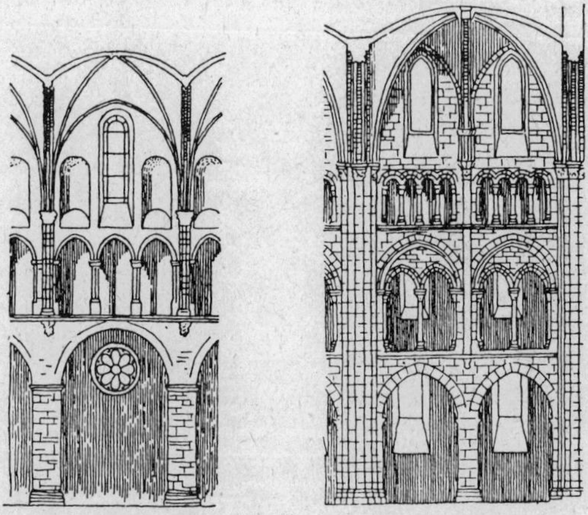

Köln, Stiftskirche, Groß-St. Martin, nach 1185; Limburg/Lahn, ehem. Stiftskirche St. Georg, nach 1215—1235

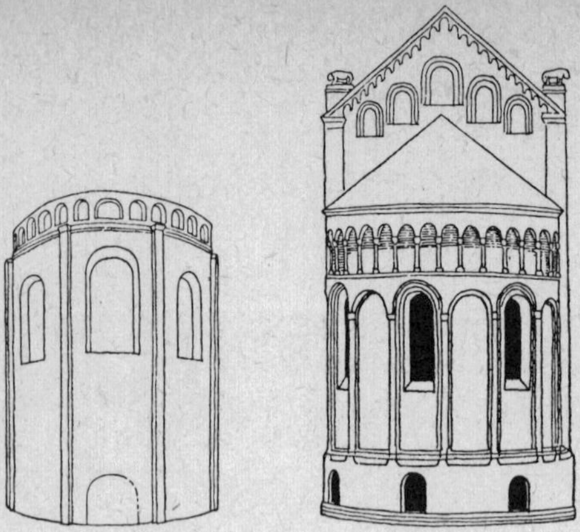

Hersfeld, Benediktiner-Klosterkirche, Ostapsis, nach 1037; Mainz, Dom, Ostapsis, 1137 geweiht

Köln, St. Gereon, Ostapsis, 1190 vollendet; Bamberg, Dom, Ostapsis, 1237 geweiht

Halberstadt, Liebfrauenkirche, 1. Bau um 1000, Neubau Mitte 12. Jh., Kriegsschäden, 1959 wiederhergestellt

Klinga b. Grimma/Sachsen, Kirche 13. Jh.

Köln, St. Aposteln, 1. Bau 1036 geweiht, 1192—1219 Neubau, Kriegsschäden, Zwerggalerien vernichtet

hatte stark zugenommen. Abgetrennte Nebenchöre setzen die Seitenschiffe fort. Auf Neuerungen, wie Westchor, Vierungsturm, Stützwechsel und Krypta, verzichtete man.

Dorfkirchen der romanischen Epoche sind zahlreich erhalten, wenn auch teilweise durch spätere An- und Umbauten verändert. Meist begnügte man sich mit einem saalartigen Schiff für die Gemeinde, einem eingezogenen Rechteckchor für den Priester und einer niedrigeren Apsis mit halbrundem oder geradem Schluß. Meist haben sie einen

Quedlinburg, Stiftskirche St. Servatius, Krypta, um 1100

wehrhaften Glockenturm, da die Kirchen zugleich der Verteidigung dienten.

Am Ostbau der Kölner Apostelkirche gleichen Chor und Querschiffsflügel einander völlig, sie enden alle drei in einer Apsis, die man nach ihrer Halbkugel auch Koncha (Muschel) nennt. Diese Dreikonchenanlage hat den Charakter eines Zentralbaues, nur wird der vierte Kreuzarm von einem Langhaus gebildet.

Größere romanische Kirchen besitzen meist eine unterirdische Krypta. Die Quedlinburger Krypta ist eine dreischiffige Hallenkrypta mit drei gleichhohen Schiffen. Einfache Kreuzgratgewölbe decken sie.

In Schwarzrheindorf liegen zwei Kulträume übereinander, jeder mit eigenen Altären. Beide sind lediglich in der Mitte durch eine Öffnung verbunden. Der obere war dem Erbauer, dem Kölner Erzbischof und den Angehörigen der Feudalklasse, der untere dem Volk vorbehalten.

Den überkuppelten Mittelraum umgeben kurze Kreuzarme, die in Apsiden enden. Sie sind außer der östlichen rechteckig ummantelt. Der zweigeschossige Turm erhielt in spätgotischer Zeit einen steilen Helm. Im Westen wurde nachträglich ein Langschiff angefügt und so die Kapelle in eine Klosterkirche umgewandelt.

Der Wormser Dom ist doppelchörig und aus rotem Buntsandstein erbaut. Im Westen wie im Osten ragen stolze Turmgruppen auf, die im Gegensatz zu St. Michael (s. S. 82) reich gegeneinander differenziert sind. Abgestufte Kontraste wirken der Symmetrie von Ost- und Westgruppe entgegen, ohne sie jedoch aufzuheben. Selbständig stehen im älteren Ostteil die Einzelteile nebeneinander, während sie im Westen zusammengeballt sind. Dicht hintereinander steigen hier steile Zeltdächer über dem polygonalen Chor und über der Kuppel auf, die das letzte Schiffsjoch deckt. Seitlich schmiegen sich zwei Rundtürme an, die eine Zwerggalerie mit dem Mittelturm vereint. Der ältere Ostteil hat ein Querschiff mit einem achteckigen Vierungsturm. Die beiden runden Glockentürme stehen hier abseits.

Obwohl eine Pfalz von Mauern mit Türmen umgeben war, diente sie kaum der Verteidigung, sondern hatte den würdigen Rahmen für Hoffeste und Reichsversammlungen zu bilden. Mittelpunkt einer Pfalz war das Kaiserhaus. In Goslar öffnete sich in der Mitte über dem vorgelegten Altan mit der Gerichtslaube ein gewaltiger Bogen. Durch ihn konnte das Volk in den Thronsaal hineinsehen. Gegenüber, 120 m entfernt, senkrecht auf die Fassadenmitte des Kaiserhauses ausgerichtet, stand der Dom. Das Kaiserhaus wird von zwei Doppelkapellen flankiert: die nördliche, die Liebfrauenkapelle, besitzt drei Apsiden und zwei westliche Rundtürme — die andere, die Ulrichskapelle, ist ein

Zentralbau, dessen Achteck sich über einem kreuzförmigen Unterbau erhebt. Das Bogenfenster der Gelnhausener Pfalz hat gekuppelte Säulen.

Die Wartburg wird beherrscht von dem prächtigen Palas mit seinen gekuppelten Bogenfenstern. An der höchsten Stelle steht der Berchfrit, der Wach- und Rückzugsturm. An Hand einiger Kapitelle sei die Entwicklung von der Früh- zur Spätromanik angedeutet. In frühromani-

Schwarzrheindorf, Doppelkirche, 1149—51, vor 1173 Langschiff angebaut, Querschnitt; oben: Untere Kirche

Worms, Dom, auf den Grundmauern eines Baus vom Anfang des 11. Jahrhunderts errichtet, Grundriß

scher Zeit wird das antike Vorbild vereinfacht und rückgebildet. Im Würfelkapitell ist eine neue, rein tektonische Grundform geprägt, die mit mathematischer Klarheit vom Kreis der Stützen in das Rechteck überleitet. Zunächst werden seine Schildflächen mit übereinandergelegten Halbkreisscheiben verziert. Danach bedecken Pflanzen und Tiermotive das Kapitell. An der Frühform eines Adlerkapitells überziehen die Formen in ornamentaler Strenge den Block. Am Wartburg-

Worms, Dom, östliche Teile nach 1171, Westchor um 1230 erbaut, innere Länge 138 Meter, Höhe 26 m

*Goslar, Kaiserpfalz, Rekonstruktion,
Blick von Südosten, Liebfrauenkapelle 1034—38,
Kaiserhaus um 1050, Ulrichskapelle
Ende 11. Jahrhundert*

kapitell sind aus den Wappentieren ganz plastisch herausgearbeitete Vögel geworden.

Die altchristlichen Taufkirchen errichtete man als Zentralbauten, die bereits im alten Rom eine Rolle spielten. So konnte man zum Florentiner Baptisterium römische Fundamente benutzen. Der Bau hat die Form des Achtecks, ist dreigeschossig gegliedert und durch Marmorinkrustation, durch Einlegen verschiedenfarbigen Marmors verziert. Blendbogen betonen das mittlere Geschoß.

Gelnhausen, Ruine der Kaiserpfalz, Palas-Arkaden, Ende 12. Jahrhundert

*Wartburg/Eisenach,
um 1067 gegründet,
Palas etwa 1180—1250,
1953 ursprünglicher
Zustand wiederhergestellt*

Imposant und in seiner kristallklaren Form höchst eindrucksvoll ist das Jagdschloß Castel del Monte, das sich Kaiser Friedrich II. errichten ließ. Den zweigeschossigen Achterbau mit je acht gleichen trapezförmigen Sälen säumen an den Ecken achteckige Türme, die die Treppen, zum Teil auch Bäder und Toiletten enthalten. Rinnen leiteten auf

Quedlinburg, Stiftskirche St. Servatius, um 1100; Quedlinburg, Stiftskirche St. Servatius, um 1120;
Speyer, Dom, Krypta, »Würfelkapitell«; Königslutter, Stiftskirche, »Palmettenfächerkapitell«, um 1170;
Paulinzella, Benediktiner-Klosterkirche, begonnen 1112; Wartburg, Palas, Landgrafenzimmer, um 1220

Florenz, Baptisterium San Giovanni (Taufkirche St. Johannes), 12. Jahrhundert

der Plattform des Daches die Niederschläge zu Behältern in den Türmen und von da durch ein weitverzweigtes Röhrensystem in die Räume.

Bezeichnend für Südfrankreich sind Hallenkirchen, Kirchen mit drei gleichhohen Schiffen. Ihre Seitenschiffe enthalten Emporen. In St. Sernin, der gewaltigsten von ihnen, öffnen sie sich in Doppelbögen. Im Mittelschiff führen Halbsäulen zu den Gurtbögen des Tonnengewölbes. Da das Mittelschiff sein Licht nur von den Seitenschiffen und Emporen erhält, ist es von geheimnisvollem Dunkel erfüllt.

St. Front gehört zu den Kuppelkirchen des alten Auritanien, die auf byzantinische, durch die Kreuzzüge überbrachte Einflüsse zurückge-

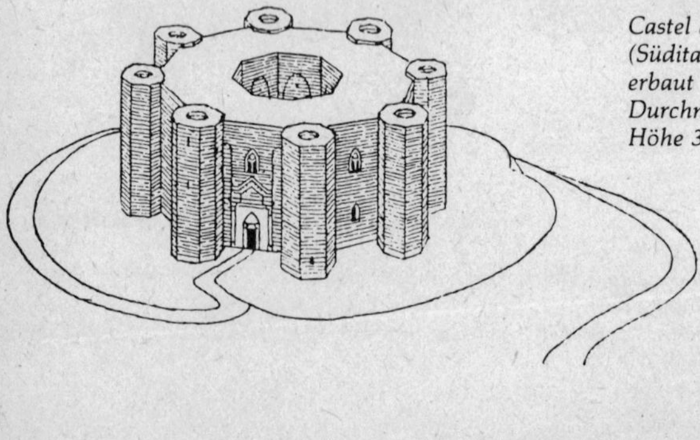

Castel del Monte (Süditalien), erbaut um 1240, Durchmesser 80 m, Höhe 30 m

Toulouse a. d. Garonne (Südfrankreich), Chorherrenkirche St. Sernin (Saturnia), 1095—1135

hen. Die Kirche hat die Form des griechischen Kreuzes. Vierung und Kreuzarme sind von Kuppeln überwölbt, zu denen Hängezwickel, das sind sphärische Dreiecke (vgl. Seite 66) vermitteln. Sie werden in der Mitte von vier durchbrochenen Pfeilern mit zwei Fensterchen im Oberteil getragen. Da jede Verzierung fehlt, spricht allein die architektonische Form.

In Gelnhausen konnte ein aus dem ausgehenden 12. Jahrhundert stammendes Rathaus fast unversehrt freigelegt werden. Es wendet seine Traufsteine dem Markte zu und besitzt dort einen vier Meter breiten vorgelegten Altan, dessen untere Gewölbe offenbar als Kaufläden dienten.

Perigueux (Dordogne), Südwestfrankreich), Kathedrale St. Front, 1120—1150

Gelnhausen, Rathaus, Ende 12. Jahrhundert; Regensburg, Baumburger Turm am Watmarkt

Vom Altan führen drei Türen, die mittlere mit Kleeblattbogen geschlossen, zum unteren Saal, der auch als Gerichtshalle diente. Über eine Freitreppe an der Westseite erreichte man das obere Geschoß, das ebenfalls nur einen Saal enthielt. Er hat an der Fassade drei gekuppelte Bogenfenster, die durch Kämpfergesimse miteinander verbunden werden. An der Rückwand beider Säle fanden sich, für diese frühe Periode sehr selten, Reste von Kaminen.

Der Feudaladel hatte auch in den Städten seine Wohnsitze, es waren die sogenannten »Festen Höfe« mit burgartigen Wehr- oder Streittürmen, ähnlich den italienischen Geschlechtertürmen in Siena und San Gigmignano.

In Regensburg sind noch einige erhalten geblieben. Obwohl seit dem 14. Jahrhundert die Bürger den Feudalherren nicht mehr gestatteten, feste Wohntürme in der Stadt zu errichten, zählt ein Verzeichnis des 16. Jahrhunderts noch 60 Geschlechtertürme auf. Die Türme trugen meist als Abschluß einen Zinnenkranz. Außerdem zeigte das

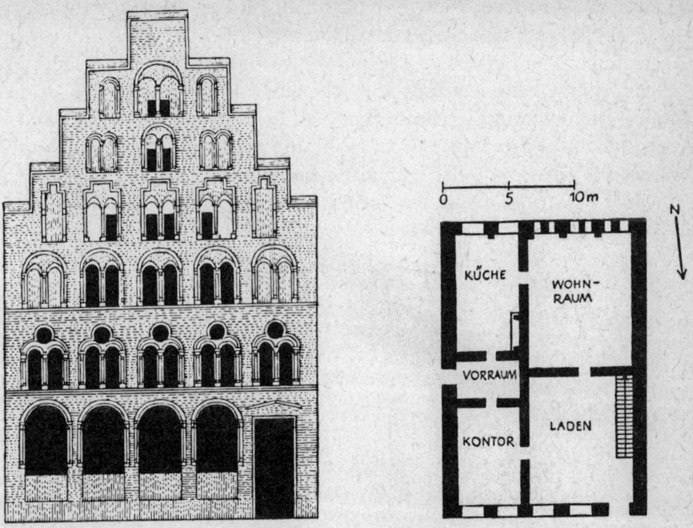

Köln, Haus zur Scheuer, 1. Hälfte 13. Jahrhundert, im 2. Weltkrieg völlig zerstört

Mauerwerk seiner unteren Geschosse aus Sicherheitsgründen nur wenig Maueröffnungen, wie zum Beispiel ein Adelsturm in Trier, der Frankenturm.

Da die Wohnhäuser der Stadtbürger fast ausschließlich stroh- oder schindelgedeckte Fachwerkbauten waren, sind sie früher oder später den zahlreichen Stadtbränden zum Opfer gefallen.

Nur einzelne wohlhabende Patrizier ließen sich bereits Häuser in Stein errichten, besonders am Rhein in den einst von den Römern gegründeten Städten.

Von ihrem Aussehen vermag uns das Kölner »Haus zur Scheuer« eine Vorstellung zu geben. Es wurde im Jahre 1838 erneuert, zeigt aber abgesehen vom Erdgeschoß den alten Zustand.

Die Schmalseite weist zur Straße, der alten Rheingasse, und hat einen steilen Treppen- oder Staffelgiebel. Abgestufte Fenster- beziehungsweise Blendenreihen beleben ihn. Rundbogen fassen die paarweise gekuppelten Fenster zusammen. Besonders vielfältig durchgebildet sind die mit Kleeblattbögen bekrönten Fenster des Hauptgeschosses. In den oberen Geschossen des Hauses schiebt sich eine Reihe von abgetreppten Blenden dazwischen.

Der Grundriß des »Hauses zur Scheuer« gibt einen Einblick in die Raumaufteilung im Inneren des Hauses. Das Erdgeschoß enthielt vorn das Kontor und den Verkaufsraum, hinten die Küche und den Hauptwohnraum mit einer reich bemalten Balkendecke und drei Fenstern zum Hof. Darüber befanden sich der Saal und vermutlich einige Schlafräume. Die vier Giebelgeschosse dienten als Speicher.

Romanik

ALLGEMEINE GESCHICHTE

800	Kaiserkrönung Karls des Großen in Rom
955	Sieg Ottos des Großen über die Ungarn auf dem Lechfeld
968	Beginn des Kupfer- und Silberbergbaus bei Goslar
983	Aufstand der Slawen östlich der Elbe gegen deutsche Fremdherrschaft
988	Übertritt der Kiewer Rus zum Christentum
um 1000	Kloster Reichenau im Bodensee ist Zentrum der Kultur in Deutschland
1070	Hirsauer Klosterreform
1073	Aufstand der Wormser Bürger gegen ihre Stadtherren
1075	Investiturstreit, Beginn der Machtkämpfe zwischen Kaiser und Papst
1096—99	Erster Kreuzzug
1099	Weber in Mainz bilden die erste deutsche Zunft
um 1100	Die Mehrzahl der deutschen Bauern ist hörig geworden
1100	Erste europäische Papiermühle in Spanien
1119	Erste Universität in Bologna
1122	Wormser Konkordat, vorläufiges Ende des Investiturstreites
1165	Messe in Leipzig erstmals urkundlich erwähnt
um 1190	Blütezeit des höfischen Minnesanges
um 1195	Blütezeit der oberitalienischen Städte
um 1195	Der Seekompaß wird in Europa bekannt
1206	Dschingis Khan wird Oberhaupt der mongolischen Fürsten
1221	Franz von Assissi gründet den ersten Bettelmönchsorden
ab 1226	In Deutschland entstehen unmittelbar dem Kaiser unterstehende Reichsstädte
um 1231	Eike von Repkow stellt den »Sachsenspiegel« zusammen
1232	Kaiser Friedrich II. macht seine Residenz Palermo zum Mittelpunkt des kulturellen Lebens in Italien

805	Bau der Pfalzkapelle in Aachen
um 820	Entstehung des Klosterplans von St. Gallen
881	Normannen zerstören die Aachener Pfalz
915	Abteikirche in Cluny geweiht
936	Frühromanischer Umbau der Wiperti-Krypta in Quedlinburg
961	Gründung des Nonnenstiftes St. Cyriakus in Gernrode
976	Bau der Markuskirche in Venedig
um 1000	Baubeginn der Michaeliskirche in Hildesheim
um 1000	Früheste romanische Wandmalerei in der Stiftskirche St. Georg in Oberzell
um 1015	Erste Werke deutscher Plastik an den Bronzetüren des Hildesheimer Domes
1037	Bau der Sophienkathedrale in Kiew, älteste russische Steinkirche
um 1050	Bau des Palas der Kaiserpfalz in Goslar
1061	Weihe des Kaiserdoms in Speyer
1063	Baubeginn des Domes in Pisa
1078	Baubeginn des Tower in London
um 1080	Benediktinerkloster Hirsau wird Ausgangspunkt der Hirsauer Bauschule
1093	Baubeginn der Klosterkirche Maria Laach
um 1100	Wölbarbeiten am Dom zu Speyer
1120	Herzöge von Zähringen gründen Freiburg i. Br.
1146	Fertigstellung der 305 m langen steinernen Donaubrücke in Regensburg
1150	Heinrich der Löwe gründet die Stadt Braunschweig
um 1150	Bau der Doppelkapelle in Schwarzrheindorf
1156	Erste Befestigung Moskaus
um 1174	Bau der Liebfrauenkirche in Halberstadt
um 1180	Bau der Klosterkirche in Jerichow
1220	Baubeginn des Naumburger Doms
1220	Ältester deutscher Leuchtturm in Travemünde
1221	Wien erhält Stadtrecht
um 1230	Gründung der Doppelstadt Berlin-Cölln
1234	Fertigstellung des Kaiserdoms in Worms
1237	Weihe des Bamberger Doms
um 1250	Entstehung der Stifterfiguren im Naumburger Dom

Die Baukunst der Gotik

Den höchsten Kirchturm Deutschlands hat keine Bischofs- oder Stiftskirche, sondern eine Stadtpfarrkirche, das Ulmer Münster. Im Jahre 1377 begann die Bürgerschaft von Ulm mit diesem gewaltigen Bau, dessen Chor bereits 1383 geweiht wurde. Von der Teilnahme der gesamten Stadtbürgerschaft an den Bauarbeiten berichtete der Mönch Fabri in einer alten Ulmer Chronik: Es »eilte jedermann, Frauen und Männer, Alte und Junge, Reiche und Arme, Geistliche und Weltliche zur Arbeit herbei«. Obwohl die Stadt damals nur etwa 12000 Einwohner zählte, errichteten sich diese ein Gotteshaus, in dem fast 30000 Menschen Raum finden. Es war also nicht nur das tatsächliche Raumbedürfnis, was diesen Riesenbau veranlaßte. Die Stadt Ulm erlebte im 14. und 15. Jahrhundert eine wirtschaftliche Blüte; ihre Handelsbeziehungen reichten von der Nordsee bis Italien. Weder weltliche noch geistliche Herren übten zu diesem Zeitpunkt ihre Macht über Ulm aus; die Bürger hatten ihnen alle feudalen Vorrechte abgekauft. Berühmte Baumeister wie Ulrich von Ensingen (1350—1419) und Matthäus Böblinger († 1505) wurden beschäftigt. Dennoch blieb das Werk unvollendet. 1529 wurden die Bauarbeiten eingestellt. Dem 19. Jahrhundert blieb es vorbehalten, den 161 Meter hohen Turm nach den vorhandenen Plänen zu vollenden.

Wie sich am Beispiel Ulm zeigte, war seit dem 13. Jahrhundert in Deutschland neben Adel und Geistlichkeit das Bürgertum als neuer Bauherr monumentaler architektonischer Werke getreten. Das Handwerk hatte sich von der Landwirtschaft getrennt, und die Städte wurden seit dem frühen Mittelalter Zentren der Warenproduktion und des Handels. Ihre wirtschaftlich erstarkten Bewohner nahmen den Kampf gegen die Gewalt der Grundherren auf. Hörigen, die dem Feudalzwang entflohen waren, gewährten sie Zuflucht. »Stadtluft macht frei!« hieß es vor allem im 13. Jahrhundert. Damit entstand innerhalb der auf Grundbesitz beruhenden feudalen Gesellschaftsordnung eine neue Klasse, deren Macht auf dem Reichtum an beweglichen Gütern, vor allem an Geld, beruhte: das Bürgertum. Von ihm sollte für Jahrhunderte der ökonomische und kulturelle Fortschritt ausgehen. In den Mauern der Städte entfaltete sich ein neuer Baustil, die Gotik. Seine früheste Blüte erlebte er in Frankreich, wo sich im 12. Jahrhundert die Königsmacht im Kampf gegen die feudalen Territorialgewalten auf die Städte stützte. Seit dem 13. Jahrhundert schuf auch das deutsche Bürgertum gotische Bauten von höchster Vollendung.

Die Bezeichnung »Gotik« für die europäische Kunst des hohen und späten Mittelalters wurde im 15. Jahrhundert von italienischen Kunsthistorikern geprägt und bedeutete das Barbarische, das Häßliche. Sie sahen die künstlerischen Ideale der Antike als allgemeingültig an und lehnten die ihnen fremd erscheinende Gotik ab.

Zur Zeit der Gotik veränderte sich das Bild der deutschen Landschaft: Im 12. und 13. Jahrhundert entstanden mehrere tausend Städte. Teilweise entwickelten sie sich aus vorhandenen kleineren Siedlungen, vielfach wurden sie aber auch planmäßig gegründet. Besonders im Zuge der Ostexpansion deutscher Feudalherren, vor allem der Askanier, wurden östlich der Elbe planmäßig neue Stadt- und Dorfanlagen geschaffen. Während gewachsene Städte, wie beispielsweise

Meißen, Stadtansicht im Jahre 1575

Meißen, unregelmäßige Grundrisse haben, ist die Anlage der Gründungsstädte regelmäßig. Spindelförmige oder schachbrettartige Straßennetze, große viereckige Markt- und Kirchplätze, ovale oder runde Mauerringe waren üblich. Als Musterbeispiel gilt der Grundriß der 1248 gegründeten Stadt Neubrandenburg. In West- und Süddeutschland, vor allem in Franken und Schwaben, entstanden in dieser Zeit die Freien Reichsstädte. Der Reiz mittelalterlicher Stadtanlagen beruht im Kontrast der Vielzahl kleiner Bürgerhäuser zu den monumentalen Gemeinschaftsbauten, den Rat- und Zunfthäusern, den Pfarrkirchen und Stadttoren. In ihrer räumlichen Geschlossenheit stellen sie großartige Gesamtkunstwerke dar (noch in Meißen, Görlitz, Quedlinburg erkennbar. Rothenburg ob der Tauber bietet ein nahezu unversehrtes Bild einer solchen mittelalterlichen Stadtanlage).

In den Städten als Zentren des ökonomischen und gesellschaftlichen Fortschritts entstanden die Meisterwerke der gotischen Architektur. Neben den gewaltigen Domen errichteten sich die Gemeinden Stadtpfarrkirchen, die in ihrem künstlerischen Wert den Bischofskirchen gleichrangig waren. Durch Spenden, Stiftungen und freiwillige Handlangerdienste beteiligte sich die gesamte Stadtbevölkerung an den gewaltigen Kirchenbauten, die zu Wahrzeichen des Ansehens und Reichtums ihrer Stadt wurden. Die Bischofskirchen wurden aus Meßpfründen und Ablaßbriefen finanziert.

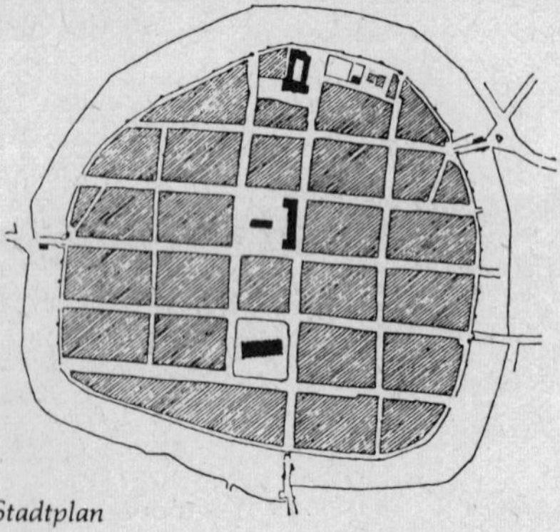

Neubrandenburg, Stadtplan

Im Kirchenbau spiegelten sich aber auch die sich entwickelnden Klassengegensätze innerhalb der Stadtbevölkerung wider. Während im 13. und frühen 14. Jahrhundert die reiche Kaufmannschaft, das Patriziat, die traditionelle Basilikaform bevorzugte, förderten die erstarkten, aber politisch machtlosen Zunfthandwerker den Bau sogenannter Hallenkirchen, bei denen alle Kirchenschiffe gleich hoch sind. Die einzelnen Raumteile verschmelzen zu einer einheitlichen Halle, die dem Predigtgottesdienst diente und dem Wunsche des Bürgertums nach vermehrter Teilnahme am Meßzeremoniell entsprach.

Die demokratischen Züge des städtischen Gemeinwesens fanden in den Hallenkirchen ihren Ausdruck. Neben den kultischen Handlungen wurden in den Kirchen, den größten Gemeinschaftsräumen einer Stadt, auch Volksfeste, Beratungen und Theatervorstellungen abgehalten und Handelsgeschäfte abgeschlossen. Bescheidenere Kirchen an den Stadträndern errichteten sich die Franziskaner- und Dominikanermönche, sogenannte Bettelorden, denen die Kranken- und Armenpflege anvertraut war.

Neben dem Kirchenbau entwickelte sich in der Gotik, den neuen städtischen Bedürfnissen entsprechend, der bürgerliche Profanbau. An den Märkten der Städte entstanden prächtige Rathäuser, deren Architekturformen zum Teil aus dem Sakralbau übernommen wurden. Im Erdgeschoß befanden sich meistens Verkaufsstände; das Obergeschoß enthielt den Ratssaal und Kanzleien. Bürgerlichem Leben und bürgerlicher Kultur entsprachen auch die Zunft- und Gildehäuser, die Lager-

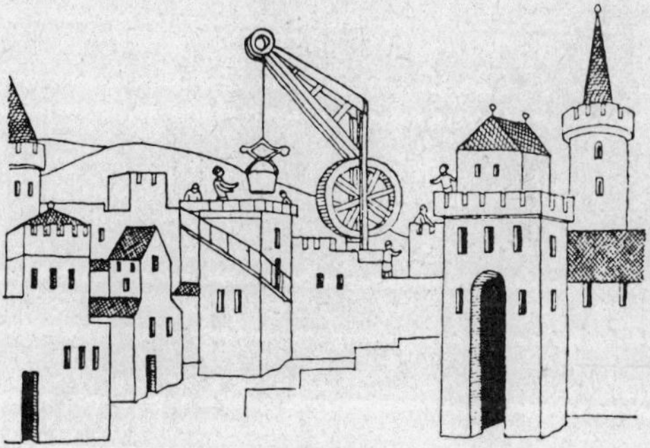

und Kaufhäuser, die Tuch- und Fleischhallen, die Zeughäuser, Bauhöfe, Schulen und Spitäler.

Die Handwerker wohnten meist nach Berufsgruppen geordnet gemeinsam in den Haupt- und Nebenstraßen der Städte. Viele Straßennamen erinnern noch heute an die ehemaligen Bewohner. Die Erdgeschosse ihrer schmalen, mehrgeschossigen Häuser dienten gewerblichen Zwecken, im ersten Obergeschoß lagen die Wohnräume des Meisters, darüber befanden sich Speicherräume und Gesellenkammern. Die oft prächtigen Wohnhäuser der Handelsherren drängten sich am Markt zusammen.

Trotz der Gegensätze zwischen den Patriziern und den in Zünften organisierten Handwerkern bildeten alle Stadtbürger eine wehrhafte Gemeinschaft gegen Angriffe der Feudalherren oder konkurrierender Städte. Gemeinsam bauten und verteidigten sie die Stadtmauer mit den oft prachtvoll ausgestatteten Toren. Zusammen mit den schlan-

ken Kirch- und Rathaustürmen bestimmten sie das bewegte Bild der Stadtsilhouette. Die Burganlage von Nürnberg, im Zweiten Weltkrieg weitgehend zerstört, heute wieder aufgebaut, vermittelt einen Begriff von der Größe und Ausdehnung solcher städtischer Burganlagen. Dieser, im Laufe von rund 400 Jahren (1150—1550) errichteten Anlage,

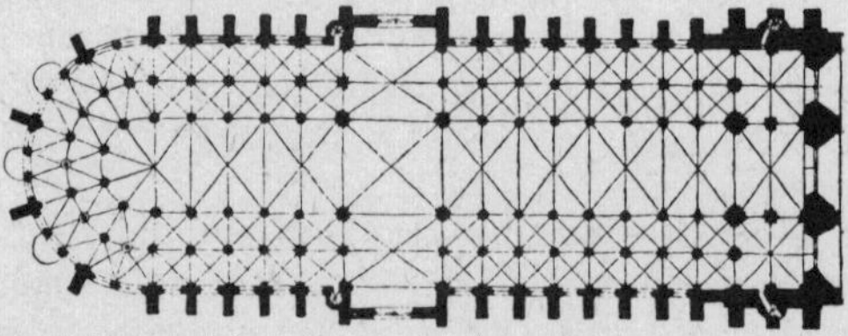

Paris. Kathedrale Notre-Dame, 1163—1235, Westfassade und Türme um 1200 bis 1250; Grundriß

liest man nicht nur die unterschiedlichen Baustile ab, sondern auch die in den einzelnen Bauteilen ausgedrückte Zwecksetzung der verschiedenen Auftraggeber. Außerhalb der Städte gehörten Klöster und Burgen zu den wichtigsten Gebäudegattungen. In Doberan und Chorin zum Beispiel kann man noch heute herrliche Backsteinbauten der Zister-

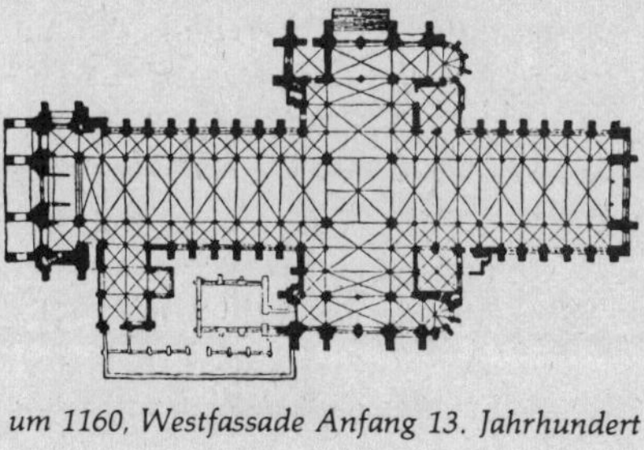

Laon, Kathedrale um 1160, Westfassade Anfang 13. Jahrhundert; Grundriß

Halberstadt, Dom, begonnen um 1230, Marienkapelle 1354, Chor 1402, Schlußweihe 1492, im 2. Weltkrieg beschädigt, wiederhergestellt, Gesamtlänge 88 m, Höhe 27 m; Grundriß

zienser aus dem 14. Jahrhundert bewundern. Eindrucksvolle Burgen entstanden besonders im Zuge der feudalen Ostexpansion. Nach der Erfindung und Verwendung von Pulvergeschützen in der ersten Hälfte des 14. Jahrhunderts wurden vorhandene Burgen vielfach verstärkt. Seit etwa 1450 begann sich jedoch die mittelalterliche Burg zur feudalen Residenz zu wandeln. An Stelle der trutzigen Wehrbauten traten repräsentative Anlagen wie die etwa 1486 vollendete Albrechtsburg in Meißen.

Der gotische Baustil übertraf sowohl in technischer Hinsicht als auch in der Vielfalt und im Reichtum der Formen die Romanik. Besonders auffällig bei den gotischen Bauten ist der hochstrebende Vertikalismus. Er kam dem geistig-religiösen Weltbild des hohen und späten

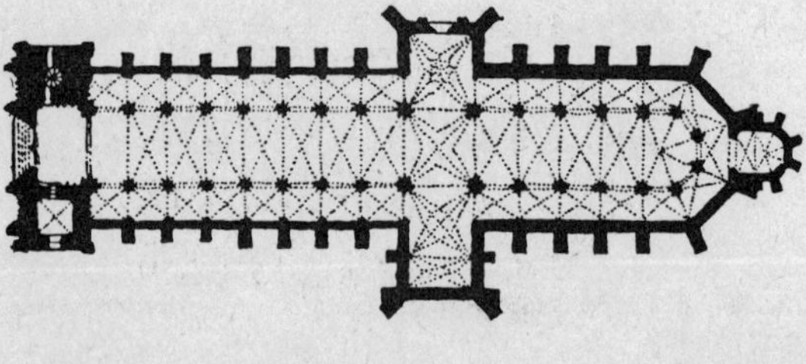

Lübeck, Hauptpfarrkirche St. Marien, nach 1256 bis Anfang 14. Jahrhundert, Chor 1291 vollendet, Türme 1304 begonnen; Grundriß

Mittelalters entgegen. Es ist eine Zeit des Aufbruchs aus einer erstarrten Weltordnung. Die Vertikaltendenz kommt nicht nur bei den Baukörpern zum Ausdruck, bei den Kirchen mit ihren hohen Schiffen und Türmen, sondern zeigt sich auch in vielen architektonischen Details. Die hohen Spitzbogenfenster mit ihrem Maßwerk, die reich verzierten Portale, die Pfeiler, Fialen und Wimperge werden von jenem Streben nach oben beherrscht. Neue, kühne Konstruktionen wurden erdacht, um höhere Bauten zu errichten, um gewaltige helle Kircheninnenräume zu schaffen. Um das Gewicht der Deckengewölbe zu vermindern, genügte es, feste Steinbogen (Rippen) kreuzweis zwischen die Pfeiler zu spannen und die Restflächen mit dünnen Steinschichten zu füllen. Rippengewölbe in Spitzbogenform gestatteten auch die Überwölbung

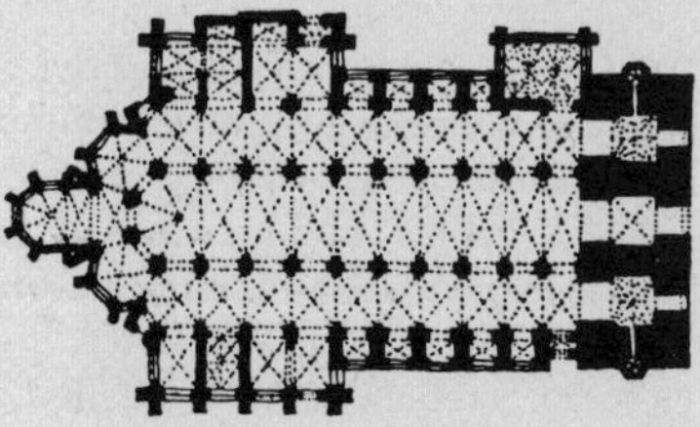

Links: Köln, Dom, Westfassade, um 1380 begonnen, ruhte ab 1437, erst 1842—80 beendet, Höhe 157 m; rechts: Freiburg/Br., Münster, Turm, Untergeschoß seit 1275, Aufbau etwa 1320—50, Höhe 125 m

unregelmäßiger Raumformen. So wurde die Last der Gewölbe und des Daches auf wenige Punkte konzentriert und von Bündelpfeilern sowie Strebebögen und -pfeilern getragen. Die entlasteten Außenwände ließen sich infolgedessen in farbige, bildkünstlerisch gestaltete Glasflächen auflösen. Die Mittelschiffshöhe derartiger Skelettbauten aus Stein und Glas betrug mitunter mehr als 40 Meter. Ihre Außenfronten wurden vielfach reich mit Strebebögen und -pfeilern und plastischen

Schmuckformen verziert. Infolge der politischen und wirtschaftlichen Zerrissenheit Deutschlands wies die gotische Architektur vielerlei landschaftliche Unterschiede auf. Eine der bemerkenswertesten Sonderformen ist die Backsteingotik, die besonders in Norddeutschland heimisch war. Reiche gotische Wohn- und Rathäuser und gewaltige Stadtkirchen aus Backstein bestimmen das Bild der Hansestädte. Im Gegensatz zu den bizarren Formen der hochgotischen Bauten aus Naturstein, die in Süd- und Mitteldeutschland überwogen, erschienen die Ziegelbauten vielfach ruhiger und strenger. Aber auch unter ihnen gibt es besonders im 14. und 15. Jahrhundert Beispiele für eine reiche Schmuckfreudigkeit (Rathaus zu Tangermünde, Ünglinger Tor in Stendal). Ornamente und Zierformen bestehen hier aus gebrannten und zum Teil glasierten Ziegelformteilen.

Wie schon im frühen Mittelalter wurden auch in der Gotik für Monumentalbauten dauerhafte Materialien verwendet. Gewaltige Materialmengen wurden benötigt. Allein in einem Turm der Marienkirche zu Lübeck wurden 1,2 Millionen Ziegelsteine vermauert. Die Bürgerhäuser bestanden vielfach zunächst aus Holzfachwerk. Doch setzte sich nach häufigen verheerenden Stadtbränden auch hier auf Grund von Ratsbeschlüssen der Steinbau durch. In einigen Städten Frankens, Niedersachsens und des niederdeutschen Einflußbereiches, wie Quedlinburg, Wernigerode oder Goslar, blieb der Fachwerkbau bis in die jüngste Vergangenheit für den Hausbau bestimmend.

Die komplizierten Wölb- und Strebekonstruktionen der Gotik wurden nicht mathematisch berechnet; sie beruhten auf den Erfahrungen der in Bauhütten organisierten Baumeister. Alle bautechnischen Kenntnisse wurden als »Bauhüttengeheimnis« eifersüchtig gehütet. Hüttenordnungen, wie die 1459 erlassene »Straßburger Steinmetzordnung«, regelten auch arbeitsrechtliche Fragen und Ausbildungsverhältnisse. Bautechnische Vorschriften waren in dieser bis zum Ende des 15. Jahrhunderts geltenden Verordnung nicht enthalten.

Bauzeichnungen wurden im Mittelalter im allgemeinen nicht angefertigt, obwohl von den Kathedralen zu Köln und Straßburg Originalrisse auf Pergament erhalten sind. Mit Winkelmaß, Zirkel, Richtschnur und Pflöcken steckten die Baumeister ihre Bauten an Ort und Stelle ab. Baukräne, welche, wie schon zur Römerzeit, durch große Treträder betrieben wurden, sind von mittelalterlichen Bauplatzdarstellungen bekannt.

Während das Hauptbetätigungsfeld der Bauhütten der Kirchenbau war, wurden die bürgerlichen Profanbauten vielfach von ortsansässigen, in Zünften organisierten Maurern und Steinmetzen errichtet. Die städtischen Zünfte begannen im 15. Jahrhundert mit den Bauhütten zu konkurrieren und gewannen schließlich die Oberhand. Der Stadtbaumeister verdrängte den im Lande umherwandernden Hüttenmeister. Im Gegensatz zur Romanik sind vor allem seit dem 14. Jahrhundert Namen und Lebensläufe bürgerlicher Baumeister überliefert. Besonders berühmt wurden einige Architektenfamilien, zum Beispiel die Parler, Ensinger, Böblinger und Roritzer. Seit dem 14. Jahrhundert waren deutsche Baumeister nachweislich auch im Ausland erfolgreich tätig. Der im Zusammenhang mit dem Ulmer Münsterbau erwähnte Ulrich von Ensingen arbeitete zeitweise am Mailänder Dom.

Wie jeder Baustil hatte auch die Gotik ihre Früh-, Hoch- und Spätphase. Die deutsche Spätgotik zeichnete sich durch eine verminderte Vertikaltendenz, ein Übermaß ornamentalen Formenreichtums und besonders fantasievolle Innenraumgestaltungen aus. Im Kirchenbau, der wichtigsten Gebäudegattung des Mittelalters, hatte sich der Hallentyp durchgesetzt. Die Strebepfeiler wurden zum Teil durch innere Wandpfeiler ersetzt; die Außenfronten erscheinen glatt und nur durch die Fenster gegliedert. Der klare Baukörper wird durch ein einfaches hohes Dach betont. Die Decken der drei oder fünf gleichhohen Kirchenschiffe überziehen reiche Stern-, Netz- und Zellengewölbe. Bizarre Ornamente in Form knorriger Äste wurden vor allem in Obersachsen üblich. Im Erzgebirge mit seinen reichen Silbervorkommen entstanden um die Wende zum 16. Jahrhundert die bekanntesten spätgotischen Hallenkirchen, zum Beispiel die Annenkirche in Annaberg und die St.-Wolfgangs-Kirche in Schneeberg. Von den alten und neuen Bergbaustädten Obersachsens mit ihren Hallenkirchen gingen zu Beginn des 16. Jahrhunderts nicht nur reformatorische und revolutionäre Impulse aus; hier finden sich auch besonders frühe Zeugen eines neuen Baustils, der Renaissance.

Bei der Turmfassade von Notre-Dame zu Paris sind vertikale und horizontale Bewegung ausgeglichen. Abgestufte Strebepfeiler, steile Portalbögen, schlanke Fensterpaare streben aufwärts; dem wirkt die klare Schichtung der Geschosse entgegen: das untere wird von einem Statuenfries, der Königsgalerie, abgeschlossen, das mittlere von einer lockeren Blendengalerie. Der fünfschiffige Raum ist langgestreckt.

An der Westfassade von Laon sind die Geschosse nicht mehr scharf getrennt, sondern durch Zwischenglieder verbunden. Die Mauern sind weitgehend ausgehöhlt, einzelne Bauteile sind vorgezogen. Die Strebepfeiler der Türme lösen sich oben in zweigeschossige durchbrochene Türmchen auf, ein Motiv, das im Naumburger Dom aufgegriffen wurde. Das Schiff hat Kreuzform, ein Querhaus lädt weit aus.

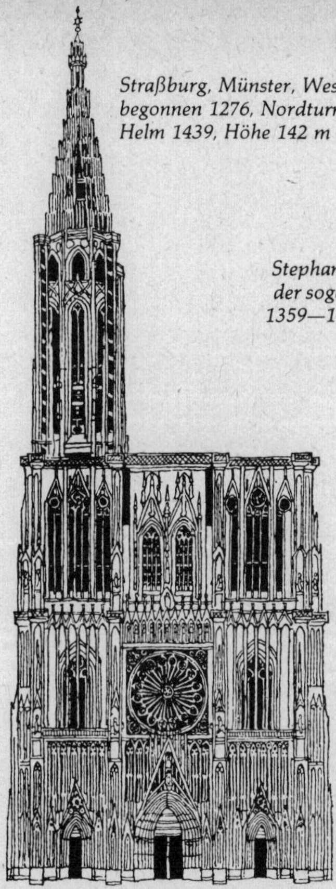

Straßburg, Münster, Westfassade, begonnen 1276, Nordturm 1398—1419, Helm 1439, Höhe 142 m

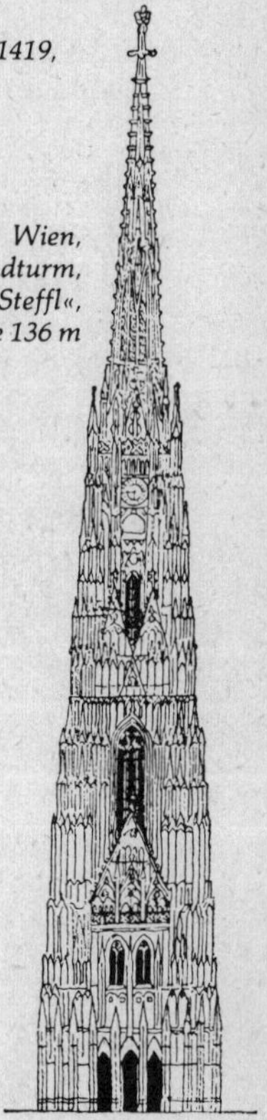

Wien, Stephansdom, Südturm, der sogenannte »Steffl«, 1359—1438, Höhe 136 m

Der Halberstädter Dom ist eine kreuzförmige Basilika. Ein mächtiges Turmpaar begleitet den westlichen Haupteingang, es stammt aus der ersten Bauzeit. Die Türme enden in steilen Helmen mit Faltdächern. Reiches Strebewerk beherrscht das Langschiff. Von den Strebebögen steigen am Bogenansatz und Bogenende schlanke Fialen, Tochtertürmchen, auf, die am Bogenende die steinerne Brüstung überragen. Über der Vierung sitzt ein Dachreiter. Auch die Kapelle, die aus dem Chorumgang ausspringt, wird von einem Türmchen bekrönt. Im Süden schließt sich an den Dom ein Kreuzgang an. — Der Innenraum

Köln, Dom, Chor 1322 vollendet; Höhe 45 m

Straßburg, Münster, Langhaus 1275 vollendet. Höhe 31,5 m

wird durch hohe schmale Joche gebildet. Sie sind im Mittel- und Seitenschiff gleich breit und bilden mit ihren Kreuzgewölben durchgehende Jochfolgen (Travéen). Das Querschiff hat Sterngewölbe, die sich aus einer 1466 erfolgten Einwölbung erklären.

Norddeutschland besaß keine Naturvorkommen an Werkstein. Die Baumeister mußten deshalb auch bei Monumentalbauten auf den Backstein zurückgreifen. Zu den frühen Backsteinbauten Norddeutschlands zählt die Lübecker Marienkirche, deren Neubau Handelsbürger der Stadt um 1200 beschlossen, als sie durch die Hanse zu bedeutender ökonomischer Macht gelangt waren. Die Lübecker Marienkirche ist der erste Bau einer städtischen Pfarrkirche Norddeutschlands, bei der die Prinzipien des französischen gotischen Kathedral-

Straßburg, Münster, Querschnitt

Köln, Dom, 1248 begonnen unter Meister Gerhard, Querschnitt

schemas aufgenommen und in die neue Ziegelbauweise umgesetzt wurden. Typisches Kennzeichen dieser, dann auch in Rostock, Stralsund, Wismar und Schwerin anzutreffenden Anlagen ist der gewaltige, von Kapellen kranzförmig umgebene Chorraum. Ein Querschiff ist nicht vorhanden, an seine Stelle sind Vorhallen und Seitenkapellen getreten. Das Strebewerk ist ohne jede Zier und beschränkt sich auf das technisch Notwendige. Zierformen sind bei Backsteinbauten allein durch besondere Formsteine möglich. Sie müssen des Brandes wegen kleines Format besitzen und ergeben nur flächige Muster. So entstanden Bauwerke von monumentaler Geschlossenheit.

In Süddeutschland fand, des Materials wegen, die Backsteinbauweise wenig Entsprechung. Erst in der Spätgotik entstehen hier zwei be-

Soest, Pfarrkirche St. Maria zur Wiese, um 1331, Länge 27,8 m, Breite 24,4 m, Höhe 24 m; Maulbronn, östl. Kreuzgang, Ende 13. Jh.; Soest, Wiesenkirche, Südportal, Mitte 14. Jh.; Erfurt, Dom, Chor, um 1360

deutsame Backsteinbauten: die Liebfrauenkirche in München (Jörg Ganghofer) und vor allem die St.-Martinskirche in Landshut (Hans Stethaimer). Beide wurden im späten 15. Jahrhundert errichtet, zeigen jedoch in ihren Raummaßen die gleiche Wirkung von ruhiger Geschlossenheit.

Am Turm zu Freiburg ist der Unterteil massiv geschichtet. Tabernakel auf den letzten Stufen der Strebepfeiler und ein Plattformgeländer leiten zum Mittelteil über, der in ein Oktogon übergeht. Ihn krönt ein 45,8 m hoher durchbrochener Spitzhelm.

Am Kölner Dom steigen auf wuchtigem Unterbau die von Strebepfeilern gestützten Türme zu gewaltiger Höhe an. Stetig treppen die

Münster, St. Ludgeri, Chor, Ende 14. Jh.; Bautzen, Dom St. Peter, Südschiff um 1460; Augsburg, St. Ulrich, um 1500; Annaberg, Annenkirche, 1499—1525, Länge 57 m, Breite 25 m, Höhe 20 m

Strebepfeiler zurück, sie ummänteln den Übergang zum Achteck, das in einem filigranartigen Maßwerkhelm ausklingt.

Entgegen dem vermutlich von Erwin von Steinbach entworfenen ursprünglichen Plan gaben spätgotische Meister der Straßburger Fassade nur einen Turm, der 1439 vollendet wurde und mit einer Höhe von 142 m bis zur Fertigstellung der Kölner Domtürme der höchste gotische Kirchturm der Welt war. Eine Besonderheit bildet das frei vor der Fassade der beiden Untergeschosse stehende System ornamentalen Stabwerks. Auch am Stephansdom wurde von den zwei zwischen Chor und Langhaus geplanten Türmen in spätgotischer Zeit nur einer ausgeführt. Er ist nicht mehr wie der Freiburger übersichtlich gegliedert, sondern alle Teile sind miteinander verschmolzen. Fialen und vereinzelt Wimperge umhüllen den quadratischen Kern und seine Strebepfeiler. Aus einem Kranz von Wimpergen steigt die Spitze auf.

Die Baumeister der Gotik lösen in ihren Kirchen die Wand in riesige Fenster auf. Aus dem massiven Mauerbau der Romanik wird ein Gerüst- oder Gerippebau mit zwischengespannten Füllungen. Hauptträger sind die Ecken der Joche, auf die durch die Quer- und Längsgurte und die Rippen Last und Seitenschub der Gewölbe abgeleitet werden. Gurte und Rippen gehen in lange dünne Säulchen über, die Dienste, die den Pfeilern vorgelegt und mit ihnen verbunden sind. Die Pfeiler werden dadurch zu Bündelpfeilern, die alle Last auf sich vereinen.

Doch Gewölbe und Dach üben außer dem Druck nach unten auch einen seitlichen Druck aus, den die an der äußeren Umfassungsmauer aufgeführten Strebepfeiler abfangen. Den besonders starken Seitenschub des Hochschiffs leiten Strebebögen über die Seitenschiffe hinweg auf die Strebepfeiler ab. Darüber hinaus aber wird auch durch das steilere Spitzbogengewölbe der Schub gemindert.

Vollendet zeigt sich dieses System zum Beispiel am Straßburger Münster oder Kölner Dom. In Straßburg sind die Arkaden breit, majestätisch, in Köln steil aufragend. Tief reicht in Straßburg das von Vier- und Sechspässen gebildete Maßwerk herab, in Köln ist es vielfältiger, zierlicher geworden. Dichter, gedrängter ist in Köln auch das Triforium, das sich zwischen Arkade und Hochfenster einschiebt.

Seine Verglasung wurde durch Zelt- bzw. Querdächer über den Seitenschiffen möglich.

Das Straßburger Mittelschiff ist 2 ½ mal so hoch wie breit, demgegenüber steigert sich das Kölner Mittelschiff bis über die dreifache Höhe. Statt des einen kraftvollen Strebebogens in Straßburg spannen sich in Köln vier von Maßwerk durchbrochene Strebebögen über die Seitenschiffe. Entsprechend sind auch die bekrönenden Fialen vermehrt. Ihre schlanken Helme sind an den Kanten mit Krabben, Kriechblumen, besetzt und tragen auf der Spitze eine Kreuzblume.

Die dreischiffige Anlage ist der Prototyp einer westfälischen Hallenkirche, die im Gegensatz zu den obersächsischen Hallenkirchen durch ein sehr kurzes Langhaus gekennzeichnet ist. Durch lange und sehr dünne Pfeiler heben sich im Inneren die Grenzen zwischen Mittel- und Seitenschiffen auf; es entsteht der Eindruck eines Zentralraumes, der dem Bürgertum erlaubte, die Sitzplätze so um den Prediger zu gruppieren, daß jeder die liturgische Handlung sehen und das gesprochene Wort gut hören konnte. Nur die drei parallelen Apsiden, deren mitt-

Chorin/Uckermark, Zisterzienser-Klosterkirche, 1273—1334, Westgiebel

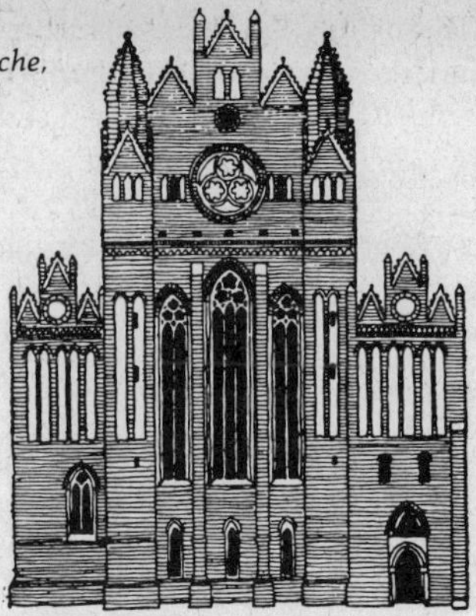

Kloster Chorin: 1 Kirche, 2 Vorhalle, 3 Tagesraum der Konversen, 4 Speisesaal der Konversen, 5 Altes Pfortenhaus, 6 Neues Pfortenhaus, 7 Küche, 8 Speisesaal der Mönche, 9 Wärmstube, 10 Brüdersaal, 11 Ostdurchgang, 12 Karzer, 13 Pilgerzelle, 14 Kapitelsaal, 15 Sprechsaal, 16 Bibliothek, 17 Sakristei, 18 Brunnenhaus, 19 Klosterhof, 20 Kreuzgang, 21 Abthaus, 22 Brauhaus

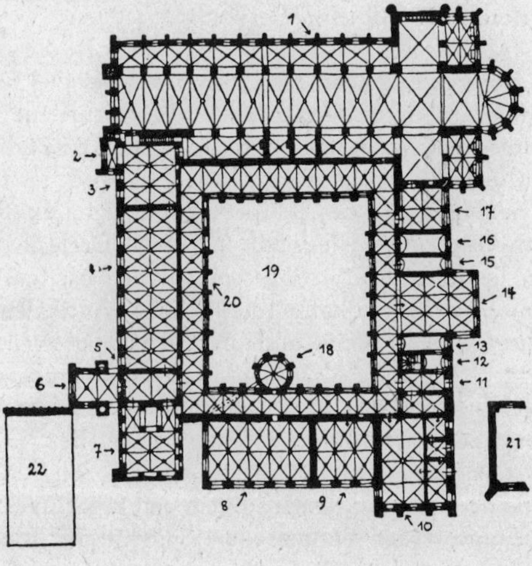

lere sich mit sieben Seiten eines Zehnecks ausbuchtet, richten den Blick nach dem Osten, zumal ihre hohen Fenster in farbenprächtigen Glasgemälden aufleuchten. Nur vier Freistützen erheben sich in der Raummitte, die sich zu den Gurten und Rippen der Kreuzgewölbe auseinanderfalten.

Die Zwickel des gotischen Spitzbogenfensters sind durch Maßwerk ausgefüllt. Es besteht aus Kreisen, Drei-, Vier- oder Sechspässen, später auch aus sphärischen Drei- und Vierecken. Beliebt ist auch die Bildung von Strahlen, von denen drei, vier und mehr von einem Mittelfeld ausgehen können.

In der Spätgotik wird die langgestreckte Hallenkirche zur vorherrschenden Kirchenform. Zu ihnen gehört die Annenkirche der 1493 neu angelegten Bergstadt Annaberg, die den Grundtyp einer obersächsischen Hallenkirche darstellt. An die Stelle des Kreuzgewölbes mit seiner Hochteilung tritt jetzt in vielen Fällen das Netzgewölbe. Überschlanke achteckige Pfeiler mit leicht konkav eingezogenen Seiten tragen die Gewölbe der drei fast gleichbreiten Schiffe. In verschiedenen Höhen treten die Rippen heraus. Die Gewölberippen winden sich wie biegsame Gerten und bilden im Scheitel um die Schlußsteine herum sechsblättrige Rosetten. Drei polygonale (vieleckige) Apsiden springen nebeneinander im Osten aus. Die Strebepfeiler sind in den Innenraum gerückt. Zwischen ihnen laufen rings Emporen entlang. Unter den wenigen erhalten gebliebenen spätgotischen Hallenkirchen im süd- und westdeutschen Raum ragt vor allem die Stadtpfarrkirche in Wimpfen am Berg (bei Heilbronn) hervor.

Charakteristisch für das Maßwerk der Spätgotik ist die geschweifte, schmiegsame Form der »Fischblase«. Im ersten Beispiel bilden sechs einen flammenden Stern, im letzten bilden geschwungene, sich kreuzende Stäbe freie Muster. Gern setzt man sie auch zu Rädern zusammen, die unaufhörlich zu rotieren scheinen.

Die westliche Schauseite des Backsteinbaues der Choriner Kirche zeigt über dem Mittel- und Seitenschiff gestaffelte Dreiecksgiebel. Eine Blendenrosette betont die Mitte. Sägeschnitt- und Rosettenfriese sowie Blendenreihen unterbrechen kaum merklich die Vertikalen. Krabben schmücken die Giebelschrägen und die Helme der pfeilerförmigen Treppentürmchen. Im Süden schließt sich an die Kirche der Kreuzgang an, dessen Ostseite 1956 freigelegt und teilweise neu eingewölbt wurde. Ihn umgaben die Gebäude der Klausur, des Bezirks, der allein den Mönchen vorbehalten war.

Die Gebäude der Burg Kriebstein folgen den Felsstürzen einer von der Zschopau umflossenen Bergnase, sie bilden einen Ring, den ein

Burg Kriebstein b. Waldheim, romanische Anlage, meist 2. Hälfte 14. und 15. Jahrhundert

kurzer Wehrgang schließt. Der Hauptturm ist Wehrturm und zugleich Palas, spätgotische Dachreiter bekrönen ihn.

Die Albrechtsburg zeigt, daß die Burg ihren Wehrcharakter eingebüßt hat und zum Palast geworden ist. Riesige Fenster mit Vorhang- oder Gardinenbögen durchbrechen die Wände. An Stelle einer Innentreppe springt ein außen angesetzter, von prachtvollen Galerien umgebener Wendelstein asymmetrisch vor.

Meißen, Albrechtsburg, 1471 bis etwa 1486 von Arnold v. Westfalen

Münster, Rathaus, 1335,
im 2. Weltkrieg fast völlig eingestürzt,
in alter Form wiederaufgebaut

Das Rathaus zu Münster erhielt nachträglich seine Schauseite. Über Spitzbogenarkaden öffnen sich breite Maßwerkfenster. Darüber steigt in vier Stufen der mächtige, von Fenstern und Maßwerkblenden belebte Giebel auf. Im 15. Jh. erhielten die Staffeln noch filigranartige Maßwerkblenden und mit Figuren besetzte Fialen.

Den Hansasaal überwölbt eine gewaltige, aus Holz konstruierte

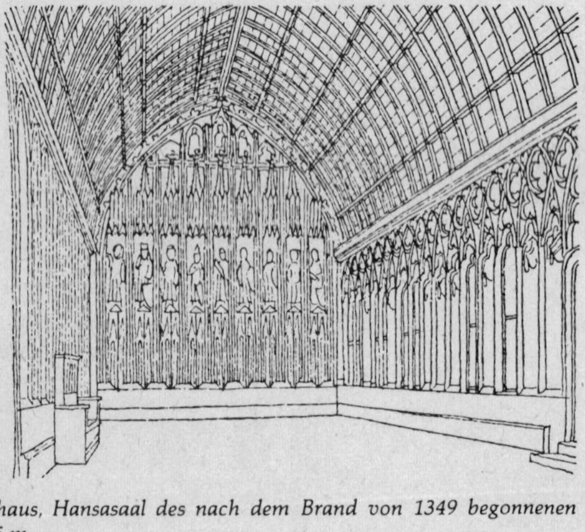

Köln, Rathaus, Hansasaal des nach dem Brand von 1349 begonnenen Neubaus, 28,3 × 7,5 m

Wernigerode, Rathaus, Unterbau nach 1427, Fachwerkobergeschoß und Erkertürme 1492—98, Glockenturm 1543

Spitztonne. An der Schmalseite stehen auf Sockeln steinerne, von Baldachinen gekrönte Standbilder.

Zwei Fachwerk-Erker mit spitzen Helmen geben dem Wernigeroder Rathaus sein Gepräge. Andreaskreuze aus geschweiften Hölzern bilden ornamentale Friese unter der Fensterbrüstung, am Obergeschoß und am Erkerunterbau.

Tangermünde, Rathaus, Anfang 15. Jahrhundert, wahrscheinlich von Heinrich Brunsberg

Das Tangermünder Rathaus zeigt, wie zur Zeit der Spätgotik auch der Backsteinstil seinen Formenbestand erweitert. Aus mehrfarbig glasierten Formsteinen sind teppichartige Friese gebildet, die Ziergiebel zeigen dreifache durchbrochene Rosen.

Wie eine trutzige Burg steht inmitten des Marktplatzes von Toruń das Rathaus, eine imposante Vierflügelanlage. Das aus roten Ziegelsteinen errichtete Bauwerk verkörpert anschaulich die Besonderheiten der gotischen Baukunst des Pomorze-Gebietes. Neben dem Rathaus von Gdánsk offenbart das Toruńer Bauwerk am konsequentesten die strenge Bemessenheit der architektonischen Komposition im polnischen Profanbau des beginnenden 14. Jahrhunderts. Die Außenwand des Rathauses trägt insgesamt ein geschlossenes unnahbares Aussehen. Eindrucksvoll umgeben ringsum kräftige, vorgetreppte Blendarkaden völlig gleichmäßig die Außenfronten, die nur hier und da durch Fensteröffnungen durchbrochen werden. Ihre Wirkung wird leider durch die 1603 von Antony von Obbergen zugefügten Giebel und Ecktürmchen beeinträchtigt. In einer Ecke überragt den Bau ein unvollendeter quadratischer Turm mit reicher Blendengliederung. Die Rathäuser wurden auch mit Türmen gekrönt, die oftmals die Türme der Kirchen und Dome an Höhe übertrafen. Auch darin spiegelt sich symbolisch die wachsende Macht und Stärke der Stadt wider. Die gesellschaftlichen Ansprüche erweiterten ständig die Funktion des Rathausgebäudes. Das Erdgeschoß diente dem Marktverkehr, das obere Geschoß enthielt Rats- und Bürgersaal sowie Kanzleien.

Das Rathaus in Siena ist gleichfalls eine gewaltige Vierflügelanlage, es schließt das von prunkvollen Palästen eingefaßte Halbrund des Marktplatzes ab, auf dem außer Volksversammlungen auch Pferderennen stattfanden. Der ursprüngliche Bau hatte nur zwei Geschosse, die oben mit einem Rundbogenfries abschlossen. Erst im 15. Jahrhundert erhielt er das dritte Geschoß und die erhöhte Mitte mit dem Zinnenkranz. Der seitliche, 1325—45 errichtete Turm wächst überaus schlank zu einer Höhe von 102 m auf, erst ganz oben weitet er sich und bildet eine Galerie.

Die englische Spätgotik prägt sich besonders deutlich durch eine überreiche Gewölbebildung aus. Auf dem Kontinent findet sich nichts, was sich mit diesen Fächergewölben vergleichen ließe. Die Kapelle New Building, die an den romanischen Chor der Kathedrale von Peterborough angebaut ist, zeigt sie voll entwickelt, gehört sie doch zu der letzten Phase der Spätgotik, dem Tudorstil. Aus Halbsäulen strahlen Bündel von zahlreichen feingliedrigen Rippen aus und stoßen im Gewölbescheitel zusammen, man nennt sie daher auch Strahlen- oder

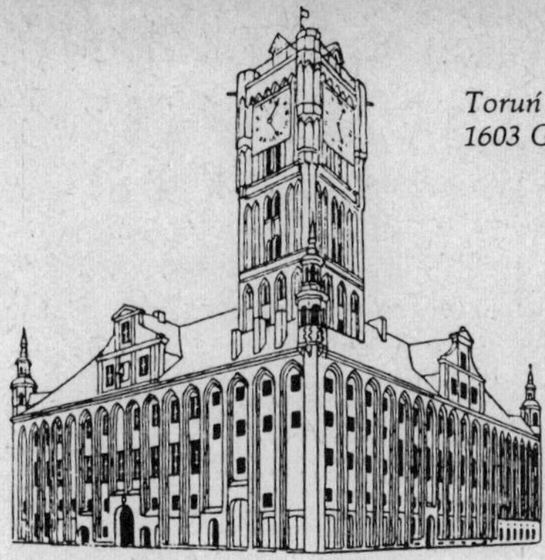

Toruń (Polen), Rathaus, 1393 begonnen,
1603 Giebel und Ecktürmchen

Siena (Italien),
Palazzo Publico (Rathaus),
begonnen nach 1298,
beendet 1309, Turm 1325—45

Links: Peterborough (England), Kapellenanbau New Building, erbaut 1483—1500; rechts: Most (ČSSR), Stadtpfarrkirche, 1517 begonnen von Jakob Heilmann, Gewölbe

Palmengewölbe. Sie werden in Peterborough von konzentrischen Halbkreisen geschnitten. So überzieht ein reizvolles Filigranwerk die flacher gewordenen Gewölbe. Nachdem die riesigen Fenster den Wänden jede Schwere genommen haben, scheinen nun auch die Gewölbe durch ihre feingegliederte Struktur gewichtslos zu sein.

Gleichfalls der spätesten Gotik entstammt die Stadtpfarrkirche von Most, die die Bürgerschaft nach einem verheerenden Stadtbrand neu errichten ließ. Als erster leitender Meister wird Jakob Heilmann aus Schweinfurt genannt, der am Bau der Annenkirche zu Annaberg (siehe Seite 115) mit beteiligt war. Wie diese ist die Moster Kirche eine Hallenkirche mit reichen Netzgewölben und durchlaufenden Emporen zwischen den eingezogenen Strebepfeilern. Wie bereits in Annaberg lösen sich in Most an einigen Gewölben Rippen von der Decke und schwingen frei unter dem Netzwerk hin. Am Gewölbe des Westturms bilden bogenförmige Rippen ein Gehänge mit einem Schlußsteinzapfen, das sich zu drehen scheint.

Wie die Burgen umschloß auch die meisten Städte ein Mauerring. Zahllose runde, halbrunde oder quadratische Türme verstärkten die Befestigung. Gesichert mußten vor allem die Tore werden. Ein Tor

Konstanz, Kaufhaus, erbaut 1388

hatte nicht nur den Feind abzuwehren. Es sollte, wie die reiche Ausstattung vieler seiner Tortürme beweist, auch den Eintretenden von der Bedeutung der Stadt, von ihrer Macht, ihrem Wohlstand künden.

So nimmt es nicht wunder, daß die Prager, als ihre Stadt unter Kaiser Karl IV. Hauptstadt des »Heiligen Römischen Reiches Deutscher Nation« geworden war, den Bau eines Turmes am Beginn der Karlsbrücke dem berühmten Dombaumeister Peter Parler übertrugen. Er gliederte den Altstädter Brückenturm in drei Geschosse. Das untere ziert allein ein Wappenfries, im zweiten umschließt eine Blendengliederung, die das Motiv des Torbogens abwandelt, drei Statuen. Das dritte Geschoß wird durch Blenden gegliedert, die sich in den vorspringenden Säulentabernakeln der Ecken harmonisch fortsetzen. Sie enden über der Zinnengalerie in schlanken Helmen. Ein weiterer Spitzhelm, der den flußaufwärts angefügten Treppenturm krönt, gibt dem Bauwerk einen asymmetrischen Akzent.

Das sogenannte Kaufhaus zu Konstanz war ursprünglich ein Lagerhaus, in dem man Vorräte für den Fall einer Belagerung stapelte. Sein schmuckloses massiges Mauerrechteck steht frei am Seeufer. Dunkel hebt sich sein verschaltes zweites Geschoß mit dem zierlichen Spitzen-

Links: Prag, Altstädter Brückenturm, Stadtseite, 1357 von Peter Parler; rechts: Köln, Tanzhaus Gürzenich, 1437—44, 1945 ausgebrannt, instandgesetzt

rand vom Unterbau ab. Aus dem mächtigen, von Gaupen belebten Walmdach kragen an den Ecken Erker vor. Sie trugen einst die Kräne. Innen enthält das Kaufhaus zwei riesige Hallen, die von mächtigen Eichenpfosten in drei Schiffe geteilt werden.

Das Ünglinger Tor ist ein Backsteinbau der Spätgotik, der seinen eigentlichen Wehrcharakter verloren hat und durch die überreiche Ausstattung zum Repräsentationsbau geworden ist. Auf einem stattlichen rechteckigen Unterbau erhebt sich ein runder Oberbau. Beide Teile schließen mit einem Zinnenkranz ab. Die Geschosse sind nicht mehr wie am Prager Brückenturm streng voneinander gesondert, was sich besonders am Übergang zum runden Oberteil zeigt.

Die auf- und absteigenden Zacken der Zinnen bilden zusammen mit den Ecktürmchen eine Art Kulisse mit bewegtem Umriß, hinter der sich der runde Turm erhebt. Ursprünglich schloß das Tor oben wohl mit einem kegelförmigen Dach ab.

Stendal, Ünglinger Tor, 1436

Mannigfaltige Blenden auf weiß getünchtem Grund, die wieder stärker die Horizontale betonen, verzieren das Mauerwerk.

Das Festhaus in Köln gehörte zu den größten Profanbauten des damaligen Deutschlands — sein Grundriß mißt 24 × 53 m — und trägt den Namen eines Patriziergeschlechtes, das vorher an dieser Stelle seinen Wohnsitz hatte. Es ist in schlichten Formen großzügig gegliedert. Das Erdgeschoß schmücken allein zwei von Wimpergen überdachte Statuen. Ein maßvolles Blendensystem überzieht das gesamte Obergeschoß, in das die Fenster mit einbezogen sind. Ein Wappenfries, der abschließende Zinnenkranz und die beiden durchbrochenen Eckerker sind Anklänge an den Wehrbau.

An der reichen spätgotischen Schauseite des Greifswalder Bürgerhauses sind die Formen der Gotik vorwiegend als malerischer Schmuck verwendet. Über einem schmucklosen Erdgeschoß erhebt sich ein riesiger Staffelgiebel. Ihn gliedern senkrecht gemusterte Streben, ihre

Links: Greifswald, Platz der Freundschaft 11, Patrizierhaus aus dem Anfang des 15. Jahrhunderts; rechts: Marburg, Handwerkerhaus, wohl um 1320 abgebrochen, doch zuvor aufgemessen; unten: Grundriß

Giebelchen bilden mit dem Maßwerk der dicht gereihten Fenster waagerechte Bänder. Die Staffeln mit erhöhten Fensterblenden steigen anders als die Fensterreihen auf, so daß verschiedene Bewegungseindrücke entstehen. Kräftige, mit Helmen und Kreuzblumen verzierte Türmchen wechseln mit schmucklosen kleineren Türmchen ab.

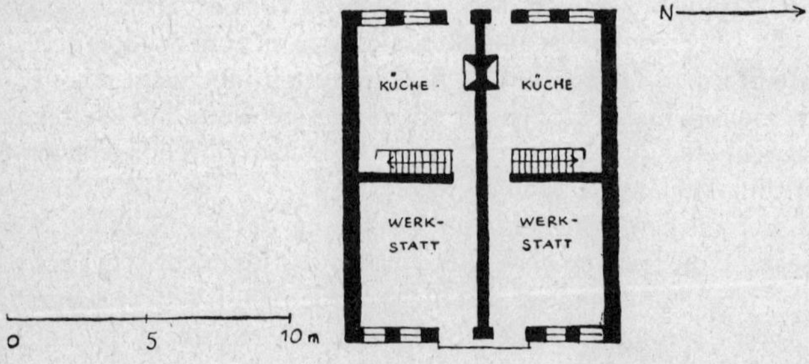

Links: Nürnberg, Nassauer Haus, gegenüber der Lorenzkirche, 1442 aus älterer Anlage ausgebaut; rechts: Nürnberg, Hof eines Bürgerhauses, um 1500

Wohnhäuser waren fast ausschließlich aus Holz erbaut, nur wenige Bürger konnten sich ein Haus aus Stein leisten. Mitunter schützte eine steinerne Kemenate am Hinterhof die wertvollere Habe, wie einige in Wernigerode beweisen. Das Marburger Handwerkerhaus ist ein Doppelhaus. Zwei schmale 4½ m breite Häuser sind unter einem Dachstuhl vereint. Im Erdgeschoß befanden sich Werkstatt und Küche, dazwischen führte eine Treppe zum Wohn- und Schlafzimmer des Besitzers, darüber lagen Gesellenkammern sowie Speicher und Lager. Das Haus ist in Fachwerk errichtet, ein Balkengerüst mit Gefachen bildet die Wände. Es ist ein Ständerbau, bei dem die waagerechten Balken in die bis zum Dach gehenden senkrechten Ständer eingezapft werden. Das Nassauer Haus ist ein alter, spätgotisch veränderter Geschlechterturm (s. S. 96). Er erhielt in den zwei Untergeschossen mehr und größere Fenster, denen man die Spitzbogenfenster der darüberliegenden Festräume anglich. Zu den glatten Mauerflächen ließ man plastische Akzente kontrastieren: eine Eckmadonna, einen Kapellenerker, ein sog. Chörlein mit einem Tabernakelaufsatz und darunter ein Wappen.

Stadthäuser hatten in der Gotik nur schmale Straßenfronten, dafür teilweise einen tiefen Hof mit Hintergebäuden. In Süddeutschland stellen oft Hofgalerien die Verbindung zwischen den Gebäuden her. An dem Nürnberger Hof werden sie von flachen Arkaden getragen. Ihre Brüstungen bestehen aus spätgotischem Maßwerk, das sich als Blenden an den Hauswänden fortsetzt. Wie die kannelierten Halbsäulen vor den Stützen zeigen, haben bereits einige Formen der Renaissance Eingang gefunden.

Gotik

ALLGEMEINE GESCHICHTE

um 1260	Meister Eckhart geboren. Bedeutendster deutscher Mystiker des Hochfeudalismus
um 1260	Höhepunkt der Macht des mongolischen Weltreiches
1268	Ende der deutschen Kaiserherrschaft in Italien
1274	Thomas von Aquino gestorben. Bedeutender Philosoph des Mittelalters
1275—92	Asienreise des Venezianers Marco Polo
1288	Entstehung des osmanischen Türkenreiches
1291	Ende der Kreuzzüge
um 1294	Lübeck gründet die Städte-Hanse
um 1320	Ältestes Hammerwerk in Deutschland
1321	Dante Alighieri vollendet seine »Göttliche Komödie«
1329	Streik der Wroclawer Gürtlergesellen
1330	Beginn der Hexenverfolgungen in Europa
1347—78	Regierungszeit Kaiser Karls IV.
um 1350	Glasbilder im Kölner Dom
1381	Großer Bauernaufstand in England unter Wat Tyler
1386	Gründung Universität Heidelberg
1390	Erste deutsche Papiermühle in Nürnberg
1393	Berlin ist Hauptstadt des mittelmärkischen Städtebundes
1396	Aufstand der Zünfte in Köln
um 1400	Aufschwung der Tafelmalerei in Deutschland
1410	Niederlage der Kreuzritter bei Grunwald
1415	Jan Hus wird als Ketzer verbrannt
um 1420	Schnelle Entwicklung der Herstellung von Geschützen
1432	Hubert und Jan van Eyck malen den Genter Altar
um 1445	Erfindung des Buchdrucks mit beweglichen Lettern
1453	Türken erobern Konstantinopel
1476	Ältester Musiknotendruck »Missale Romanum« in Ingolstadt
1477—89	Veit Stoß schafft den Krakower Marienaltar
1480	Endgültige Befreiung Rußlands vom Mongolenjoch
1492	Entdeckung Amerikas, Übergang vom Mittelalter zur Neuzeit
1493	Erste Verschwörung des »Bundschuh«

ab 1137	Baubeginn von St. Denis bei Paris, Beginn der Frühgotik in Frankreich
ab 1163	Bau Notre-Dame in Paris
ab 1209	Neubau des Domes zu Magdeburg nach französischem Kathedralschema
1225	Baubeginn des Wiener Stephansdomes
1235	Baubeginn der Elisabethkirche in Marburg
1248	Baubeginn des Kölner Domes
1274	Gründung der Marienburg
ab 1276	Bau der Westfassade des Straßburger Münsters
um 1300	Aus Frankreich kommend verbreiten sich die »Bauhütten« in Deutschland
1304	Fertigstellung der Tuchhalle in Ypern (Flandern)
um 1330	Bau der Wiesenkirche in Soest
um 1330	Aufstellung des großen Drehkrans in Lüneburg
1334	Fertigstellung Klosterkirche Chorin
1335	Fertigstellung der Fassade des Rathauses in Münster
1351	Fertigstellung der Marienkirche in Lübeck
1377	Baubeginn des Ulmer Münsters
1380	Fertigstellung der Kathedrale in Lincoln (England)
1386	Baubeginn des Mailänder Domes
1390	Baubeginn des Elbe-Trave-Kanals von Lauenburg nach Lübeck
1393	Neubau des größten mittelalterlichen Rathauses in Toruń (Polen)
um 1410	Bau des Ünglinger Tores in Stendal
1437	Baubeginn des Gürzenich in Köln
1439	Fertigstellung des Nordturmes am Straßburger Münster
um 1450	Bau des Rathauses in Tangermünde
1463	Fertigstellung des Dogenpalastes in Venedig
1492	Fertigstellung des Domes in Halberstadt
1501	Fertigstellung des Freiberger Domes mit Tulpenkanzel
1525	Fertigstellung der Annenkirche in Annaberg

Die Baukunst in der Epoche des aufstrebenden Bürgertums

Die Baukunst der Renaissance

Ein verheerender Stadtbrand hatte im Jahre 1525 in Görlitz 172 Häuser, das Neißehospital, die Neißebrücke und Teile der Stadtbefestigung zerstört. Zu dieser Zeit war in Görlitz der Steinmetz und Baumeister Wendel Roßkopf (um 1480—1549) als Stadtbaumeister tätig. Er war ein Schüler des berühmten Prager Architekten Benedikt Rieth (um 1454—1534), der den großartigen spätgotischen Wladislaw-Saal in der Prager Burg entwarf und errichtete. Wendel Roßkopf, der nach dem großen Brand von den Görlitzer Bürgern mit dem Wiederaufbau ihrer Stadt beauftragt wurde und der selbst die Entwürfe für eine Reihe von Neubauten schuf, war also noch aus der Schule der spätgotischen Baukunst hervorgegangen. Doch bei der Gestaltung des neuen Stadtbildes von Görlitz verwendete er ganz andere, neue Architekturelemente, die aus der Baukunst Italiens dieser Zeit herrührten und die später kunstgeschichtlich als Renaissance bezeichnet wurden. Obwohl man den aus dem Mittelalter stammenden Stadtgrundriß nicht veränderte, wurde Görlitz im 16. Jahrhundert eine Renaissancestadt. Wie kam es aber dazu, daß ganz neue Architekturformen aus Italien in Deutschland Eingang fanden, die die jahrhundertealten gotischen Bautraditionen ablösten?

Im 15. Jahrhundert hatten sich die deutschen Städte zu Mittelpunkten des Wirtschaftslebens entwickelt. Ein lebhafter Handel, vor allem mit Italien, hatte den Kaufleuten reichen Gewinn gebracht. Einzelne Kaufleute begannen, zur Steigerung der gewerblichen Produktion, Handwerker speziell für sich arbeiten zu lassen. Sie förderten die Herstellung bestimmter gut verkäuflicher Warenarten. Erste Formen der manufakturellen Produktionsweise bildeten sich heraus. Die Handwerker gerieten dabei mehr und mehr in Abhängigkeit von den Kaufleuten. Einzelne reich gewordene Händler gingen zum reinen Bankgeschäft über und verliehen gegen Wucherzinsen ihr Geld, besonders an weltliche und geistliche Feudalherren, die infolge kostspieliger Hofhaltungen ständig in Geldnot waren. So wurde der deutsche Kaiser zum Schuldner der Bankiersfamilie Fugger in Augsburg, welche im Jahre 1527 bereits ein Vermögen von mehr als 2 Millionen Gulden besaß; der Kaiser mußte sogar seine Silberbergwerke an die Fugger verpfänden. Durch diese Ausbreitung der Waren- und Geldwirtschaft verfiel das mittelalterliche Lehnssystem. Während der niedere Adel verarmte, nahm die Macht der Fürsten und Kaufleute zu. Ihr Vorbild sahen die deutschen Kaufleute und die Fürsten in der wirtschaftlichen und kulturellen Entwicklung Italiens.

Italien war damals das ökonomisch fortgeschrittenste Land Europas. Dem Handel mit dem Orient und einer hochentwickelten handwerklichen Produktion, in der sich bereits der Manufakturbetrieb durchsetzte, verdanken die lombardischen und toskanischen Städte Reichtum und Blüte. Den Kaufherren der italienischen Städte war es im Laufe der Zeit gelungen, dem Adel auch die politische Macht zu entreißen. So schloß in Florenz eine Verfassung bereits seit 1293 den Adel von den Regierungsgeschäften aus. Die herrschenden Patrizierfamilien, besonders die Familie Medici in Florenz, wurden im 15. Jahrhundert zu den wichtigsten Auftraggebern der Künstler und Baumeister.

Auf der Grundlage dieser ökonomischen und politischen Wandlung entfaltete das Bürgertum der italienischen Städte ein kraftvolles geistiges Leben. Im Gegensatz zum mittelalterlichen Weltbild traten der Mensch und seine Persönlichkeit sowie die reale Wirklichkeit in den Mittelpunkt alles Denkens, Fühlens und Forschens. Wissenschaft und Kunst nahmen einen gewaltigen Aufschwung; sie waren durchdrungen von diesem realen »Humanismus«. In der Kunst wandte man sich wieder der Antike zu, insbesondere der Kultur des alten Roms, zugleich verwarf man die gotische Kunst des Mittelalters als barbarisch. Der italienische Architekt Giorgio Vasari (1511—1574) prägte den Begriff Renaissance für diese »Wiedergeburt« der antiken Künste.

Während die gotische Architektur mit ihrer beherrschenden Vertikaltendenz das einheitliche, kirchlich-religiöse Weltbild des Mittelalters widerspiegelte, zeigt sich in der Baukunst der Renaissance, ausgehend von dem Persönlichkeitsideal der Renaissance, eine starke Neigung zur Betonung und Isolierung der Bauelemente und des Gebäudes selbst. Die regelmäßigen Fassaden der wuchtigen, geometrisch einfachen Baukörper werden durch horizontale Fensterreihen und Gesimse gegliedert. Jedes architektonische Detail scheint vom anderen klar abgesondert zu sein, und doch geben alle zusammen ein Bild höchster Harmonie. Während sich gotische Bauten nach oben aufzulösen scheinen, schließt ein stark profiliertes Hauptgesims den Baukörper der Renaissance unter dem Dach ab. In der bevorzugten Form des Zentralbaus mit allseitig gleichen Fassaden (Villa Rotonda in Vicenza) wird die Individualisierung des Einzelbauwerkes am deutlichsten.

Im Mittelalter hatte der Kirchenbau die Vorherrschaft, dagegen wurde in der italienischen Renaissance der Stadtpalast zur wichtigsten Bauaufgabe. Seine Straßenfronten machten meist einen wehrhaften, geschlossenen Eindruck; die Innenhöfe waren dagegen von leichten, geschoßweise übereinander angeordneten Arkaden umgeben, die dem Hofraum ein festliches Gepräge gaben. Daneben entstanden vielfach Villen und Paläste inmitten großartiger Parkanlagen in der Umgebung der Städte. Aber auch in den Kirchenbau drang der Renaissancegedanke ein. Die Päpste, vielfach Angehörige der herrschenden Patrizierfamilien, ließen sich davon beim Ausbau der Vatikanstadt in Rom leiten. Im Jahre 1506 wurde mit dem Abbruch der alten Petersbasilika zugleich der Grundstein zu einer gewaltigen Kuppelkirche gelegt; am Bau der Peterskirche wirkten so bedeutende Künstler wie Bramante, Raffael und Michelangelo mit.

Es kann nicht verwundern, daß die deutschen Kaufleute auf ihren Handelsreisen nach Italien von der Renaissancearchitektur tief beeindruckt wurden. Auf die deutschen Fürsten übten darüber hinaus die absolutistischen Tendenzen des italienischen Adels, wie sie in Machiavellis (1469—1527) Schriften deutlich wurden, und mit ihnen die dieser Ideologie entsprechenden Palastbauten, einen großen Einfluß aus. So wurden besonders die Residenzen und die Handelsstädte — besonders Augsburg und Nürnberg — Zentren des architektonischen Schaffens in den neuen Stilformen.

Aber die deutsche Renaissance-Architektur unterschied sich wesentlich von ihrem italienischen Vorbild. Ursache dafür war ein starkes Nachwirken der mittelalterlich-gotischen Bautradition. Zunächst wurden nur Zierformen aus Italien übernommen. Ohne das konstruktive System zu ändern, wurden gotische Bauten nur mit einer Art »Renaissancehaut« umkleidet, wobei man vielfach Renaissanceornamente mit spätgotischen Motiven vermischte. Auch die typisch deutsche Vorliebe für asymmetrische Gliederungen und hohe Türme sowie für Details, wie Erker und Giebel, blieb erhalten. Wie in Italien wurden aber auch bei den deutschen Renaissancebauten die Waagerechten mehr betont, ohne den gotischen Vertikalismus restlos aufzugeben. Rechteckige Fenster und horizontale Gesimse bestimmten zunehmend das Bild der Bauten. Architektonische Lösungen von ganz neuer Qualität, neue Grundrißanordnungen, wurden erst im Schloßbau der zweiten Hälfte des 16. Jahrhunderts üblich.

In Deutschland verlor der Kirchenbau an Bedeutung; die Kirche war durch die Reformation geschwächt, und die Fülle der vorhandenen Sakralräume genügte dem Bedarf. Aus Geldmangel wurden vielfach die Bauarbeiten an den gotischen Domen eingestellt, zum Beispiel

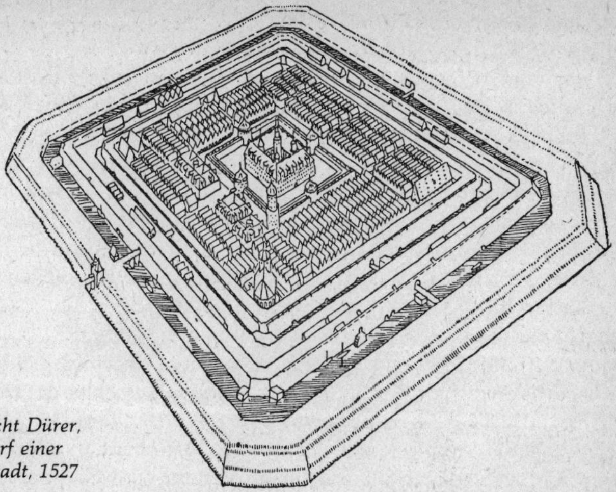

Albrecht Dürer, Entwurf einer Idealstadt, 1527

in Köln, Prag und Wien. Eines der reinsten Beispiele für die wenigen Sakralbauten der Renaissance in Deutschland ist die St.-Michaels-Hofkirche in München. In den Vordergrund rückten die Bauten der bürgerlichen und fürstlichen Auftraggeber. An Stelle der mittelalterlichen Burgen ließen sich die Fürsten seit dem Anfang des 16. Jahrhunderts prächtige Schlösser errichten, da die Verteidigungsfähigkeit der Burgen schon seit der Erfindung von Feuerwaffen fragwürdig geworden war. Einen Höhepunkt deutscher Schloßbaukunst der Renaissance stellt das regelmäßige, vierflüglige Schloß der Mainzer Erzbischöfe in Aschaffenburg von Georg Riedinger (1568 bis etwa 1616) dar. Bei diesem Bau (1605—1614) lag das architektonische Schwergewicht nicht mehr — wie bei den Burgen — auf der Hoffront, sondern auf der Außenseite. Außerdem wurde es üblich, die Schlösser mit Gartenanlagen zu umgeben. In den Renaissanceschlössern kündet sich der zunehmende Herrschaftsanspruch der deutschen Territorialfürsten an.

Über das Bild der Städte zur Zeit der Renaissance geben Tausende zeitgenössischer Stadtdarstellungen Auskunft. Besonders Matthäus Merian (1593—1650) und seine Söhne veröffentlichten in Frankfurt am Main reich illustrierte Bände mit Beschreibungen deutscher und europäischer Städte. Bürgerliche Wohnhäuser, Speicher, Kaufhallen, Waagen, Rathäuser, Zunfthäuser und Spitäler entstanden in großer Zahl. Jacob Fugger ließ in Augsburg für seine Weber die »Fuggerei«

bauen, die erste einheitlich errichtete Reihensiedlung innerhalb einer deutschen Stadt.

Da das vom 12. bis zum 14. Jahrhundert entstandene dichte Netz von Städten in Deutschland weiterhin ausreichte, war für die Anlage neuer Städte zunächst kein Bedarf. Dennoch beschäftigten sich einige Künstler nach italienischem Vorbild mit der Planung idealer Stadtanlagen. So beschrieb auch Albrecht Dürer (1471—1528) in seinem 1527 erschienenen Buch »Etliche underricht zu befestigung der Stett, Schloß und flecken« eine quadratische, befestigte Stadt mit einem Schloß in der Mitte. Sie sollte nicht dem Handel und Handwerk dienen; vielmehr hatten die Türkenkriege Dürer veranlaßt, eine Militärstadt zu planen. Eine solche »Idealstadt« wurde im Schwarzwald tatsächlich gebaut: im Jahre 1599 entstand Freudenstadt. Den einem Mühlbrett ähnelnden Plan fertigte der Baumeister Heinrich Schickhardt (1558 bis 1634) im Auftrage des Großherzogs von Württemberg an. Weitere regelmäßige Renaissancestädte waren u. a. Mannheim und Hanau. In diesen Städten siedelten die Fürsten protestantische Glaubensflüchtlinge an. Damit förderten sie die wirtschaftliche Entwicklung ihrer Länder, denn die Zuwanderer verfügten über reiche, in Deutschland bis dahin unbekannte Produktionserfahrungen.

Auf dem Gebiet der Bautechnik wurden zur Zeit der Renaissance vor allem in Italien Fortschritte erzielt. Architekten, Künstler und Mathematiker beschäftigten sich dort mit theoretischen Problemen der Statik und Festigkeitslehre, so zum Beispiel Leonardo da Vinci (1452—1519) und Galileo Galilei (1564—1642). In der Baupraxis kamen kühne Kuppelkonstruktionen zur Anwendung. Filippo Brunelleschi (1377—1446) wölbte die Kuppel des Domes zu Florenz (107 m hoch). Für die Peterskirche in Rom schuf Bramante (1444—1514) die Konzeption. Ihre 42 m weite und 111 m hohe Kuppel ruht auf vier starken fünfeckigen Pfeilern, die durch 24 m weit gespannte Mauerbögen verbunden sind. Seit der Spätantike hatte es keine Raumkonzeptionen von derartiger Weiträumigkeit mehr gegeben. — Infolge der Erfindung von Feuerwaffen wurden neue Befestigungssysteme entwikkelt. Polygonale und sternförmige Bastionen umgaben die Städte. Besonders Francesco de Giorgio Martini (1439—1502) und Francesco di Marchi (um 1504—1577) schufen wirkungsvolle Verteidigungsanlagen.

In Deutschland wurden in der Bautechnik keine umwälzenden Fortschritte erzielt. Durch die neuen Architekturformen der Renaissance wurde nur die Außenhaut der Gebäude verändert; die traditionellen und erprobten Baukonstruktionen behielt man bei. In Teilen Mittel-

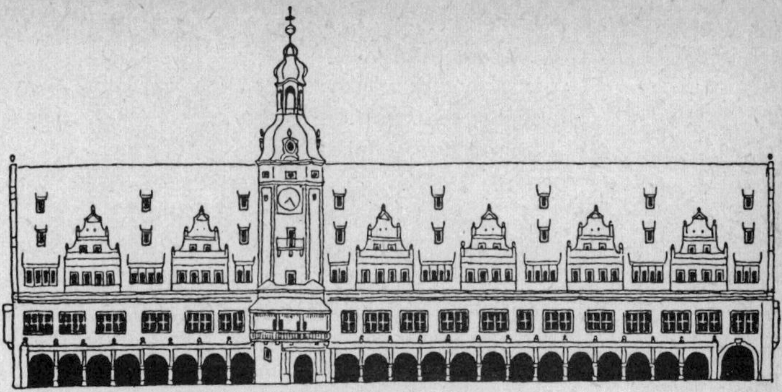

Leipzig, Altes Rathaus von Hieronymus Lotter, 1556

und Norddeutschlands entwickelte sich im 16. Jahrhundert der Holzfachwerkbau zu höchster Blüte. — Auch neue Materialien oder bautechnische Hilfsmittel wurden nicht verwendet. Die seit den Römern bekannten üblichen Rollen, Winden und Flaschenzüge wurden mit Menschen- oder Pferdekraft getrieben.

Die Lage der Architekten jedoch änderte sich zur Zeit der Renaissance grundlegend. Nach Auflösung der mittelalterlichen Bauhütten waren die Baumeister der Spätgotik zunächst in Zünften organisiert. Im 16. Jahrhundert wurden sie zu individuellen Künstlerpersönlichkeiten, erlangten die Freizügigkeit und traten bei Fürsten oder Städten in den Dienst. Von ihren Bauherren wurden sie oft hochgeschätzt und vielfach zu Studienreisen nach Italien gesandt. Der Stadtbaumeister von Augsburg, Elias Holl (1573—1646), schrieb über seinen Italienaufenthalt: »Besahe mir dort alles wohl und wunderliche Sachen, die mir zu meinen Bauwerken ferner ersprießlich waren.«

Theoretische Werke über die Architektur wurden von Italienern und Franzosen verfaßt und dienten zur Vervollkommnung des Wissens der Baumeister. Der Arzt und Mathematiker Walter Rivius übersetzte 1548 das Werk des römischen Kriegsbaumeisters Vitruv »De architectura« (Über die Baukunst), das wenige Jahre vor der Zeitenwende geschrieben worden war. Seit der Mitte des 16. Jahrhunderts beriefen die deutschen Fürsten auch italienische Architekten an ihre Höfe.

Anderthalb Jahrhunderte blühte die Renaissancebaukunst in Deutschland. Sie entwickelte sich in den verschiedenen selbständigen

Ländern und Städten recht unterschiedlich. Die feudale Zersplitterung des Landes, die infolge der brutalen Niederschlagung der revolutionären Bauernbewegung von 1525 erhalten blieb, führte zu territorialen Sonderentwicklungen der Architektur. Man unterscheidet zum Beispiel die holländisch beeinflußte Renaissance in Norddeutschland von den Bauformen des Wesergebietes, die mitteldeutsche Renaissancearchitektur von der süddeutschen. Allen gemeinsam war ein fantasievoller Formenreichtum. Die italienischen Vorbilder wurden selten schematisch kopiert, sondern in Verbindung mit den reichen spätgotischen Bautraditionen fand man neue nationale Bauformen. Im 17.

◁ *Siena, Palazzo Piccolomini, erbaut um 1470*

Florenz, Palazzo Uguccioni, um 1550

Jahrhundert unterbrach der Dreißigjährige Krieg die kulturelle Entwicklung Deutschlands. Nach seinem Ende entwickelte sich aus der Renaissance unter italienischem, französischem und niederländischem Einfluß ein neuer Baustil: das Barock.

Zeugnisse der beginnenden Blüte der Renaissance sind die Fassaden der italienischen Renaissance-Paläste. Am Palazzo Piccolomini sind die Quader der Fassade nur roh behauen. Dieses Bossenwerk wird auch Rustika genannt. Gleichförmig reihen sich die doppelbogigen Fenster aneinander, nur die Höhe wird durch Fensterbankgesimse gegliedert. Ein wuchtiges, auf Konsolen ruhendes Kranzgesims vor

◁ *Rom, Cancelleria, 1486—95, vielleicht nach verlorenem Plan L. B. Albertis für den Vatikan*

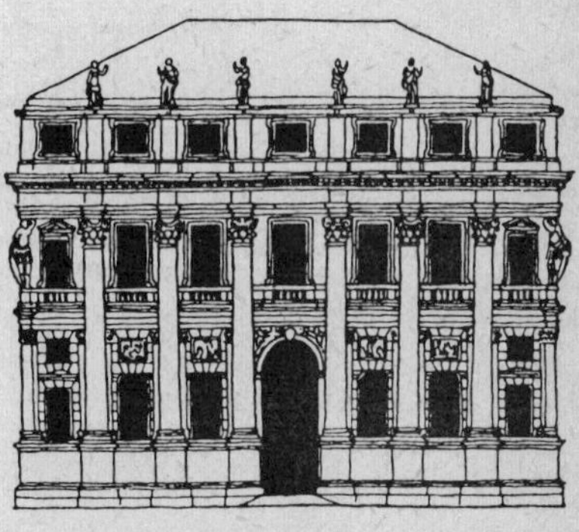

Vicenza, Villa Valmarana, 1566, von Andrea Palladio

Vicenza/Italien, Villa Rotonda (Capra) von Andrea Palladio, Entwurf 1550, Ausführung 1567—1591

einem flachen Dach krönt den Bau. Etwas jünger ist die Cancelleria, der Palast der päpstlichen Kanzlei, ein gewaltiger Bau von 90 m Länge. Noch ist das Erdgeschoß ungegliedert, aber flache, schlanke Pilasterpaare auf Sockeln teilen die Obergeschosse im Goldenen Schnitt auf. Eine Gebälkzone bildet den oberen Abschluß.

Der Palazzo Uguccioni, der fast zwei Menschenalter später erbaut wurde, ist kraftvoller gegliedert. Ionische und korinthische Doppel-

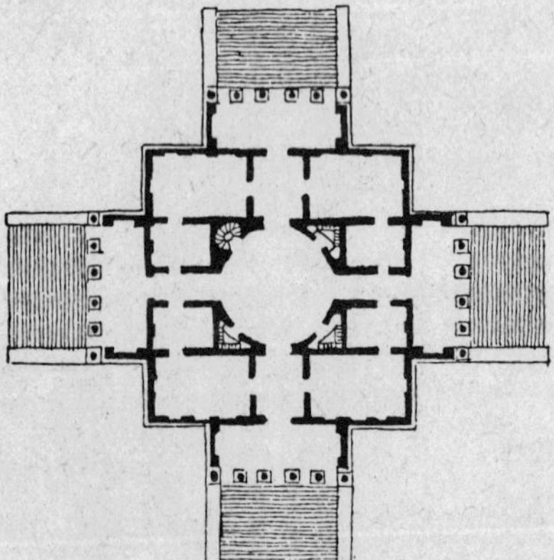

Rom, Peterskirche, Kuppelmodell von Michelangelo Buonarroti, 1528—60, ausgeführt 1586—93 von Giacomo della Porta, Höhe der Kuppel 132,5 m, innere Höhe der Kuppel 111 m, Kuppeldurchmesser 42 m

säulen auf Sockeln gliedern die Obergeschosse. Flache Fenstergiebel, im ersten Geschoß in Form eines Segments, treten vor. Das Erdgeschoß, durch eine Polsterquaderung betont, ist etwas vorgezogen. An der Villa Valmarana wird die Fassade von mächtigen korinthischen Halbsäulen beherrscht. Sie greifen über zwei Geschosse, bilden eine sogenannte Kolossalordnung, die später im Barock oft verwandt wurde. Die Säulen rücken am Portal auseinander. Sie stehen auf einer

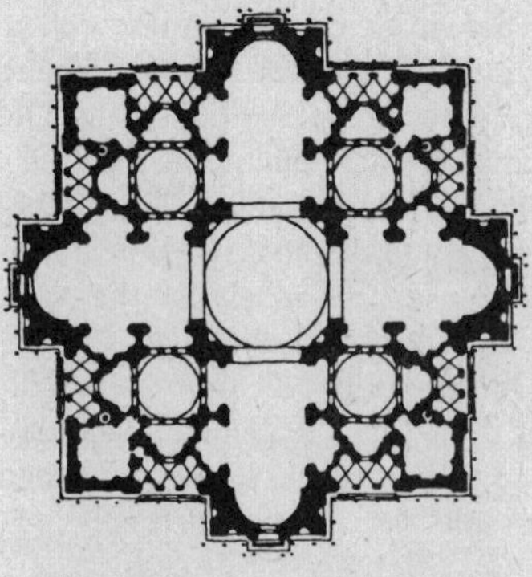

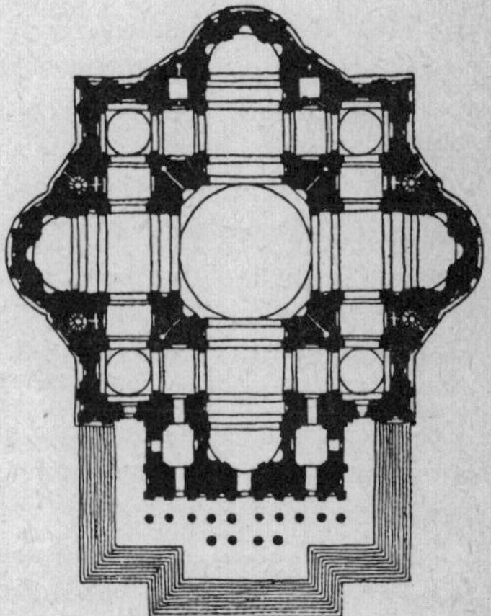

Donato Bramante, Bauleiter 1506—14, Grundrißplan 1505
Michelangelo, Bauleiter 1547—64, Grundrißplan

Altenburg, Rathaus, 1562—64, von Nikolas Grohmann

Sockelzone, ihr Gebälk schließt mit einem Kranzgesims ab. Über ihm ragt noch ein Attikageschoß auf, mit Statuen vor dem flachen Walmdach.

Die Villa Rotonda (die »Runde«) ist ein Zentralbau in Form eines griechischen Kreuzes. Der harmonisch ausgeglichene Bau verkörpert das Ideal der Renaissance. Die vier Seiten gleichen einander völlig. Vor jeder Fassade stehen ionische Tempelfronten mit hohen Giebeln, zu denen breite, von Wangen eingefaßte Treppen aufsteigen. Die Mitte nimmt ein runder Kuppelsaal mit Oberlicht ein, in die Eckzwikkel sind die Treppen verlegt. Der Schmuck ist auf wenige Akzente beschränkt, um die Klarheit der Gliederung und die ausgewogenen Proportionen allein wirken zu lassen. Bei aller Schönheit ist die Villa wenig wohnlich, sind doch »die für das Wohnen so wichtigen Nebenräume in das niedrige Unter- und Obergeschoß verbannt« (O. Völckers). Goethe nannte in einem seiner Briefe die Villa einen Prachtbau und meint, daß die Baukunst ihren Luxus niemals höher getrieben habe, sei doch der Raum, den Treppen und Vorhallen einnehmen, größer als der des ganzen Hauses.

Für den Neubau der wegen Baufälligkeit abgebrochenen Petersbasilika entwarf Bramante einen Zentralbau, den die Renaissance allgemein als vollkommenste Raumform ansah. An einen überkuppelten

Mittelraum schließen sich gleich lange Kreuzarme an. An den Ecken sind Kuppelräume eingefügt, die durch seitliche Apsiden ebenfalls zu kleinen Zentralräumen geworden sind. Über den äußeren Ecken sollten sich Türme erheben. Das Ganze war eine wohldurchdachte vielgliedrige Gruppe von Einzelräumen. Bramantes Plan wurde später von Michelangelo geändert und gestrafft. Er verbreiterte die Fundamente, so daß die Nebenräume der beherrschenden Mittelkuppel untergeordnet wurden. Die Kuppel plante Michelangelo als Halbkugel. Sie erhielt bei der Ausführung eine steigende Kontur. Den fensterreichen Tambour umgibt ein Kranz gekuppelter Säulen. Über einer niedrigen Attika steigen 16 Rippen zur Laterne auf.

Am Altenburger Rathaus, einem fast würfelförmigen Bau, zeigt jede der drei Fronten ein anderes Gesicht. Die Marktseite beherrschen der schlanke Turm und die Eckerker. An den Seiten treten ein bzw. zwei Giebel vor das steile Pyramidendach. Das langgestreckte Bremer Rathaus erhielt eine Bogenhalle mit vortretendem Mittelrisalit. Alle drei Giebel sind reich verziert und heben sich lebhaft von der ruhigen Walmdachfläche ab. Kräftig wird die Waagerechte durch die Steinbrüstung, die geraden Abschlüsse der alten Spitzbogenfenster und das Dachgeländer betont.

Bremen, Rathaus, 1609—14, von Lüder von Bentheim, Umbau eines gotischen Backsteinbaus

Am Paderborner Rathaus wurde das alte Giebelhaus durch Vorbauten mit Laubengängen bereichert. Die Gruppe der drei Giebel wird von Voluten und Obelisken belebt. Das Augsburger Rathaus ist ein geputzter Backsteinbau von blockhafter Wucht. Der erhöhte Mittelteil des Baues endet in Volutengiebeln, er wird von Türmen mit geschweiften Hauben flankiert. Die Gliederung erfolgt durch Fensterreihen, deren Höhe und Bekrönungen wechseln. Der Mittelteil enthält übereinander gelegene durchgehende Säle. Die Türme sind für Treppen, die Eckzwickel für Ratsstuben genutzt.

Das Knochenhauer-Amtshaus war ein Fachwerkbau. Tor und Mittelgang mit den seitlichen Verkaufsständen, den Fleischscharren, beweisen die Herkunft aus dem niedersächsischen Bauernhaus (s. S. 253). Hoch strebt der mehrgeschossige Giebel wie in gotischer Zeit auf. Geschoß türmte sich über Geschoß. Fenster reihte sich an Fenster, Dreieck an Dreieck, gebildet von Ständern und Fußstreben. Es war »das monumentalste unter allen Holzhäusern Deutschlands« (Dehio). Weit kragten die Geschosse vor, so daß das oberste Stockwerk im Giebel 2,50 m überstand. Man gewann dadurch Raum und verhinderte ein Durchbiegen der Balken. Dreieckshölzer (Knaggen) stützten die überhängenden Balken ab. Schräge Füllbretter schlossen die Öffnungen zwischen den Balkenköpfen. Reicher Schnitzschmuck, der teilweise

Paderborn, Rathaus, erbaut 1612—16

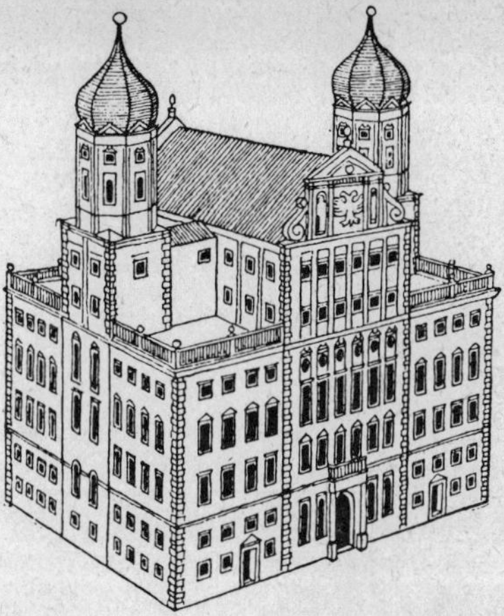

Augsburg, Rathaus, 1615—20, von Elias Holl, Inneres zerstört

aufgenagelt war, überzog alle Teile. Das Knochenhauer-Amtshaus war ein typisches Bauwerk des niedersächsischen Fachwerkstils.

Das gewaltige Ulmer Lagerhaus ist ein schlichter Zweckbau. Sein fast einziger Schmuck ist die Rustika-Quaderung, die im Putz vorgetäuscht wird. Rustiziert sind außer der Wand auch die Einfassungen der zweigeteilten Fenster. Im Erdgeschoß ist die Quaderung den großen rundbogigen Öffnungen angepaßt, die der unteren dreischiffigen flachgedeckten Halle das nötige Licht geben. Die Schrägen der flachen Giebel werden von flachen Wellenbändern belebt.

Das Kaufhaus der Braunschweiger Tuchhändler oder Gewandschneider erhielt 1591 prächtige Renaissancegiebel. Der alte Bau hatte niedrige Geschosse mit je einem Lagerraum und breiten Öffnungen in der Mitte für die Aufzüge. Dem mußte sich die Neugestaltung anpassen. Die Dreiteilung des Laubenganges wird durch Halbsäulen fortgesetzt, bis über einem abschließenden Triglyphenfries die kleinteiligere Aufgliederung des Giebels beginnt. Voluten füllen seine Stufen, die im Wechsel von Statuen und Obelisken begleitet werden. Eine Justitia mit Schwert und Waage krönt das Ganze. Bei allem Reichtum des plastischen Schmucks bleibt die Komposition des Bauwerks klar und übersichtlich.

Hildesheim, Knochenhauer-Amtshaus, 1529, Giebel 1884 nach Brand erneuert, im 2. Weltkrieg völlig zerstört

Ulm, Kornhaus, 1591—94, von Caspar Schmid und Georg Buchmüller

Braunschweig, Gewandhaus (Ostgiebel), 1303 erwähnt, 1591 von Balthasar Kircher umgebaut

Augsburg, Zeughaus, 1602—07 von Elias Holl, St.-Michael-Gruppe, Bronze, von Hans Reichle

Für die Waffenvorräte errichteten die Städte prunkvolle Zeughäuser, wovon das Augsburger besonders eindrucksvoll ist. Kräftige Gesimse betonen die wechselnden Geschoßhöhen. Über dem Rustika-Erdgeschoß sind zwei Stockwerke durch einheitliche Pilaster und Fensterrahmen zusammengefaßt. Es folgt ein Dachgeschoß, über dem Voluten zu dem »gesprengten« Giebel hochführen; die Schrägen enden plötzlich, geben einem Pinienzapfen Raum, dem Wahrzeichen Augsburgs.

Vieles kündet bereits das Barock an: die gesprengten Giebel, die wuchtigen Voluten, und vor allem die bewegte Gruppe des mit dem Drachen kämpfenden St. Michael über dem Hauptportal.

Martin Peller, ehemals Konsul in Venedig, ließ sich in seiner neuen Heimat Nürnberg ein prächtiges Haus errichten. Vorbild waren ihm die venezianischen Paläste. Die bisher in Deutschland seltene Rustika-Quaderung des Erdgeschosses setzt sich in den Pilastern der Obergeschosse fort. Ein Erker in der Mitte betont den symmetrischen Aufbau. Im ersten Stock zeigen die Brüstungen Diamantquaderungen, die im zweiten Geschoß von zierlichen Balustern, gedrungenen Säulchen, abgelöst werden. Von Geschoß zu Geschoß wird das Ornament üppiger. Im stattlichen Giebel sind auch die schlanken Pilaster verziert; die zwei obersten enden in Figuren, sie sind Hermenpilaster. An den Rändern steigen in Stufen geschoßhohe Obelisken auf zu der Gipfelstatue über der flachen Muschelnische. Ähnliche Formenfülle zeigte auch die Hofseite der Gebäude. Der Hof ist so schmal, daß sich nur zur Linken hinter den dreifachen Arkadengängen Räume befinden. Die Erker der Schmalseiten stoßen bis in den Zwerchgiebel, der gleich der Fassade Obelisken und Schnörkelwerk aufweist.

Wohlhabende Bürger statteten ihre Wohnräume gern mit Holztäfelungen aus, die architektonisch gegliederten Hausfassaden nachgebildet wurden. Im Bibraschen Hause gliedern Säulen die Wand. Sie stehen auf bankhohen Sockeln und tragen ein Gebälk mit kräftigem Abschlußgesims. Besonders reich ist das architektonische Gerüst der Türwand, an der die Täfelung bis zur Decke reicht. Die Tür wird von Freisäulen und seitlichen Muschelnischen flankiert. Der Wand angepaßt ist die Kassettendecke mit geometrischen Feldern. Die Balken sind aus profilierten Brettern vorgetäuscht.

Die Schloßkirche in Augustusburg ist ein typischer evangelischer Kapellenbau mit Emporen und mit umlaufenden Arkaden. Den tiefen Streben sind Halbsäulen vorgelegt, das durchlaufende Gebälk dient als Emporenbrüstung. Im Obergeschoß leiten Verkröpfungen zu den Stuckbändern über, die das Tonnengewölbe gliedern.

Nürnberg, Pellerhaus, 1602—07, von Jacob Wolf d. Ä., im 2. Weltkrieg zerstört

Hofseite des Pellerhauses

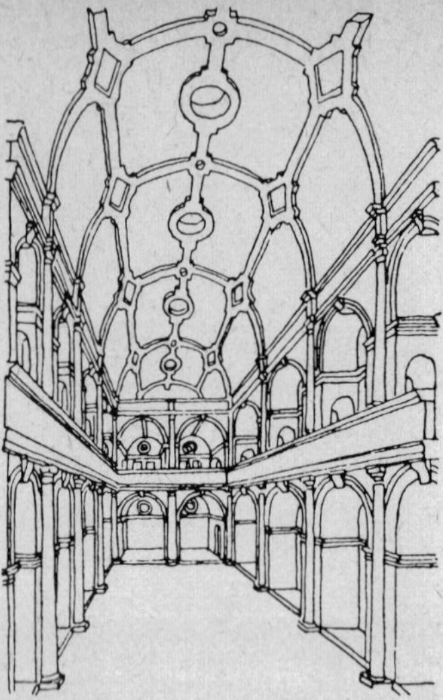

Schloß Augustusburg, Sachsen, 1568—73, von Hieronymus Lotter aus Leipzig, Kapelle von Erhard van der Meer

Nürnberg, Zimmer aus dem Bibraschen Haus

Quedlinburg, Marktstr. 6, 1562, Niedersächsischer Stil

Das Fachwerk war ursprünglich ein Ständerbau (s. S. 129), ihn löst der Rähmbau ab. Bei ihm wird jedes Geschoß für sich zusammengefügt. Die Ständer oder Pfosten werden auf Schwellbalken gestellt und oben mit Rähmbalken verbunden. Auf diesen ruht die Lage der Deckbalken. Ihre meist überstehenden Enden tragen den Schwellbalken des nächsten Geschosses, in sie wurden wieder Ständer eingezapft, die durch mannigfache Verstrebungen seitlich abgestützt wurden.

Gaislingen, Bauhof, Alemannischer Stil

Links: Großheubach, Rathaus, 1611, Fränk. Stil; rechts: Halberstadt, »Stelzfuß«, 1576, im 2. Weltkrieg zerstört

Es gibt unterschiedliche Fachwerkkonstruktionen in Ober-, Mittel- und Niederdeutschland, die nach den alten Verbreitungsgebieten der Stämme als alemannischer, fränkischer und niedersächsischer Fachwerkstil bezeichnet werden.

Im alemannischen Einflußgebiet fallen sofort die weiten Pfostenabstände ins Auge, die bis fünf Meter messen. Sie erklären sich aus der ursprünglichen Gefachfüllung mit waagerechten Bohlen, wie sie sich noch im Schwarzwaldhaus erhalten hat. Die weite Ständerstellung erforderte, die Rähmbalken zu verdoppeln. Die Deckbalken mußten dicht gereiht werden. Die Geschosse kragen etwa einen viertel Meter vor. An den Ständern werden sie von dreieckigen Hölzern, den Knaggen, abgestützt. Als Streben dienen angeblattete Kopf- und Fußbänder. Zwei waagerechte Riegel ermöglichen, Fenster anzubringen. Das weiträumige Balkengefüge gibt den Bauten, wie hier dem Gaislinger Bauhof, ein kraftvolles, monumentales Gepräge.

Da im niedersächsischen Gebiet die Gefache meist mit Backsteinen ausgesetzt wurden, bevorzugte man rechteckige Gefache. Dicht reihen sich die Ständer, die genau auf den Balkenköpfen stehen. So setzen die oberen stets die unteren fort. Die Fenster bilden Reihen, sogenannte Laternen, die oft die ganze Front einnehmen. Die ursprünglichen einfachen oder gekreuzten Winkelbänder ersetzte man in der Renaissance

Heidelberg, Schloß, seit 1689 Ruine, Ott-Heinrichs-Bau, 1556—59; unten: Friedrichsbau, 1601—04 von Schoch

durch Dreieckshölzer und füllte die so entstehenden Felder mit Schnitzereien, zumeist mit Fächermustern, sog. »Sonnen«, aus. Man verzierte selbst Ständer und Schwellen, wobei Schrift- und Flechtbänder beliebt waren. Die niedersächsischen Bauten wirken geschlossen und streng im Aufbau.

Aschaffenburg, Schloß, 1605—14, von Georg Riedinger, im 2. Weltkrieg ausgebrannt, wiederhergestellt

Im fränkischen Einflußgebiet wurden die Gefache zum Teil durch ein Flechtwerk mit Strohlehmbewurf gefüllt. Man mußte deshalb die Gefache klein halten, war aber weniger an regelmäßige Formen gebunden. Die Ständer stehen enger, oft wechseln die Abstände, so daß sich Gruppen bilden und die Ständer nicht immer auf die Deckbalken zu

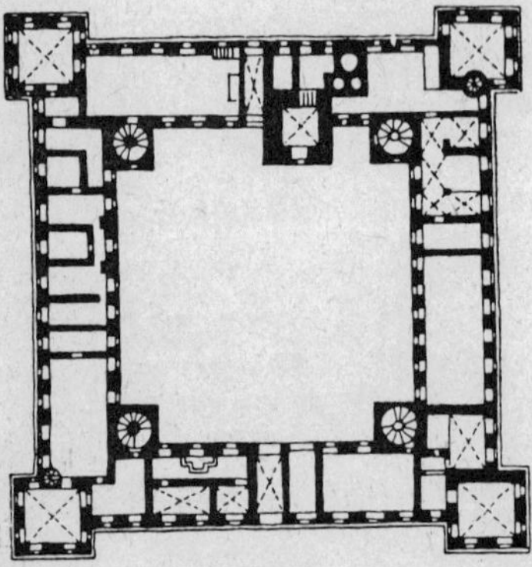

Aschaffenburg, Schloß, Grundriß

Pirna, Niedere Burgstr. 1, 1540

stehen kommen. Oft werden die Balkenköpfe durch ein profiliertes Brett verkleidet, wodurch das Balkengefüge verdeckt wird. Die Streben bilden mannigfache Muster, zumal in den Brüstungsgefachen: Andreaskreuze, Rauten, zum Teil aus geschweiften Hölzern, auch Kreise. Bisweilen durchdringen sie sich gegenseitig. Eine beliebte Figur

Hannoversch-Münden,
Rathausportal, 1605

Säulen von links nach rechts: Roßwein, 1537; Torgau, 1544; Waldenburg, um 1540; Lübeck, 1594

war der »Mann«, auch »wilder Mann« genannt, der am 1. Geschoß des Großheubacher Rathauses gut zu erkennen ist: Zwei lange Streben bilden die gespreizten Beine, zwei Riegel darüber die ausgebreiteten Arme, zwei Kopfstreben, bisweilen in Dreiecksform, den Kopf.

Dadurch erhält das fränkische Fachwerk, das die Geschosse nur wenig ausladen läßt, einen ausgesprochen heiter-malerischen Charakter.

Am Halberstädter Stelzfuß, einem Renaissancebau des niedersächsischen Einflußgebietes, waren Formen des Steinbaus in Holz umgesetzt. Die Brüstungen entlang liefen Pilasterarkaden, deren Kämpfer man aufnageln mußte. Die Brustriegel wurden um die Ständer herumgeführt, »gekröpft«, was ebenfalls der Holzkonstruktion des Fachwerkbaues widerspricht. Die Saumschwellen hatten ein Profil erhalten und waren dadurch zum Gesims geworden.

Seinen Namen verdankte das Haus dem Erker, der auf einem einzigen Holzpfeiler ruhte. Sein Giebel reichte bis zum Dachfirst, während die Schmalseite mit einem Krüppelwalm schloß.

Das Heidelberger Schloß besteht aus mehreren, unregelmäßig um einen Hof gruppierten Bauten, von denen der Ott-Heinrichs-Bau der

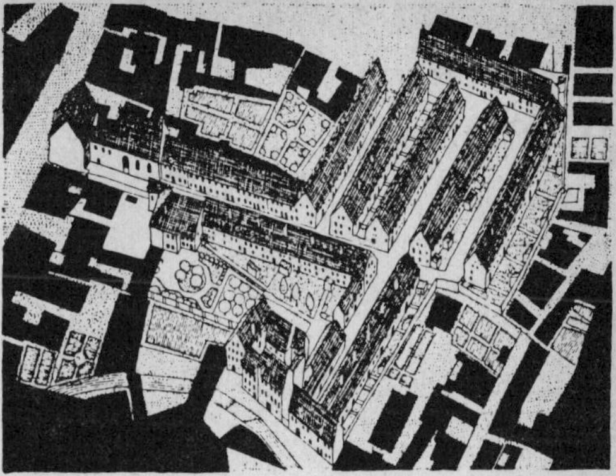

Augsburg, Fuggerei, 1511—25, von Thomas Krebs

Hochrenaissance, der Friedrichsbau der Spätrenaissance angehört. Bei beiden erheben sich über einem Rustikasockel drei Geschosse, die nach oben an Höhe abnehmen. Sie werden durch Pilaster bzw. Halbsäulen gegliedert. Am Ott-Heinrichs-Bau sind sie schlanker und umgreifen Fensterpaare, zwischen denen Statuen in Nischen stehen, am Friedrichsbau sind sie wuchtiger und trennen die einzelnen Fenster.

Das Aschaffenburger Schloß ist im Gegensatz zum Heidelberger ein einheitlicher Bau. Vier gleiche Flügel bilden ein Quadrat, dessen Ecken mit leicht vorspringenden Türmen besetzt sind. Kräftige Gesimse binden die Baukörper zusammen. Die weithin sichtbare Dachzone zeigt vielfältigere Formen verschiedener Dachgaupen und in der Mitte der

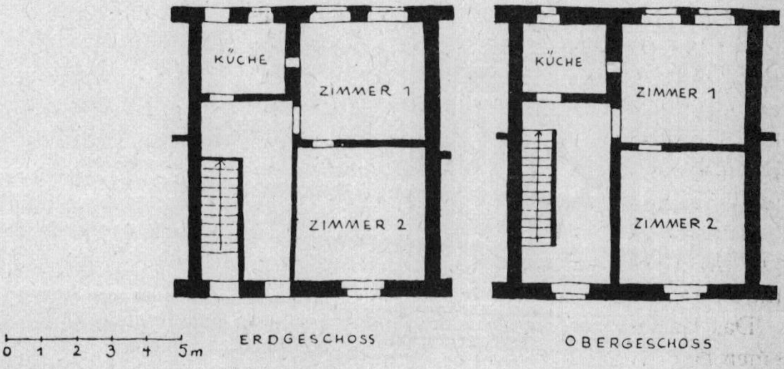

Hanau-Neustadt, Typenhaus, um 1600

Flügel Zwerchgiebel (zwerch = quergestellt) mit Schnörkelwerk. Über Galerien gehen die Türme ins Achteck über und tragen geschwungene Hauben. Nur der Turm, der noch vom alten Schloß stammt, unterbricht die Symmetrie.

Die Eigenart des deutschen Renaissancestils spricht am stärksten aus den neuartigen Schmuckformen, die sich oft in verschwenderischer Fülle über die Bauten und vor allem an den Portalen als Gegenstand besonderer architektonischer Ausgestaltung ausbreiten. An dem Portal des Pirnaer Bürgerhauses sind außer den damals beliebten Sitznischen alle Teile von reichsten Ornamenten übersponnen. Den Türsturz schmücken mehrere Friesbänder und Medaillons mit Köpfen.

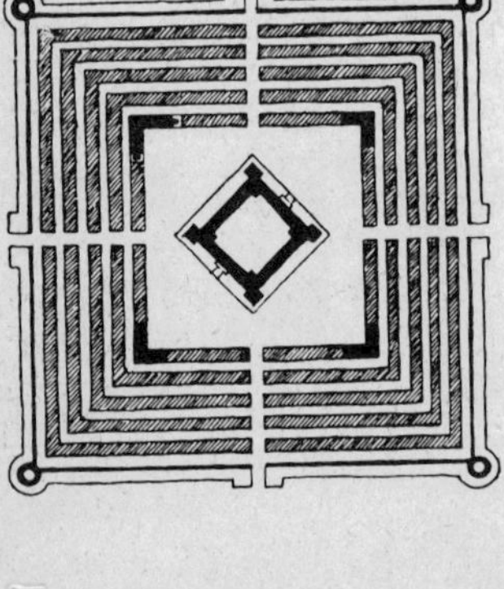

Freudenstadt (Schwarzwald), Stadtplan, Ende 16. Jh., von Heinrich Schickardt

Kolomenskoje, Himmelfahrtskirche

Eine Scheitelkartusche trägt die Hausmarke des Besitzers. Das abgeschrägte Türgewände wird von Pilastern auf Sockeln gerahmt. Groteskendarstellungen füllen die Flächen: aus Schalen steigen symmetrische Ranken mit einer Maske auf. In den Zwickeln ist der Sündenfall wiedergegeben. Über dem verkröpften Gesims grüßt das Brustbild des Erbauers, eines Baumeisters mit Zirkel und Lineal. Seitlich gehen Figuren fantastisch in Blattwerk und Ringelschwanz über.

Zwei Menschenalter später sind, wie das Rathausportal zu Hannoversch-Münden zeigt, an die Stelle des rein flächigen Schmucks kraftvoll vortretende frühbarocke Architekturformen getreten: auf einem Sockel stehen Paare von Freisäulen, ihr Gebälk, der Architrav, lädt weit aus. Auf dem Architrav steht eine Ädikula, ein Aufbau mit Giebeln. Ein Relief zeigt das von Löwen gehaltene Stadtwappen. Seitlich ragen schlanke Obelisken auf. Den Türrahmen zieren Diamantquader, unterbrochen von Löwenköpfen. Geschweift ausgeschnittene flache Bänder in der Art des Beschlagwerks geben dem Ganzen einen bewegten Umriß.

Frei wandelten die Renaissancemeister die Säulenformen des antiken Vorbilds ab.

In der Frühzeit sind die geschwungenen Kandelabersäulen beliebt, die auf oberitalienische, lombardische Vorbilder zurückgehen. Wie an den Kerzenständern, den Kandelabern, wechseln in vielfältiger Gliederung Einbeziehungen und Schwellungen miteinander ab. Alle Teile sind reich verziert.

Moskau,
Wassili-Blashenny-Kathedrale,
erbaut 1555—1560
von Barma und Postnik;
unten: Grundriß

Die stämmige Torgauer Erkersäule beginnt mit einem flach kannelierten Sockel. Sie ist unten ausgebaucht und von einem rosettenartigen Blattkranz umgeben. Am glatten Schaft hängen Fruchtgirlanden an Ringen herab, die Löwenköpfe im Maule halten. Ganz eigenwillig ist das Kapitell gebildet. Weibliche Wesen mit Ringelschwänzen stützen mit ihren Flügelarmen die Deckplatte ab.

Um die Jahrhundertmitte werden die Säulen regelmäßiger, sie kommen zuweilen den klassischen Vorbildern nahe, wie etwa die Doppelsäulen am Turmportal des alten Leipziger Rathauses. Meist bleibt frei-

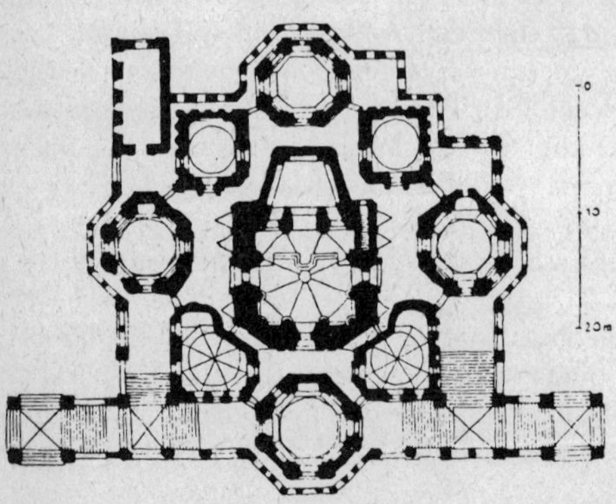

Schloß Chambord (Frankreich, südwestlich Orleans); erbaut 1523—1536 von Pierre Nepveu

lich die Freude am Ornament erhalten. Es überspinnt zum mindesten das untere Drittel, die sogenannte Manschette, oft auch den ganzen Schaft. Am Waldenburger Epitaph hat es die Form der Groteske: In flachem Relief wird dünnes Rankenwerk mit allerhand phantastischen menschlichen und architektonischen Gebilden verbunden.

Am Ende des Jahrhunderts werden die Formen kraftvoll plastisch. In der Kriegsstube des Lübecker Rathauses schnitzte Tönnies Evers d. J. lebensvolle Putten, nackte kleine Knaben in die Säulenmanschetten.

Der reiche Bankier und Kaufmann Jacob Fugger gründete für die Arbeiter in seinen Manufakturen sowie für gering bemittelte katholische Mitbürger eine Siedlung von Miethäusern inmitten der Stadt Augsburg, die sog. »Fuggerei«. Diese Häuser sind heute noch erhalten.

Die »Fuggerei« besteht aus zweigeschossigen Häuserzeilen, die eine in sich geschlossene Einheit mit Kirche, Schule und Spital bilden. Jedes der 52 Häuser enthält zwei übereinander gelegene Wohnungen mit getrennten Zugängen, so daß stets zwei Haustüren nebeneinanderliegen. Die einzelnen Wohnungen haben zwei Zimmer und eine kleine Küche, von deren Herd aus der Stubenofen und ein Wasserbehälter geheizt werden konnte.

Im Jahre 1607 wurde in der Fuggerei dann auch eine Zentralwaschküche errichtet. Allerdings besaß die »Fuggerei« bis in die Gegenwart keinerlei sanitäre Anlagen.

Nové Město (ČSSR), Markt, erbaut im 16. Jahrhundert

Ende des 16. Jahrhunderts gründeten reformierte Niederländer die Neustadt von Hanau als regelmäßige Schachbrettanlage. Die Gebäude am Markt erhielten drei Geschosse, die übrigen zwei oder auch nur eins. Jede Straße zeigte einheitliche Hausformen, deren nüchterne Fronten durch Volutengiebel und Zwerchhäuser belebt wurden. Ein Idealplan für eine Renaissancestadt wurde Ende des 16. Jahrhunderts in Freudenstadt verwirklicht. Um einen weiten quadratischen Platz ziehen sich fünf Häuserzeilen, deren Mitte von je einer Ausfallstraße durchbrochen wird, die zu den vier Toren führt. Ringsum war noch ein doppelter Mauerkranz vorgesehen. Die Mitte des Platzes sollte ein vierflügeliges, übereck gestelltes Schloß beherrschen. Wäre es zur Ausführung gelangt, würde man von jedem Tor aus in der Straßenflucht einen der Ecktürme des Schlosses erblicken. Die öffentlichen Gebäude, Rathaus, Kirche u. a., rückten in die Ecken des Platzes, betonten sie und erhielten die Form eines Winkelbaues.

Anläßlich des endgültigen Sieges über die Tataren ließ Iwan IV. auf dem zentralen Platz der Hauptstadt eine Kathedrale errichten. Die Architektur der Kathedrale entspringt den traditionellen Formen der russischen profanen Holzbaukunst. Die Basis ist ein Kreuz, dessen Arme nach den vier Himmelsrichtungen weisen und an deren Enden sich Turmkirchen befinden. Dazwischen stehen weitere vier niedrigere. Die Mitte des Kreuzes nimmt die sogenannte Pokrowski-Kathedrale ein, die mit ihrem Zeltdachturm das ganze Bauwerk überragt. Hier sind Anlehnungen an die Himmelfahrtskirche in Kolomenskoje zu sehen. Die Kirche wurde außen mit reichem Schmuck ausgestattet, bei dem sich trotz der Fülle kein Motiv wiederholt. In den Augen des Volkes wurde die Kirche, dieses »zu Stein gewordene russische Volksmärchen«, zum Symbol des Triumphes des russischen Volkes.

Wie Freudenstadt als Idealstadt (siehe Seite 158), so kann Schloß Chambord, das sich Franz I. zur Jagd und für prunkende Feste errichten ließ, als Idealschloß angesprochen werden. Mittelpunkt ist der von vier Ecktürmen flankierte, quadratische Hauptbau (wie bei der französischen Burg der Donjon), der »Wohnturm«. An drei Seiten umschließt ihn ein Hof mit gleichfalls runden Ecktürmen, den ursprünglich breite Wassergräben umgaben. Eine verwirrende Fülle von Schornsteinen, Dacherkern und Türmchen geben dem Ganzen ein phantastisches Gepräge. In der Mitte des Hauptbaues erhebt sich eine prunkvolle Laterne, die die Krönung einer achteckigen Wendeltreppe ist.

Besonders charakteristisch für die tschechische Architektur ist der Aufbau der Städte, den der Adel lenkte und der auch das Aussehen der Häuser den Bürgern vorschrieb.

Renaissance

ALLGEMEINE GESCHICHTE

1282	In Florenz entreißen die obersten Zünfte dem Adel die Macht
1347	Petrarca fordert die Einheit Italiens
ab 1400	Aufstieg des Hauses Medici in Florenz
1492	Entdeckung Amerikas durch Kolumbus
1492	Araber verlieren mit Granada den letzten Stützpunkt in Spanien, das damit zur Großmacht aufsteigt
1498	Entdeckung des Seeweges nach Indien durch Vasco da Gama
um 1500	Gründung zahlreicher Bergwerke im Erzgebirge
1505—06	Albrecht Dürers Reise nach Italien
1506	Leonardo da Vinci malt die »Mona Lisa«
1508	Michelangelo beginnt die Ausmalung der Sixtinischen Kapelle
um 1516	Raffael malt die »Sixtinische Madonna«
1516	»Utopia« von Thomas Morus
1517	Luther verkündet 95 Thesen
1519—21	Eroberung Mexikos durch Cortez
1519—22	Erste Weltumsegelung durch Magalhães
1524—25	Großer Deutscher Bauernkrieg
1529	Erste Türkenbelagerung von Wien
1532	Erster gedruckter Messekatalog erscheint in Leipzig
1533	Iwan IV., der Schreckliche, wird Zar von Rußland
1543	Kopernikus veröffentlicht Lehre von der Bewegung der Planeten

ab 1566	Niederländische Erhebungen gegen spanische Fremdherrschaft
1588	Vernichtung der spanischen Armada durch die englische Flotte
1600	Gründung der Englisch-Ostindischen-Kompanie
1601	Kepler wird kaiserlicher Mathematiker in Prag
1604	Shakespeares »Hamlet« in London
1605	»Don Quijote« von Cervantes erscheint
1609	In Straßburg erscheint erste periodische Zeitung Deutschlands
1616	Galileo Galilei wird von der Inquisition verurteilt
1618	Ausbruch des Dreißigjährigen Krieges

BAUGESCHICHTE

1436	Fertigstellung der Domkuppel in Florenz von Brunelleschi
um 1459	Baubeginn Palazzo Pitti, Florenz
1506	Beginn des Neubaus der Peterskirche in Rom durch Bramante
um 1519	Bau der Fuggerei in Augsburg
1527	Baubeginn des französischen Renaissanceschlosses Fontainebleau
1527	Albrecht Dürer veröffentlicht seine Idealstadtentwürfe
1529	Bau des Knochenhauer-Amtshauses in Hildesheim
1533	Baubeginn des Dresdner Schlosses
um 1535	Bau des Schlosses Hartenfels in Torgau
1537	Freitreppe am Görlitzer Rathaus
1537	Bau des Schlosses Gripsholm
1547	Michelangelo übernimmt die Bauleitung der Peterskirche in Rom
1550	Entwurf der Villa Rotonda in Vicenza
1553	Fertigstellung des Fürstenhofes in Wismar
1555	Baubeginn der Wassili-Kathedrale in Moskau
1556	Baubeginn des Rathauses in Leipzig
1558	Baubeginn des Schlosses in Güstrow
1560	Baubeginn des Rathauses in Antwerpen
1564	Fertigstellung des Rathauses in Altenburg
1564	Fertigstellung des Rathauses in Sevilla (Spanien)
1591	Bau des Gewandhauses in Braunschweig
1597	Fertigstellung der St.-Michaels-Hofkirche in München
1599	Gründung der deutschen Idealstadt Freudenstadt
1605	Baubeginn Schloß Aschaffenburg
1607	Fertigstellung des Pellerhauses in Nürnberg
1607	Bau des Hauses »Zum Stockfisch« in Erfurt
1615	Baubeginn des Augsburger Rathauses
1615	Bau der Stadtkirche in Bückeburg
1616	Fertigstellung des Rathauses Paderborn
1616	Baubeginn des »Queen's House« in Greenwich (England)

Die Baukunst des Barocks

In der oberrheinischen Tiefebene zu Füßen des Neckarberglandes legte Markgraf Karl-Wilhelm von Baden-Durlach am 17. Juni 1715 den Grundstein für ein neues Residenzschloß. Während der folgenden Jahre wurde im Anschluß an dieses Schloß die Stadt »Carols-Ruh« planmäßig abgesteckt und bebaut. Bereits am 5. Juli 1717 erhob sie der Markgraf zu seiner Residenzstadt und siedelte mit dem Hofstaat von Durlach nach Karlsruhe über. Durch verschiedene fürstliche Privilegien wurden Ansiedler aus allen Teilen Deutschlands geworben, sich hier niederzulassen. Sie fanden vielfältige Arbeitsmöglichkeiten: 1719 wurde eine Druckerei eröffnet, vier Jahre später eine Porzellanfabrik, und 1734 begann man mit der Tabakverarbeitung. Uhren, Bijouterien, Landkarten und prächtige Karossen stellten die Karlsruher Bürger gegen Ende des 18. Jahrhunderts speziell für den Markgrafen und seinen Hofstaat her.

Die Städtebauer entwarfen für Karlsruhe einen ganz geometrischen Plan, dessen Mittelpunkt das Schloß bildete. Von hier strahlten 32 Radialstraßen gleichmäßig nach allen Seiten aus. Neun von ihnen wurden bebaut und durch Ringstraßen fächerförmig verbunden; die restlichen gliederten einen riesigen Park. Sämtliche Häuser der Stadt wurden nach einheitlichen Plänen errichtet; sogar die Farbgebung war vorgeschrieben. Wie alles in Karlsruhe, hatte sie sich dem Fürstenschloß unterzuordnen. Der Stadtgrundriß glich einer Sonne, in deren strahlender Mitte das Schloß stand.

Ähnliche barocke Stadtanlagen entstanden überall in Deutschland: in Ludwigslust, Ludwigsburg, Rastatt, Arolsen, Oranienbaum bei Dessau und an vielen anderen Stellen. Überall war das Schloß das beherrschende Gebäude. Die überragende gesellschaftliche Vormachtstellung der Fürsten wird in derartigen Projekten deutlich. Der Feudalismus hatte seine letzte Phase erreicht, die Epoche der absoluten Monarchie.

Der Dreißigjährige Krieg, die letzte große Auseinandersetzung zwischen der kaiserlichen Zentralgewalt und den Selbständigkeitsbestrebungen der deutschen Fürsten war vorüber. Die geistlichen und weltlichen Territorialfürsten hatten 1648 ihre volle Souveränität erhalten. Die politische Zersplitterung Deutschlands erreichte damit ihren Höhepunkt. Nur etwa sechs Millionen Menschen hatten den Krieg überlebt; jetzt waren sie die Bewohner von über 300 selbständigen Einzelstaaten. Alle politischen Machtmittel — das Heer, die Verwaltung und die Justiz — lagen in den Händen der Fürsten. Das Bürgertum war durch den Krieg geschwächt; der Druck, der auf den leibeigenen Bauern lastete, verstärkte sich. Nach dem Vorbild des französischen Königs wollten die Fürsten ihre Macht demonstrativ zur Schau stellen; sie bauten glanzvolle Schlösser und wetteiferten untereinander mit der Pracht ihrer Hofhaltungen.

Auf der Grundlage der Landwirtschaft waren die von den Fürsten benötigten Gelder bald nicht mehr zu beschaffen. Deshalb begünstigten die Landesherren die Gründung von Manufakturen. Jeder absolute Herrscher war bestrebt, sein Land möglichst von Importen unabhängig zu machen, statt dessen aber eigene Landesprodukte ins Ausland zu verkaufen. Im Zuge dieser Wirtschaftspolitik, des Merkantilismus, wurden dem Bürgertum neue wirtschaftliche Rechte eingeräumt. Gegen Ende des 18. Jahrhunderts war der »Dritte Stand« derartig erstarkt, daß er eigene politische Machtansprüche stellen konnte. In Paris stürmte das Volk am 14. Juli 1789 die Bastille; die Bourgeoisie übernahm in Frankreich die politische Führung.

Nach dem Dreißigjährigen Krieg wurden in Deutschland zeitgenössische italienische, französische und holländische Bauformen übernommen, die als »barock« bezeichnet wurden. Die Ursache dafür war eine Rekatholisierung und der französische Absolutismus Ludwigs XIV. (1643—1715), in dem die deutschen Territorialfürsten ihr Vorbild sahen. Das Wort »Barock« kommt aus dem Portugiesischen und bedeutet »schiefrund«; es war ursprünglich eine Bezeichnung für unregelmäßige geformte Perlen. Seit dem vorigen Jahrhundert wird dieser Begriff für die europäische Kunst des 17. und 18. Jahrhunderts verwendet. Die zentrale Bauaufgabe in der absoluten Monarchie war das Schloß. Im Gegensatz zu dem um einen Innenhof geschlossenen Renaissancepalais öffnet sich das Barockschloß in Form einer symmetrischen Dreiflügelanlage zur Landschaft. Nach dem Vorbild des Schlosses zu Versailles lag in der Regel vor dem Schloß die Stadt; auf der Rückseite erstreckte sich ein großer, geometrisch aufgeteilter Park. Vom Mittelteil des Schlosses strahlten schnurgerade Alleen aus. Zu einem Schloßkomplex gehörten außerdem Theater und Opernhäuser, Ballhäuser und Marställe, Gartenpavillons und Wohnhäuser für den Hofstaat, entsprechend dem Repräsentations- und Luxusbedürfnis der geistlichen und weltlichen Fürsten und ihres Hofadels. Großartige Leistungen der barocken Baukunst finden sich auch im Kirchenbau. Seit der zweiten Hälfte des 16. Jahrhunderts bemühte sich die katholische Kirche, ihre durch die Reformation verlorengegangenen Positionen zurückzugewinnen. Mit Hilfe des Jesuitenordens konnte der Katholizismus vor allem in Süd- und Westdeutschland wieder Fuß fassen. Sachsen, Hessen, Brandenburg und die Fürstentümer Norddeutschlands blieben protestantisch. Während in den protestantischen Gebieten schlichte Predigtkirchen gebaut wurden, entstanden im Dienste der Gegenreformation prächtige Kirchenbauten und Klöster. Ein ungeheurer Formen- und Farbenreichtum, durch Lichteffekte, Malerei und Plastik verstärkt, wurde dazu aufgeboten.

In den Städten bestimmten die prächtigen Paläste des Adels, der wohlhabenden Manufakturisten und Kaufherren sowie die meist schlichten Wohnhäuser der Handwerker das Bild. Vielfach unterstützten die Fürsten durch Zuschüsse, sogenannte »Baugnaden«, den Ausbau ihrer Residenzstädte und ordneten einheitliche Hausformen und -fassaden an. Ein typisches Beispiel dafür bietet das Holländerviertel in Potsdam.

Zu den wenigen bürgerlichen Gemeinschaftsbauten der Zeit des Absolutismus zählt die Leipziger Börse am Naschmarkt, die sich das reiche Handelsbürgertum im Jahre 1678 errichten ließ. Viele Städte waren auch im 17. und 18. Jahrhundert von gewaltigen Befestigungswerken umgeben. Seit 1658 wurde zum Beispiel die brandenburgische Hauptstadt Berlin zur Festung ausgebaut. Der niederländische Baumeister Johann Gregor Memhard (geb. um 1615) überwachte die Bauarbeiten. Schon 1734 war die Residenzstadt des bedeutendsten norddeutschen Staates weit über den Festungsgürtel hinausgewachsen, so daß die Wälle wieder abgetragen werden mußten. Die meisten großen Städte aber blieben bis zum Anfang des 19. Jahrhunderts befestigt.

Die barocken Bauten zeichnen sich durch einen vielfältigen Formen- und Farbenreichtum aus. Im Gegensatz zur Renaissance mußte sich im Barock — dem fürstlichen Absolutismus entsprechend — wieder jedes architektonische Detail dem Ganzen unterordnen. Am Beispiel des Kronentores im Dresdner Zwinger zeigt sich, daß die Individualität der Einzelformen zugunsten der Wirkung des Gesamtbauwerkes verschwindet. Für die Barockarchitektur sind stark profilierte Fassaden mit ausladenden, oft geknickten Gesimsen, mit gewaltigen, über mehrere Geschosse reichenden Säulen, Halbsäulen und Pfeilern und mit üppigem plastischem Schmuck bezeichnend. Oft sind die Gebäudefronten sogar konkav oder konvex geschwungen und geben dadurch dem Baukörper Bewegung und Rhythmus. Verbunden mit effektvollen Lichtführungen wurden die gleichen Gestaltungsmittel auch in der Raumkunst genutzt. Durch Decken- und Wandmalerei sowie reichen plastischen Schmuck wurden die Innenräume optisch aufgelöst; ihre Begrenzungen sind unklar, die Decke scheint sich zum

Himmel zu öffnen. Man glaubt, bis in die Wolken zu sehen. Die Verbindung der Architektur mit Malerei und Skulptur erreichte in der Barockkunst ihre höchste Vollendung. Die theatralische Wirkung und das übertriebene Pathos der barocken Architektur entsprachen dem sinnenfreudigen, prunkvollen Leben an den Fürstenhöfen.

Infolge der politischen Zersplitterung wies die Barockbaukunst in Deutschland mannigfache regionale Unterschiede auf. So spricht man vom bayerischen, fränkischen, sächsischen und norddeutschen Barock. Während im katholischen Süddeutschland vor allem italienische Einflüsse nachzuweisen sind, herrschen nördlich der Linie Köln—Berlin strengere niederländische Bauformen vor. Zentrum des nüchternen, zum Klassizismus neigenden norddeutschen Barock war Berlin. In den Monumentalbauten an der Straße Unter den Linden — dem Zeughaus, dem Gebäude der jetzigen Humboldt-Universität, der Oper und der Hedwigskirche — wird diese Strömung deutlich.

Eine Spätform des Barocks war das Rokoko, eine besonders im Kunsthandwerk hervortretende Stilperiode, die sich in Deutschland zwischen 1730 und 1760 zu seiner höchsten Blüte entfaltete. Der Name dieses Stils leitete sich von dem asymmetrisch muschelförmig geschwungenen Rocaille-Ornament ab. Seit der Mitte des 18. Jahrhunderts zogen sich die Fürsten aus den repräsentativen Barockschlössern in kleine »private« Parkschlößchen zurück. In intimen Räumen gedachten sie die letzten Jahre ihrer Herrschaft zu genießen. Friedrich II. von Preußen ließ sich das Parkschloß »Sanssouci« bauen, »ohne Sorgen« wollte er darin leben. Phantasievoller Formenreichtum von

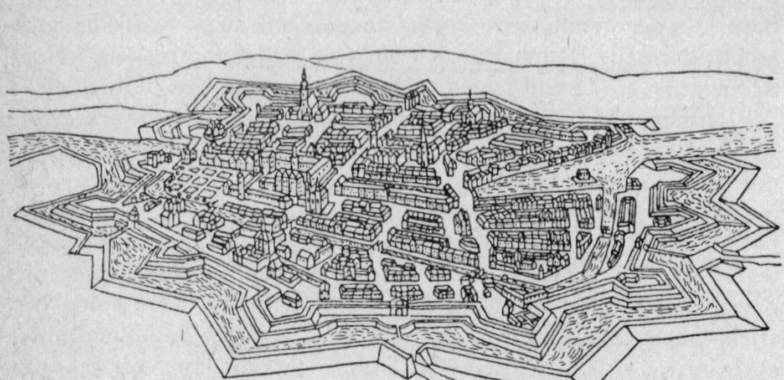

Berlin, Ende 17. Jahrhundert

Dresden, Kronentor des Zwingers, 1719, von M. D. Pöppelmann

höchster Feinheit und Eleganz zeichnet die Schöpfungen des Rokokos aus. Diesem Stil entsprach auch die Mode, fremdländische Architekturformen zu übernehmen. Das chinesische Teehaus im Park von Sanssouci und die Nachbildung antiker Gebäudeteile auf dem Potsdamer Ruinenberg machen diese Neigung deutlich.

Durch französische und italienische Einflüsse begünstigt, fand der Rokokostil besonders in Süddeutschland, vor allem in Bayern und dem Salzburger Land, aber auch in Franken eine starke Ausprägung. Herausragende Beispiele dafür sind die fränkische Wallfahrtskirche Vierzehnheiligen (von Balthasar Neumann, 1743—72) und die Amalienburg, eines der Gartenschlößchen im Park von Schloß Nymphenburg/München (von François Cuvilliés, 1734—39) sowie die Wieskirche bei Steingaden (von Dominikus Zimmermann, Bruder von Joh. Baptist, 1745—54).

Die Fortschritte der Bautechnik waren zur Zeit des Barocks eigentlich recht gering. »Mehr scheinen als sein« war die Ideologie der Fürsten. Sie fand auch in der Baukunst ihren Niederschlag. Oft versuchte man mit billigen Mitteln möglichst imponierende Wirkungen zu erzie-

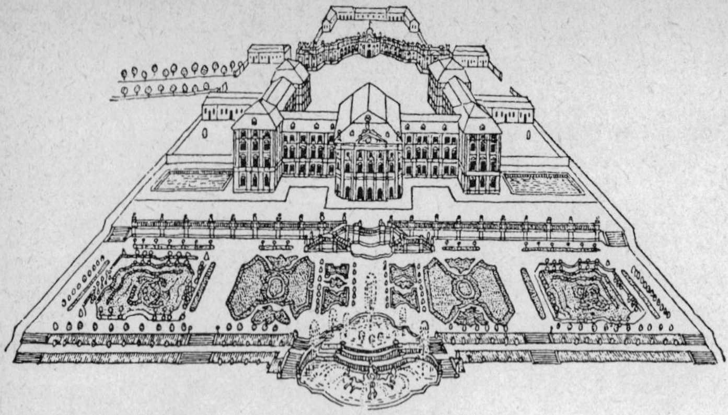

Pommersfelden, Schloß Weißenstein

len. Marmor und edle Metalle wurden teilweise durch entsprechend gestrichenes Holz und vergoldeten Stuck ersetzt. Das 1748 erbaute Opernhaus in Bayreuth war ein Holzbau. Auch Teile des Dresdner Zwingers bestanden ursprünglich aus Holz. Der sächsische Kurfürst August der Starke (1694—1733) ließ diesen hofartigen Gebäudekomplex als Orangerie und Stätte glänzender Hoffeste errichten. Für eine Prinzenhochzeit im Jahre 1719 mußte er in kürzester Bauzeit vollendet werden.

Die Barockbaumeister entwarfen jedoch oft bedenkenlos gewagte Konstruktionen für die Überwölbung großer Räume. Das 18 m breite und 32 m lange Treppenhaus des Würzburger Residenzschlosses wurde von Balthasar Neumann (1687—1753) mit einem Muldengewölbe überdeckt. Die Last der fast 100 m hohen Sandsteinkuppel der Dresdener Frauenkirche wurde von acht überbeanspruchten Pfeilern getragen. Derartige Fehlkonstruktionen führten vielfach zu Katastrophen. In Berlin stürzten der 110 m hohe Turm der Petrikirche und der von Andreas Schlüter (1664—1714) errichtete Münzturm ein. Im Jahre 1742 untersuchten drei Mathematiker die Kuppel der Peterskirche in Rom und stellten auch hier mangelnde Sicherheit fest. Durch den Architekten Vanvitelli (1700—1773) wurden daraufhin zur Sicherung der Kuppel fünf zusätzliche eiserne Zugringe eingebaut. Erstmalig wurden damit im 18. Jahrhundert theoretisch-mathematische Berechnungen in der Baupraxis wirksam. Die ersten Tabellen mit Ergebnis-

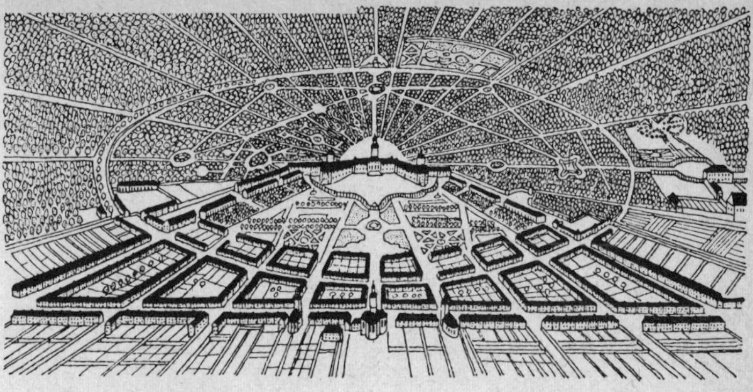

Karlsruhe, Stadtanlage, begonnen 1715 von Milit.-Ing. Jacob Friedrich von Betzendorf, nach altem Stich

sen von Biegungs- und Bruchversuchen an Baumaterialien wurden publiziert.

Bis etwa zum Jahre 1700 waren vorwiegend ausländische Barockarchitekten in Deutschland tätig: Italiener in Süddeutschland, Holländer im protestantischen Norden. Erst seit dem Beginn des 18. Jahrhunderts nahm die Zahl der deutschen Baumeister zu. Zum größten Teil waren sie bürgerlicher Herkunft. Sie begannen ihre Laufbahn als Handwerker oder Offiziere und vervollkommneten ihr Wissen während der praktischen Arbeit auf der Baustelle. Trotz ihrer Fähigkeiten und Kenntnisse waren sie den Launen der Fürsten, denen sie dienten, voll ausgesetzt. Während Bernhard Fischer von Erlach (1656—1723) und Johann Lukas von Hildebrandt (1668—1745) durch einen Adelstitel geehrt wurden, fielen Andreas Schlüter, Balthasar Neumann, Georg Wenzeslaus von Knobelsdorff (1699—1753), Karl von Gontard (1731 bis 1791) u. a. m. bei ihren Auftraggebern zeitweise in Ungnade, weil sie die Bevormundung ablehnten.

Auf den Baustellen wurden hörige Bauern zu Transport- und Erdarbeiten gezwungen. Die Poliere, Maurer, Zimmerleute, Stukkateure usw. waren dagegen freie Lohnarbeiter, die die Baustellen nach Belieben wählen konnten. Beim überstürzten Bau des Dresdener Zwingers kam es infolge erzwungener Nachtschichten und unpünktlicher Lohnzahlungen bereits zu Arbeitsniederlegungen, die der Baumeister Matthäus Daniel Pöppelmann (1662—1736) unterstützte. Vielfach wurden

Pommersfelden, Schloß Weißenstein, 1711—18, Treppenhaus, Galerien von Lukas von Hildebrandt

auch ausländische Bauarbeiter beschäftigt. Der Name der Gaststätte »Italienisches Dörfchen« in Dresden erinnert noch heute an den Wohnsitz italienischer Handwerker, die am Bau der Hofkirche beteiligt waren. Größere Bauvorhaben wurden bereits an freie Unternehmer vergeben. Staatliche Baubeamte arbeiteten Bauordnungen aus, kontrollierten Entwürfe und überwachten die Baustellen. Mit dem Barock ging eine Jahrhunderte währende Entwicklung zu Ende. Der höfische Adel trat als Bauherr in den Hintergrund. Seit dem 19. Jahrhun-

Potsdam, Schloß Sanssouci, 1745—47 nach Skizzen Friedrichs II. von Georg Wenzeslaus von Knobelsdorff, Plastiken der Gartenfassade von Friedrich Christian Glume; Innenraum in Sanssouci

dert entstanden die bedeutendsten Bauwerke im Auftrage des Bürgertums, das die ökonomische und ideologische Führung übernommen hatte.

Schlösser des Barocks sind Mittelpunkte weiträumiger Anlagen, die das Luxusbedürfnis der absolutistischen Fürsten zur Schau stellen und ihre Macht repräsentieren. Die Eingangsseite öffnet sich vielfach als »cour d'honneur« oder Ehrenhof, oft von den zwei Seitenflügeln des Schlosses gerahmt. Auf der Rückseite setzt sich das Bauwerk in einem

Wallfahrtskirche auf dem Schönenberg über der Stadt Ellwangen, 1682 von Michael und Christian Thumb, 1702 nach Beschädigung durch Blitzschlag erneuert

ausgedehnten, architektonisch gestalteten Park fort. Nur in seltenen Fällen, wie in Herrenhausen bei Hannover oder auch in Schleißheim bei München, ist er in ursprünglicher Form erhalten. Viele wurden später zu Landschaftsgärten, zu sogenannten »Englischen Gärten« umgestaltet (Schloß Nymphenburg). Alte Stiche vermitteln uns noch ein Bild dieser barocken Schloßanlagen, so der Plan für Pommersfelden, der allerdings nur teilweise zur Ausführung gelangte. Das Schloß Weißenstein ließ sich der Fürstbischof von Bamberg, Lothar Franz von Schönborn, der gleichzeitig Kurfürst von Mainz war, 1711—18 von Johann Dientzenhofer als Sommer- und Ruhesitz errichten.

Die drei Schloßflügel in Pommersfelden werden von Eckpavillons eingefaßt. Weit springt der reich verzierte Mittelbau mit dem Festsaal vor, dem das Treppenhaus im gleichen Baukörper vorgelagert ist. Der

Klosterkirche Banz,
1710—18 von Johann Dientzenhofer

Zisterzienserkirche
Krzeszów/Grüssau
(VR Polen), 1728—35
von Anton Jentsch,
nach Entwurf
von Kilian Ignaz
Dientzenhofer

Weingarten bei Ravensburg, Benediktiner-Klosterkirche, 1715—22 von Franz Beer, vornehmlich nach Entwürfen Caspar Moosbruggers, ab 1717 von Donate Giuseppe Frisoni, Länge 110 m, Kuppelhöhe 49 m

Garten davor zieht sich in vier breiten Terrassen den sanft abfallenden Hang hinab. Er entfaltet sich symmetrisch zu der die ganze Anlage beherrschenden Mittelachse. Die erste Terrasse stützt eine Mauer ab, auf deren Balustraden im Wechsel Vasen und musizierende Putten stehen. Von hier überschaut man das Zierparterre, zu dem doppelläufige Treppen hinabführen. Seine arabeskenartigen Pflanzenornamente erinnern an eine Stickerei, weshalb es auch Broderie-Parterre genannt wird. Rasenböschungen leiten zur zweiten Terrasse über, in deren Mit-

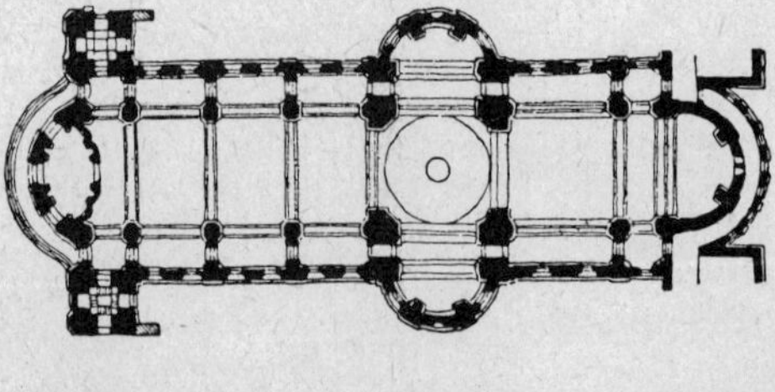

Neresheim, südwestl. von Nördlingen, Klosterkirche, 1750—92 von Joh. Balt. Neumann, nach dessen Tod 1753 vollendet von Joh. Baptist Wiedemann, Länge 83 m, Breite 35,5 m, Höhe 30 m

te eine prächtige Wassertreppe mit Gruppen von Fontänen liegt. In drei Kaskaden rauscht das Wasser herab, seitlich von Treppen begrenzt. Im unteren Becken sprengt uns das Dreigespann Neptuns entgegen, von zwei hornblasenden Tritonen begleitet. Kleine Waldstücke mit hohen, glattgeschnittenen Laubwänden erwarten jetzt den Besucher.

Hochwüchsige Heckenwände, sogenannte »Bosketts«, umgeben auch die gepflegten Rasenflächen der nächsten Terrasse. Die Anlagen

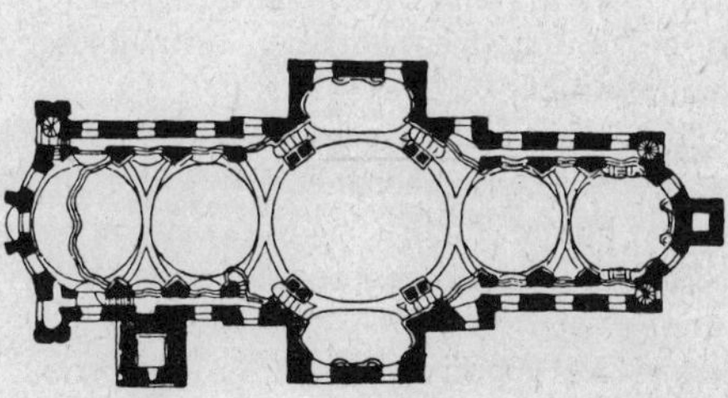

Dresden, Frauenkirche, 1726—43, von Ratszimmermeister George Bähr, ab 1738 von J. G. Schmidt vollendet, Höhe 95 m, lichte Weite der Kuppel 23,5 m, Febr. 1945 ausgebrannt und eingestürzt

klingen in zwei großen rechteckigen Weihern aus, die rings von Buchsbaumobelisken gesäumt werden. Der Mittelweg stößt auf einen Pavillon, Ende der Hauptachse und von Anfang an Blickpunkt. So reiht sich, von der Gartenarchitektur gebildet, Raum an Raum wie im Schloß, für pompöse Festlichkeiten, für den raffinierten Lebensgenuß der herrschenden Klasse bestimmt. In festlicher Pracht leuchteten im Grün vergoldete Vasen, weißer Marmor, bunte Kiese und farbige Statuen. Garten und Marstall entwarf der kurmainzische Hofarchitekt Maximilian von Welsch.

Barockstädte sind in ihrer Anlage und in ihrer architektonischen Gestaltung dem Schloß untergeordnet. Die Schloßanlage ist Ende und Höhepunkt dieser Städte. Eindrucksvolles Beispiel hierfür ist die 1715 von einem badischen Fürsten gegründete, im Radialsystem angelegte Stadt Karlsruhe.

Beherrschender Mittelpunkt ist der große, runde, frei stehende

Dresden, Kathedrale, 1739—46 von Gaetano Chiaveri, der 83 m hohe Turm 1754 vollendet, Gesamtlänge 93 m, 1945 ausgebrannt, wiederaufgebaut

Schloßturm. Von ihm strahlen gleichmäßig nach allen Seiten 32 Straßen radial aus. Sie durchdringen im Norden als schnurgerade Schneisen den Forst. Nur die neun südlichen Straßen, die genau einen Viertelkreisausschnitt der kreisförmigen Anlage umfassen, bilden den ursprünglichen Stadtkern. Die Seitenflügel des Schlosses bilden einen Ehrenhof. An ihn schließt sich ein ausgedehnter Schloßgarten an, schiebt sich trennend zwischen den Sitz des Fürsten und die Wohnung der Untertanen. Den keilförmigen Park begrenzen seitlich die Küchengebäude, Marställe und Orangerien. Südlich umgibt ihn ein Kranz von gleichförmigen Häusern mit Laubengängen, die dem Adel und den Hofbeamten vorbehalten sind. Weiterhin folgen die Wohnungen der Bürger. Die Radialstraßen werden nun von geraden ostwestlichen Querverbindungen geschnitten. An der ersten, der Querstraße, einer vielbefahrenen Landstraße, stehen drei Kirchen und bilden den Blickpunkt für die mittleren Radien.

Berlin, Zeughaus, 1695 begonnen von Joh. Arnold Nering, 1698 von Martin Grünberg und Andreas Schlüter weitergeführt, 1699 bis 1706 von Jean de Bodt vollendet, ausgebrannt, wiederaufgebaut

Kernstück fast aller deutschen Barockschlösser sind ihre gewaltigen Treppenhäuser, sie bilden den festlichen Rahmen für Fürsteneinzug und Gästeempfang. Selbst auf einem Landsitz wie Schloß Pommersfelden übertraf die »Stiege«, das Treppenhaus, den Festsaal weit an Größe. Stolz nennt sie der Bauherr sein Meisterstück. Sie nimmt die volle, drei Stockwerke umfassende Höhe des Mittelbaues ein. Rings-um laufen Galerien, gleichsam Logen für die Zuschauer des fürstlichen

Potsdam, Kulturhaus (ehem. Rathaus), 1753 von J. Boumann, 1945 ausgebrannt, wiederhergestellt

Rechte Seite: Bayreuth, Markgräfliches Opernhaus, 1744—48, Innenausstattung von Giuseppe Galli-Bibiena (1696—1756)

Berlin, Deutsche Staatsoper, 1741—43 von Knobelsdorff, 1945 zerstört, 1955 wiederaufgebaut

Einzugs. Als Stützen wechseln Säulen mit Säulenpaaren, denen im obersten Geschoß Pfeiler mit Hermen entsprechen. An dem Spiegelgewölbe, bei dem seitliche Wölbungen zu einer flachen Decke, dem Spiegel, überleiten, scheint sich ein Himmel mit mythologischen Gestalten zu öffnen. Die breite doppelläufige Treppe führt über zwei Ruhepodeste hinauf zum Marmorsaal. Mit jedem Schritt erlebt man aufsteigend den kostbar ausstaffierten Innenraum. Prunkvolle Vasen und Putten-

Potsdam, Typenhäuser im Holländischen Viertel, erbaut 1738—42 unter König Friedrich Wilhelm I.

paare mit Laternen schmücken das Geländer. Zwischen Treppenarmen führen Stufen zum Grottensaal, der sich zum Garten hin öffnet.

Gegenüber den weitläufigen, vor allem der Repräsentation dienenden Barockschlössern trägt Schloß Sanssouci bereits intimeren Charakter. Der langgestreckte einstöckige Bau liegt auf einer Anhöhe, deren steiler Hang in sechs Terrassen mit verglasten Treibhäusern gestuft ist. Die Mitte des Schlosses bildet ein querovaler Saal, der von einer verkupferten Kuppel überdeckt ist. Paare von Nymphen- und

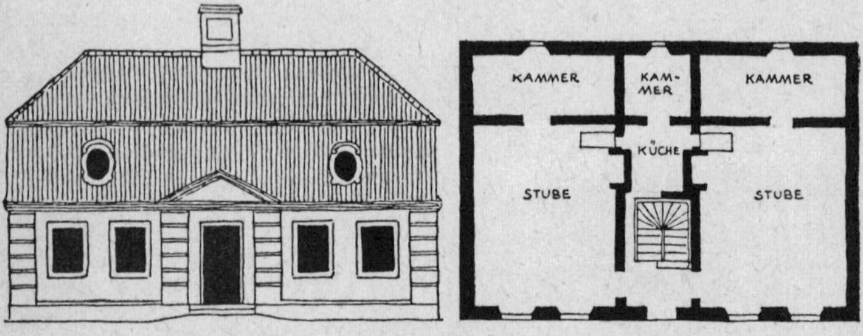

Preußisches Typenhaus für Manufakturisten, 1774; rechte Seite: Würzburg, »Haus zum Falken«, neue Fassade 1751. Schwer beschädigt, unter weitgehender Ergänzung des Stucks wiederhergestellt

Leipzig, Haus des Bürgermeisters Romanus, Brühl, Ecke Katharinenstraße, 1701—04 von Fuchs

Hermenpilastern tragen das Außengesims und geben der Gartenfassade etwas Heiter-Beschwingtes. Die Fassade der Hofseite wird durch korinthische Doppelpilaster gegliedert und von einer im Halbkreis anschwingenden Kolonnade mit gekuppelten korinthischen Säulen umgeben.

Im Inneren überspinnen reich bewegte, zackig ausstrahlende Rokokoornamente Wände und Decken. Gitterformen und bizarres Muschelwerk, sog. »Rokaillen«, wechseln mit phantasievollen Naturnach-

Zamość (Polen), Rathaus, erbaut 1639—1651

bildungen. Spiegelfelder lösen die Wand auf und täuschen eine Ausweitung des Raumes ins Unendliche vor.

Die drei Doppelturmfassaden lassen die Entwicklungsphasen des Barockstils erkennen. Die hoch über der Stadt Ellwangen gelegene Kirche des Schönenbergs, die die Gebrüder Thumb aus dem Vorarlberg schufen, zeigt noch einen klaren kubischen Aufbau. Türme und Mittelteil sind voneinander geschieden, mächtige Gesimsbänder trennen die Geschosse. An den Türmen leiten Giebel zum Achteck der obersten Geschosse über.

Weit bewegter in ihrer architektonischen Gestaltung ist die Kloster-

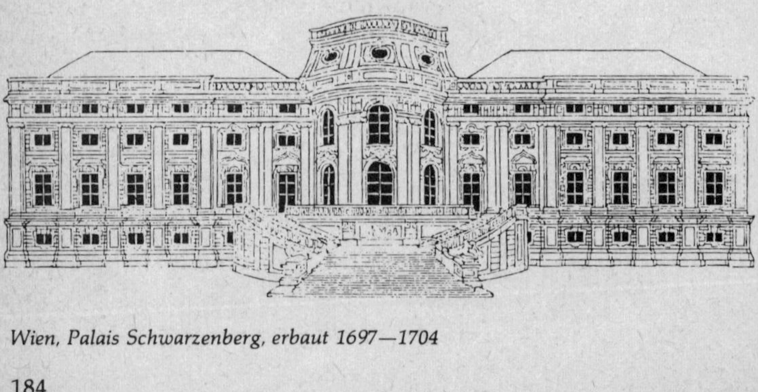

Wien, Palais Schwarzenberg, erbaut 1697—1704

kirche Banz, die gegenüber der Wallfahrtskirche Vierzehnheiligen vom hohen Mainufer weit in die Lande blickt. Ihr Mittelteil wölbt sich hervor, geschwungene Treppen führen zu ihrem Portal. Das Gurtgesims wird von einem Segmentgiebel überhöht, dessen Verkröpfungen die Halbsäulen ins Obergeschoß weiterleiten. Die Mittelfenster überragen die seitlichen. Die Bewegung klingt in der Mitte über einer Balustrade in Statuen aus. Sie wird seitlich von den achtseitigen Turmgeschossen mit ihren Eckobelisken fortgeführt und gipfelt in bauchigen Hauben.

Die Fassade der Klosterkirche in Krzeszów (Polen) zeigt ganz ausgeprägt den Charakter der Spätstufe des Barocks, in der alle Teile zu einer Einheit verschmolzen sind. Die beiden unteren Geschosse bilden einen geschlossenen Baublock. Die Mitte wölbt sich vor, während ihr Oberteil einwärts schwingt. Ebenso sind die Seiten eingezogen, sie bereiten damit die Türme vor. Durch ihre abgeschrägten Ecken verschmelzen die Seiten. Gleich den Wänden schwingen auch die kräftigen, zum Teil gebrochenen Gesimse sowie die Kapitellbänder ständig vor und zurück. Das Stockwerkgesims steigt überdies wellenförmig auf und ab, das obere wird von Giebeln überhöht.

Die charakteristischen Turmhelme dieser spätbarocken Klosterkirche sind ganz aus Stein gemeißelt. Riesenvoluten leiten zu kleineren abschließenden Steinkuppeln über. Einige Bauteile werden noch durch Statuengruppen besonders betont, außerdem beleben Putten auf dem Gurtgesims, die Blätter der Kapitelle und die Akanthuswedel auf den Helmvoluten die architektonischen Formen. »Trotz der stürmischen Bewegung bleibt der Eindruck übersichtlich und hoch monumental« (Dehio).

Die Barockbaumeister suchen in ihren Kirchen Richtungs- und Zentralbau zu vereinen. In der Klosterkirche zu Weingarten wird die Mitte des Langhauses von einer monumentalen Kuppel beherrscht. Eine Fülle von Licht strömt durch die Fenster des Tambours und die Laterne des Scheitels ein. Schiff und Chor halten sich in der Raumwirkung einander die Waage, den drei Jochen des Schiffes entsprechen im Chor ein großes quadratisches und ein schmaleres Joch. Zwischen eingezogenen Strebepfeilern sind Emporen eingebaut. Die Wandpfeiler sind durchbrochen und wirken so wie Freipfeiler. Zwischen Gurten mit Stuckornamenten spannen sich flache Hängekuppeln mit illusionistischen Malereien, die mit gemalten Architekturen die gebaute fortsetzen.

Die schweren, körperhaften Formen des hochbarocken Baues in Weingarten sind im spätbarocken Bau von Neresheim dynamischen, kompliziert bewegten gewichen. Sieben ovale Kuppelräume schwingen gegeneinander. Machtvoll dominiert wiederum der Mittelraum, seine längsovale Flachkuppel ruht auf vier kräftigen, gekuppelten Freisäulen. Schiff und Chor sind jeweils aus zwei Querovalen gebildet. Seitlich weiten Längsovale den Mittelraum aus. Hohe Postamente bestimmen den kurvenreichen Grundriß. In der Höhe spiegeln ihn die stark ausladenden Kämpfergesimse wider. Die Pfeiler sind vor die glatten Außenwände getreten und geben einem Umgang mit Emporen Raum. Dem Raum blieb die zugehörige Rokokodekoration versagt.

Nachdem der sächsische Kurfürst für seine Hoffestlichkeiten den prächtigen Zwinger hatte erbauen lassen, entschloß sich die nach dem wirtschaftlichen Aufschwung in Sachsen wohlhabend gewordene Bürgerschaft zum Neubau ihrer baufälligen spätgotischen Frauenkirche. Beauftragt wurde damit der im Dienst des Rates der Stadt stehende Baumeister George Bähr, der sich bereits an einigen Kirchenbauten bewährt hatte. Er schuf eine protestantische Predigtkirche in der Form eines überkuppelten Zentralbaues. Ein runder Innenraum war einem Quadrat eingeschrieben, die abgeschrägten Ecken bargen die Treppenhäuser. Acht schlanke, durch Bogen verbundene Pfeiler trugen die raumabschließende innere Kuppel, eine runde Öffnung gab den Blick in die steilere Hauptkuppel frei. Durch die ringsum vor- und zurückschwingenden Emporen faßte die Kirche 3600 Sitzplätze. Die östliche Chornische enthielt einen hochragenden Aufbau mit Altar und Orgel. — In langem Kampf setzte Bähr seinen Plan durch, den ganzen Bau, auch die Kuppel, in Sandsteinquadern zu errichten. Schlicht war der Unterbau, vorspringende Mittel- und Eckrisalite gliederten ihn. Die hohen Fenster fing ein ausladendes Dachgesims ab; bewegt durch die wechselnden Giebel, vermittelte es zum Oberbau. Ecktürmchen steigerten die Wucht der Kuppel. Die starre Zylinderform des Tambours war durch einen einwärts geschwungenen Anlauf, einen Kuppelhals, ersetzt worden, der sich über einem Ringgesims in der ovalgereckten zweischaligen Kuppel fortsetzte. Bähr wollte sie in einem Obelisk ausklingen lassen. Nach seinem Tode erhielt sie statt dessen den offenen Baldachin.

Da die protestantische Bürgerschaft den Konfessionswechsel ihres Herrschers keineswegs billigte, andererseits August der Starke jedoch aus ökonomischen Gründen der Bürgerschaft ihren lutherischen Glauben beließ, wagte erst der Sohn August des Starken den Bau einer katholischen Hofkirche in Dresden. Als Baumeister berief er Chiaveri aus Rom, dessen Steinmetzen und Bildhauer im »Italienischen Dörfchen« wohnten. Um das lange Hauptschiff und seine runden Schmalseiten führt ein Umgang für Prozessionen, die hier nur im Kircheninne-

Leningrad, Fassade eines Musterhauses für »wohlhabende« Leute von Trezzini

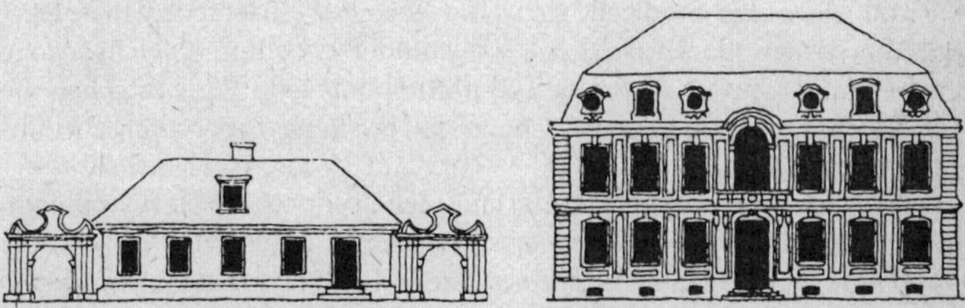

Leningrad, Fassaden von Musterhäusern für »gemeine« und »vornehme« Leute, entworfen 1714

ren stattfinden konnten. Darüber befinden sich die für den Hof bestimmten Emporen. Das Hauptschiff wird von halbhohen Seitenschiffen und ovalen Kapellenräumen begleitet. Der ovale Grundriß des Südostturms löst sich über dem Dach in Säulenstellungen auf und geht zuletzt ins Rund über. Seine wechselnden Ansichten ergeben mit den Statuenkränzen auf Balustraden, die die flach geneigten Dächer verdecken, eine einprägsame Silhouette.

Das Berliner Zeughaus ist ein bezeichnendes Beispiel für die strengere klassizistische Richtung im Barock. Vier gleichgeformte flachgedeckte Flügel umgeben einen quadratischen Hof. Nur wenig treten die Mittelrisalite mit ihren freistehenden Säulen und dem Nischenportal hervor. Die Seitenrisalite werden erst in den lebhaften Kartuschen spürbar. Ganz ähnlich reihen sich am Potsdamer Rathaus die Säulen, die kraftvoll über zwei Geschosse greifen. Sie stützen ein glatt durchlaufendes Gebälk. Erst das niedrige Attikageschoß wird durch frei stehende Statuen und eine Kartusche aufgelockert. Darüber erhebt sich ein Rundbau, der von einem Herkules gekrönt wird.

Zu den Höhepunkten pomphafter fürstlicher Feste zählt die Oper. Für sie errichtete man eigene Häuser, von denen als einziges noch das

Bayreuther erhalten ist. Die üppigen Dekorationen an Wand und Decke und den Brüstungen der Ränge in Gold und Ocker auf Schieferblau erstrahlten einst im matten Kerzenschimmer.

Knobelsdorffs Opernhaus ist nicht mehr Gebäudeteil des Schlosses, sondern steht ganz im Sinne der bürgerlichen Aufklärung frei in der Stadt. Der schlichte Rechteckblock ist von ausgeglichenem Ebenmaß. Treppen führen zu einer monumentalen Tempelfront, Statuen stehen in schmucklosen Nischen.

Für holländische Einwanderer entstand in Potsdam im Stil ihrer Heimat ein neuer Stadtteil. Er ist mit seinen Häuserzeilen in unverputztem rotem Backstein noch vollständig erhalten. Gleichförmige Giebel, mit Voluten oder zum Teil plattem Abschluß, beherrschen die Straßenfronten und geben ihnen ein geschlossenes, aber auch eintöniges Gepräge.

Das Manufakturistenhaus, das auf Geheiß Friedrich II. für Einwanderer entworfen wurde, war der städtischen Umgebung angepaßt. Es hatte eine Quadergliederung, einen Giebel über dem Eingang sowie ein Mansardendach mit ovalen Fenstern. Von der gemeinsamen Küche aus wurden die Stubenöfen geheizt, sie standen an der Wand der Kammer, die so auch Wärme erhielt.

Das Romanus-Haus ist ein reich gegliedertes bürgerliches Stadtpalais. Risalite mit Dacherkern betonen die Mitte. Die lange Brühlfassade erhält durch vier Kolossalpilaster ein besonderes Gewicht. Vortretende Rustikalpfeiler säumen die Portale. An der Ecke springt auf Rustikasäulen ein zweigeschossiger Erker vor. Glatter Putz wechselt mit Quaderung. Entsprechend abgestufter plastischer Schmuck in schweren Formen läßt die Gliederung noch mehr hervortreten.

Ganz anders wirkt das Würzburger »Haus zum Falken« aus der Endphase des Barocks. Gleichmäßig überspielt tändelnd ein phantastisches Rokokoornament die gesamte Front und die rahmenden Pilaster, umrankt die Fenster und breitet sich über die Zwerchgiebel aus. Kaum merklich betonen eine Statue und der Giebel die Mitte.

Die in den Jahren 1581—85 planmäßig angelegte Stadt Zamośč erhielt im 17. Jahrhundert ihr repräsentatives Rathaus. Eine doppelläufige, breit ausschwingende Treppe führt zum Haupteingang im beherrschenden Turm. Auf den hohen quadratischen Unterbau mit den kräftigen Eckpfeilern folgen zwei Achteckgeschosse mit einem Umgang sowie als Bekrönung die sehr bewegte, schlanke, von einer Laterne unterbrochene Dachhaube. Zum Turm kontrastiert die mit Pilasterpaaren und Gesimsen gegliederte Fassade, die mit einer Attika, einer Schauwand abschließt, wie sie für die polnische Renaissance-Baukunst ty-

Von links nach rechts: Dresden, Wilsdruffer Straße 15, 1678; Dresden, Taschenberg-Palais, 1706—08; Dresden, Rampische Gasse 7, 1715; Leipzig, Neumarkt 12, vor 1720; Dresden, Landhausstraße 4, 1763; Wies, Wallfahrtskirche, 1746—54; Würzburg, Residenzschloß; Dresden; Straßburg, Anfang 18. Jh.

pisch war. Sie verbirgt das versenkte Dach und schützt es zugleich bei Bränden.

Das Wiener Gartenpalais, das später Fürst Schwarzenberg erwarb und ausbauen ließ, wird von zwei seitlichen Flügelbauten eingefaßt, die einen Ehrenhof bilden. Der Mittelteil tritt hinter der Einfahrtshalle zurück und springt dafür an der Gartenseite halbrund vor. Er enthält einen kuppelüberwölbten Marmorsaal. An ihn schließen sich seitlich sechsachsige, von Pilastern gegliederte Flügel an. Über dem Hauptgesims verdeckt eine Attika teilweise die Dächer, ihr Mauerkranz erhöht sich über dem Mittelpavillon mit eleganter Krümmung.

Schon sehr früh begann man in Rußland mit typisierten Elementen zu bauen, da einerseits durch Brandkatastrophen, andererseits durch das rasche Wachstum der Städte ein erhöhter Bedarf an vorgefertigten Wohnhäusern bestand. So gab es in Moskau im 16. und 17. Jahrhundert einen Verkaufsmarkt für fertige Häuser, auf dem die Häuser besichtigt werden konnten und die dann nach dem Verkauf auseinandergenommen und abtransportiert wurden.

Als 1712 Petersburg die Hauptstadt des Russischen Reiches wurde, war eine mehr oder minder überstürzte Übersiedlung Tausender von Menschen aller sozialen Schichten die Folge. Um hier ein bauliches Chaos zu verhindern, übernahm auf Anordnung Peters I. der Staat die Planung und Anlage der Kais und Straßen. Er schlug ferner den Siedlern Musterhäuser vor, um die damals sehr knappen Arbeitskräfte und Baumaterialien zu sparen. Domenico Trezzini entwarf für die Bebauung der Wassili-Insel zwei eingeschossige Holzhäuser für »gemeine« und »wohlhabende« Leute und ein zweigeschossiges Steinhaus für den Adel und die reichsten Kaufleute.

Bei der Ausführung der Bauten wurden die zweigeschossigen Bauten an das Südufer der Insel, die Ansichtsseite der Stadt von der Newa aus, gestellt, während die eingeschossigen Holzhäuser nur im Innern der Insel errichtet werden durften.

Die Details am Bau, wie etwa Fenster und Dachgaupen, zeigen anschaulich die Entwicklung innerhalb des Barockstils. In der Renaissancezeit erhielten die Fenster oft einen Giebel in Form eines Dreiecks oder eines Segments. Zunächst werden diese durch Vasen und Figuren gesprengt. Später kommen geschweifte Giebelschrägen auf. Auch kehrt man die Segmentbögen um, so daß sie sich nach außen wölben. — Schließlich bilden gebrochene und geschwungene Linien einen Wellengiebel. — Die anfängliche klare Struktur schwindet immer mehr und endet schließlich im zierlichen Formenspiel des Rokokos, das aus einzelnen, züngelnden Gegenschwüngen besteht, die die Symmetrie durchbrechen. — Jetzt werden sogar ganze Fenstergruppen zu einem einzigen Ornament zusammengefaßt. Das Fenster ist kein für sich bestehender Teil mehr, es geht ganz im Gesamtbild der Fassade auf. So wird aus einer Summe selbständiger Teile ein fließendes einheitliches Ganzes.

Für eine Zeit, die Treppenhäuser zu prunkvollen, der Schaustellung des Hofstaates dienenden Festräumen gestaltete, mußte auch das Treppengeländer erhöhte Bedeutung gewinnen. — Die Stützen, die Balu-

Pommersfelden, Schloß Weißenstein, 1711—18
Salzburg, Schloß Mirabell, 1726 von Lucas v. Hildebrandt und Georg Raphael Donner
Amorbach (Odenwald), Marienmünster um 1747, Kanzelgeländer von Josef Anton Feichtmayr

ster, reihen sich dichter und erhalten kraftvolle Formen. Ihr ursprünglich horizontales Profil wird im Treppenhaus von Schloß Weißenstein in Pommersfelden schräg, wird vom Aufwärtsschwung mit ergriffen.

Im Schloß Mirabell bildet das Treppengeländer wogende, sich überschlagende Wellen, von denen Putten in die Höhe gehoben werden. Das Geländer ist zu einem Geflecht aus steigenden und fallenden Voluten geworden.

Die massiven Formen von Schloß Mirabell in Salzburg sind am Kanzelgeländer des Marienmünsters in Amorbach einem schäumenden Formengekräusel gewichen. Phantastische Gebilde, pflanzliche, mineralische, zwischen ihnen einzelne Köpfe, verschlingen sich untereinander. Alles geht beschwingt und graziös ineinander über.

Barock

ALLGEMEINE GESCHICHTE

1643—1715 Regierungszeit Ludwigs XIV. in Frankreich
1648 Westfälischer Frieden beendet den Dreißigjährigen Krieg
1668 Der »Abenteuerliche Simplizissimus« von Grimmelshausen erscheint
1682 Gründung »Groß-Friedrichsburg«, erste preußische Kolonial-Niederlassung in Westafrika
1683 2. Belagerung Wiens durch die Türken
1684 Isaak Newton veröffentlicht das Gravitationsgesetz
1685 Beginn der Hugenottenverfolgung in Frankreich
1689 Beginn der bürgerlichen Revolution in England
1697 Kurfürst August der Starke von Sachsen erwirbt die polnische Königskrone
1700 Leibniz gründet die Akademie der Wissenschaften in Berlin
1723 Johann Sebastian Bach wird Thomaskantor in Leipzig
1740 Erster Stahlguß in England
1742 Uraufführung des Oratoriums »Messias« von Händel
1751 Diderot gibt die große französische Enzyklopädie heraus
1755 Gründung der Universität in Moskau durch Lomonossow
1762 Rousseau veröffentlicht seinen »Gesellschaftsvertrag«
1764 Erfindung der Spinnmaschine
1770 James Cook landet an der Ostküste Australiens
1774 Goethes Roman »Leiden des jungen Werther« erscheint
1776 Unabhängigkeitserklärung der USA
1781 Kants »Kritik der reinen Vernunft« erscheint
1782 James Watt erfindet die Dampfmaschine
1782 Uraufführung von Schillers »Räuber« in Mannheim
1786 Erfindung des mechanischen Webstuhls
1786 Uraufführung der Mozart-Oper »Figaros Hochzeit«
1789 Ausbruch der bürgerlichen Revolution in Frankreich

BAUGESCHICHTE

1658 Berlin wird zur Festung ausgebaut
1667 Bau der Kolonnaden vor der Peterskirche in Rom von Bernini
1671 Beginn der Anlage des Nymphenburger Parkes bei München
1678 Bau der Börse auf dem Naschmarkt in Leipzig
1683 Gründung der Stadt Oranienbaum
1690 Fertigstellung Schloß Versailles bei Paris
1695 Baubeginn des Zeughauses in Berlin
1695 Baubeginn des Schlosses Charlottenburg
1695 Baubeginn Schloß Schönbrunn in Wien
1703 Zar Peter I. gründet die Stadt Petersburg (Leningrad)

1709	Beginn der regelmäßigen Stadtanlage Ludwigsburg
1710	Fertigstellung der St.-Pauls-Kathedrale in London
1710	Baubeginn der Klosterkirche Banz
1711	Baubeginn des Schlosses Weißenstein in Pommersfelden
1715	Gründung der Stadt Karlsruhe
1719	Baubeginn der Würzburger Residenz
1720	Baubeginn des Lustschlosses Pillnitz
1721—23	Bau von Schloß Belvedere in Wien
1732	Baubeginn der St.-Niklas-Kirche auf der Prager Kleinseite
1734—39	Bau der Amalienburg im Nymphenburger Schloßpark
1743	Fertigstellung des Knobelsdorffschen Opernhauses in Berlin
1743	Baubeginn der Wallfahrtskirche Vierzehnheiligen
1743	Fertigstellung der Frauenkirche Dresden
1745	Neubau der Klosterkirche in Neresheim
1745	Baubeginn am Schloß Sanssouci in Potsdam
1746	Fertigstellung der Hofkirche in Dresden
1754	Fertigstellung der Wallfahrtskirche in der Wies
1754	Bau des chinesischen Teehauses im Park von Sanssouci
1762	Fertigstellung des Winterpalais in Petersburg (Leningrad)
1791	Gründung der USA-Hauptstadt Washington

Die Baukunst im Kapitalismus

Vom Klassizismus bis zur historisierenden Baukunst der Gründerjahre

Noch um 1800 war Berlin eine ruhige Residenzstadt mit etwa 150 000 Einwohnern; um 1900 lebten in der Hauptstadt des deutschen Kaiserreiches schon fast zwei Millionen Menschen. Die Stadtfläche hatte sich verfünffacht. Daneben gab es um 1890 bereits 26 deutsche Städte mit mehr als 100 000 Einwohnern. In diesem sprunghaften Wachstum der Großstädte zeigt sich der mächtige ökonomische Aufschwung im Zeitalter des Kapitalismus.

Der wichtigste Produktionszweig war nicht mehr die Landwirtschaft, sondern die Industrie. Maschinen lösten die Handarbeit ab; in den Städten entstanden Fabriken. Die besitzlosen Arbeiter mußten ihre Arbeitskraft den Fabrikherren verkaufen. Zu Hunderten und Tausenden zogen sie — auf dem Lande existenzlos geworden — in die Städte, in die Nähe der Fabriken. Von 24 Millionen Deutschen lebten im Jahre 1816 achtzehn Millionen auf dem Lande und nur sechs Millionen in den Städten. Knapp hundert Jahre später hatte Deutschland 68 Millionen Einwohner. In den Dörfern wohnten 26 Millionen, während die Stadtbevölkerung auf 42 Millionen angewachsen war, sich also versiebenfacht hatte. Jeder fünfte Deutsche lebte 1910 in einer Großstadt.

Für diese Menschen mußten neue Wohnviertel gebaut werden. Eine dem Umfang nach bis dahin einzigartige Bautätigkeit war die Folge. Durch den ständig wachsenden Bedarf an Wohnungen stiegen die Grundstücks- und Mietpreise und damit die Profite der privaten Boden- und Hausbesitzer. Eng zusammengedrängt mußten die Arbeiter mit ihren Familien in lichtlosen, vielgeschossigen Mietskasernen leben. Staatliche Bauordnungen waren nicht vorhanden oder unzureichend. Die Größe eines Berliner Hinterhofes richtete sich nach dem Wenderadius der Feuerspritze, der 5,50 × 5,50 m betrug. Die Angehörigen der herrschenden Klasse, die Fabrikherren, Bankiers, Haus- und Grundstücksbesitzer hingegen zogen in die Vororte und bewohnten dort ihre Villen mit großen Gärten.

Uneinheitlich ist das architektonische Bild dieser Städte. Die verschiedensten Stilrichtungen lösten während des 19. Jahrhunderts einander ab oder wurden sogar gleichzeitig von ein und demselben Architekten vertreten. Das Bürgertum, das in der Gotik und Renaissance so großartige selbständige bauliche Leistungen vollbracht hatte, griff seit dem Ende des 18. Jahrhunderts auf die Stile der Vergangenheit zurück. Von der griechischen Antike, über die Gotik, die italienische und deutsche Renaissance bis zum Barock wurden alle historischen Bauformen nachgeahmt.

In der zweiten Hälfte des 18. Jahrhunderts war das ökonomisch erstarkende Bürgertum Träger der klassischen deutschen Dichtung und Philosophie. Es suchte nach einem neuen architektonischen Ideal, um es der niedergehenden Kunst des Absolutismus entgegenzustellen. Der Traum der bürgerlichen Aufklärung von einem demokratischen Staat und die Schriften des Archäologen Johann Joachim Winckelmann (1717—1768) führten zur Wiederverwendung der architektonischen Formen der griechischen Sklavenhalterdemokratie, zum Klassizismus. In ihm spiegelte sich ähnlich wie in der Renaissance der bürgerliche Individualismus wider. So begannen jetzt die Einzelformen wieder ein Eigenleben zu führen. Das kommt an den beiden übereinander angeordneten Dreiecksgiebeln des Berliner Schauspielhauses ebenso zum Ausdruck wie bei den isolierten Plastiken an der Fassade der Münchner Glyptothek. Der Klassizismus wurde in Deutschland von 1770 bis 1830 der vorherrschende Baustil. Er fand besonders beim Bau zahlreicher Museen und Theater Verwendung. Diese Gebäudegattungen entsprechen dem durch die Aufklärung verstärkten Wunsch des Bürgertums nach allseitiger Bildung. Auch die sogenannten »aufgeklärten«, verbürgerlichten deutschen Duodezfürsten bedienten sich klassizistischer Architekturformen. In ihren Hauptstädten, zum Beispiel in Berlin, München und Karlsruhe, finden sich viele klassizistische Bauten und auch die besten Leistungen des klassizistischen Städtebaus.

Daneben hatte der Adel schon im 18. Jahrhundert eine Neigung zur Aufnahme fremder Architekturformen, wie das chinesische Teehaus im Park von Sanssouci beweist. Während einerseits der Adel infolge seiner Verbürgerlichung klassizistische Architekturformen anwandte, begann er andererseits infolge englischer Einflüsse die Gotik wieder zu beleben. Feudale Bauherren ließen sich Schlösser und Gartenhäuser in englischer Gotik errichten. Schon ab 1773 baute Georg Christoph Hesekiel (1732—1818) ein »gotisches Haus« für den Fürsten von Anhalt-Dessau im Wörlitzer Park.

Aber auch das Bürgertum vertrat nach den Befreiungskriegen vielfach die neugotische Architektur. Seine Forderung nach nationaler Einheit verband sich häufig mit einem phantastischen Traum von »Glanz und Größe« des deutschen Mittelalters. In der Literatur zeigt sich diese Tendenz in der Romantik. In der Wiederbelebung gotischer Bauformen sah man nationale und christliche Traditionen im Gegensatz zur »heidnischen Antike«. Selbst von K. F. Schinkel (1781—1841), dem bedeutendsten klassizistischen Architekten Deutschlands, kennen wir neugotische Entwürfe und Bauten.

Seit 1830 sah die liberale deutsche Bourgeoisie im Bürgerkönigtum Frankreichs seine politischen Ziele verwirklicht. Von dort übernahm es eine schon unter Napoleon I. hervorgetretene Stilrichtung, die italienische Renaissance. Mit dieser Architektur, die für die italienischen Stadtrepubliken charakteristisch gewesen war, glaubte es, seine eigenen Ideen ausdrücken zu können. Der Architekt Gottfried Semper (1803—1879) war ein Hauptvertreter dieser Richtung. Doch die politische Macht des feudalen Grundbesitzes im offenen Kampf zu brechen, gelang weder damals in der Revolution von 1848 noch in den darauffolgenden Jahrzehnten. Die deutsche Bourgeoisie übte Verrat an der Revolution und wählte den Weg der Kompromisse mit der Feudalklasse und deren Staatsapparat. Damit verblaßte auch der politische Inhalt dieser von ihr bevorzugten Architekturformen. Schließlich wurde die italienische Renaissance der bevorzugte Stil für Staatsbauten. Die feudalen Hofkreise des 1871 gegründeten deutschen Kaiserreiches benutzten sie zu einer immer aufwendigeren architektonischen Repräsentation. Die Betonung äußerlicher dekorativer Formen erreichte in den Jahren zwischen 1871 und 1895 ihren Höhepunkt.

Daneben suchten nach 1871 Teile des deutschen Bürgertums eine spezifisch bürgerliche Form für ihre Bauten. Unter dem Einfluß des damals herrschenden Nationalismus bevorzugten sie die deutsche Renaissance. In Anlehnung an die Formen deutscher Rat- und Patrizierhäuser des 16. Jahrhunderts errichtete vor allem das mittlere Bürgertum seine Wohn- und Vereinshäuser, seine Kirchen, Rathäuser und Schulen. Auch eine Pflege historischer Stadtbilder als Kulturleistungen des Bürgertums in der Vergangenheit setzte ein. Überall in Deutschland wurden die erhaltenen Baudenkmale inventarisiert und restauriert.

Um die Jahrhundertwende wurden schließlich auch die Architekturformen des 18. Jahrhunderts kopiert. Hauptvertreter dieser Neuauflage des Barocks war u. a. der Hofarchitekt Kaiser Wilhelms II., Ernst von Ihne (1848—1917). Zahlreiche Schlösser und Landsitze des Hochadels sowie Staatsbauten in Berlin wurden von ihm errichtet, unter anderem das Bode-Museum, die Staatsbibliothek und der Marstall.

Das 19. Jahrhundert fand nach dem Klassizismus keine eigenen Architekturformen mehr, sondern die der Vergangenheit wurden kopiert. Darin spiegelten sich mehr oder weniger deutlich die dauernden Auseinandersetzungen und Kompromisse zwischen Adel und Bürger-

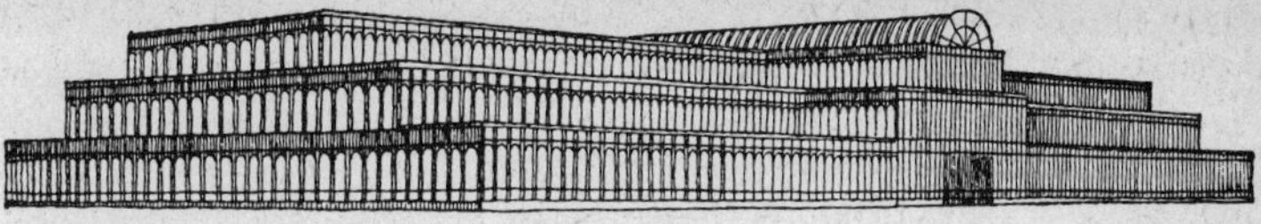

London, Kristallpalast, 1851, von Joseph Paxton

tum wider. Am Ende des Jahrhunderts hatte die Bourgeoisie ökonomisch und politisch die Macht errungen. Sie hatte sich mit der Feudalklasse verbündet und sich deren Staatsapparat unterworfen. Dieses Bündnis verschärfte die aggressive Politik des entstehenden deutschen Imperialismus, der nach einer gewaltsamen Neuaufteilung der Welt strebte. Die deutsche Industrieproduktion stieg von 1800 bis 1900 um das Fünfzigfache. Aus Deutschland, dem politisch zerrissenen Agrarland, war ein hochentwickelter Industriestaat geworden, der zu den mächtigsten der Welt zählte.

Dieser ökonomische Aufschwung hatte naturgemäß Auswirkungen auf die Bautechnik. Neben Holz und Stein standen erstmals neue Baustoffe in ausreichender Menge zur Verfügung: Eisen, Zement und Beton.

Infolge der schnellen Entwicklung des Hüttenwesens wurde das Eisen im 19. Jahrhundert für bestimmte Bauaufgaben zum wichtigsten Baumaterial. Besonders für Bauwerke, die mit der Entwicklung der Produktivkräfte neu aufkamen und keine historischen Vorbilder hatten, fand es Verwendung: für Eisenbahnbrücken, weitgespannte Ausstellungs- und Bahnhofshallen, für Kuppeln öffentlicher Gebäude und für den Industriebau.

Im Jahre 1824 wurde der Zement erfunden, der aus Kalkstein und Ton hergestellt wird und mit Wasser zu einem Brei verrührt zu einer festen steinartigen Masse erstarrt. Setzt man diesem Brei Sand und Kies zu, wird er zu Beton und kann in jede beliebige Form gegossen werden. Wie jeder Stein nimmt Beton zwar hohe Druckkräfte auf, zerbricht aber leicht. Dieser Mangel wurde durch die Erfindung des Stahlbetons behoben: eingelegte Stahlstäbe erhöhen die Bruchfestigkeit der Betonmasse. Der französische Gärtner Joseph Monier (1823 bis 1906) wandte als einer der ersten dieses Verfahren 1867 zur Herstellung von Blumenkübeln an. Im Bauwesen wurde der Stahlbeton erst während der letzten beiden Jahrzehnte des 19. Jahrhunderts verwendet.

Der industrielle Aufschwung führte auch zur Herstellung einer Vielzahl neuer Baustoffe und -elemente. Papiertapeten, große Spiegelglasscheiben, neue Fußbodenbeläge wie Linoleum usw. kamen in den Handel. Dazu kam die Entwicklung der Haustechnik: Druckwasserleitungen und Kanalisation, Gaslicht und Gasherde, Badewannen und Wasserklosetts, elektrische Leitungen, Telefone und elektrische Klingeln, Zentralheizungen und Blitzableiter galt es einzubauen.

Für die äußere Gestaltung der Bauten wurden die verschiedensten Fassadenteile, Säulen, Gesimse, Fensterrahmungen und anderer plastischer Schmuck massenweise von der Industrie produziert und konnten nach Katalogen bestellt werden. Dabei wurde oft minderwertiges Baumaterial verwendet.

Die Anwendung von Eisen und Stahlbeton gab den Architekten und Ingenieuren neue konstruktive Möglichkeiten. Man begann mit der Vorfertigung bestimmter Bauelemente, die auf der Baustelle nur noch mit Hebezeugen versetzt zu werden brauchten. In großem Umfang wandte man diese sogenannte »Montagebauweise« erstmalig 1851 auf der Weltausstellung in London an. Dort wurde eine große Halle aus Eisen und Glas aus vorgefertigten Einzelteilen zusammengesetzt. Verschiedene englische Walzwerke lieferten die eisernen Gerüstelemente. Der Entwurf zu diesem sogenannten »Kristallpalast« stammte von dem Gartenarchitekten Joseph Paxton (1801—1865), der Anregungen aus dem Gewächshausbau verwertet hatte.

Neben eisernen Hallen- und Brückenbauten entstand im Jahre 1889 auf der Pariser Weltausstellung ein 300 Meter hoher eiserner Turm nach einem Entwurf des französischen Ingenieurs Gustave Eiffel (1832—1923). Dieser Eiffelturm wurde das Wahrzeichen von Paris. Für seinen Bau wurden etwa 700 Konstruktions- und 3000 Werkzeichnungen angefertigt. Er besteht aus 12 000 Eisenteilen, die durch 2,5 Millionen Nieten zusammengehalten werden. Etwa 200 Montagearbeiter errichteten ihn in 21 Monaten. Von derartigen Ingenieurbauten gingen neue ästhetische Vorstellungen und Erfahrungen aus, die um die Jahrhundertwende zu einer künstlerischen Erneuerung des Bauens führen sollten.

Mit den beiden neuen Baustoffen Eisen und Stahlbeton war auch der Übergang vom schweren Massiv- zum leichten Gerippebau möglich. Nahmen beim Massivbau die Wände die statischen Lasten auf, so trug jetzt — ähnlich der Konstruktion gotischer Kathedralen — nur ein Gerüst, ein Skelett aus Stahl oder Stahlbeton. Die Wände selbst konnten aus leichten Baustoffen oder sogar aus Glas hergestellt werden. Durch die Anwendung des Stahlskelettbaus konnten in den USA,

Paris, Eiffelturm, 1889, von Gustave Eiffel

besonders in Chicago, schon in den 80er und 90er Jahren vielgeschossige Hochhäuser, sogenannte »Wolkenkratzer«, gebaut werden, die mitunter eine Höhe bis zu 70 Stockwerken erreichten.

Die meisten neuen Konstruktionen wurden in den ökonomisch besonders fortgeschrittenen Ländern Frankreich, England und USA entwickelt. Deutschland holte diesen Vorsprung erst gegen Ende des 19. Jahrhunderts auf.

Der Beamtenarchitekt, vom Staat oder einer Stadt beschäftigt und besoldet, wurde im 19. Jahrhundert in zunehmendem Maße durch den selbständigen Privatarchitekten verdrängt. Der Aufträgen nachjagende, akademisch ausgebildete »freie« Künstler ist ein typisches Produkt des Kapitalismus.

Die Entwicklung zum kapitalistischen Großbetrieb machte sich in der zweiten Hälfte des 19. Jahrhunderts auch im Baugewerbe bemerkbar. In Berlin beschäftigte 1840 ein Maurermeister durchschnittlich 19 Arbeitskräfte; im Jahre 1907 waren es 57. Vielfach entstanden große Baufirmen, die neben eigenen Architekten die verschiedensten Facharbeiter beschäftigten und die ihnen übertragenen Bauaufgaben in »Generalentreprise« schlüsselfertig dem Auftraggeber übergaben. Auf den Baustellen selbst änderte sich das Bild nur wenig; weiterhin überwog die Handarbeit. Baumaschinen wurden erst seit dem 20. Jahrhundert eingesetzt. Nur für das Versetzen großer Eisenteile, zum Beispiel beim Brückenbau, gab es schon Kräne, und zum Mischen des Betons verwendete man rotierende Trommeln. Die Arbeit der Bauarbeiter war schwer und ihr Verdienst gering.

Berlin, Brandenburger Tor, erbaut 1788—92 von Carl Gotthard Langhans

Der Klassizismus griff auf Bauformen der griechischen Antike zurück. Seine Merkmale waren Klarheit der Kontur, Anwendung der Säule als tragendes und nicht nur schmückendes Element, Vorherrschaft der horizontalen Linien, Betonung der Mitte und Ablehnung aller Kurven und Schnörkel. Das Brandenburger Triumphtor wurde als Abschluß der Prachtstraße »Unter den Linden« 1788—1792 von Carl Gotthard Langhans (1732—1808) erbaut. Sechs dorische Säulenpaare mit Scheidewänden tragen das Gebälk und eine Stufenattika. Bekrönt wird das Tor durch ein Viergespann von Gottfried Schadow (1764—1850), das 1806 als Siegestrophäe von Napoleon nach Paris

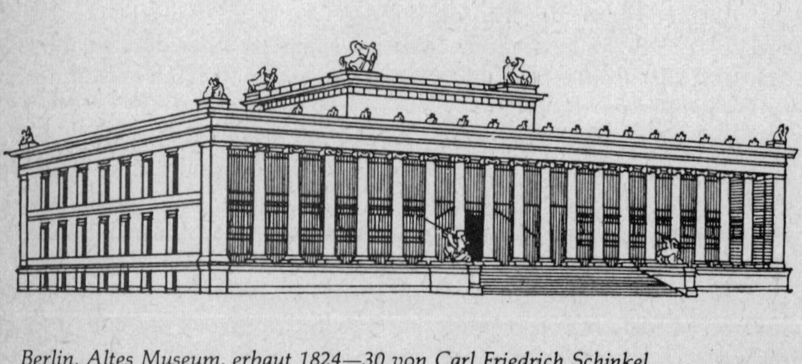

Berlin, Altes Museum, erbaut 1824—30 von Carl Friedrich Schinkel

Theaterbauentwurf von Friedrich Gilly, 1800

entführt und 1814 nach Berlin zurückgebracht wurde. Nach Zerstörungen im 2. Weltkrieg wurde das Brandenburger Tor, das Wahrzeichen Berlins, mit einem Kostenaufwand von 2,2 Millionen Mark restauriert. Die gleiche klare Säulenordnung findet sich auch am Alten Museum in Berlin. Der langgestreckte Bau bildet den Nordabschluß des Lustgartens, des zur Zeit der Erbauung repräsentativsten Platzes der Stadt.

Im Jahre 1800 fertigte Friedrich Gilly (1772—1800) einen Entwurf für ein neues Schauspielhaus in Berlin an. Der Architekt war durch eine Frankreichreise stark von den kubisch-geometrischen Formen der

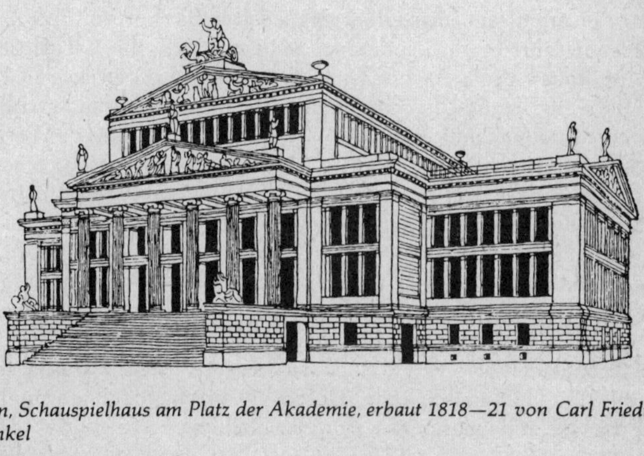

Berlin, Schauspielhaus am Platz der Akademie, erbaut 1818—21 von Carl Friedrich Schinkel

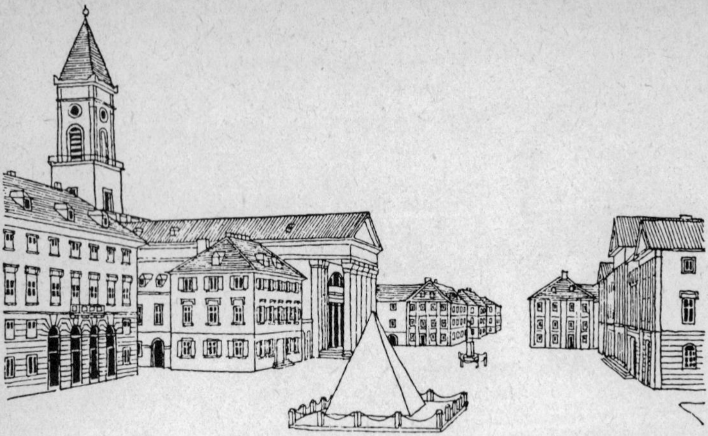

Karlsruhe, Marktplatz, angelegt zu Beginn des 19. Jahrhunderts

französischen Revolutionsarchitektur beeinflußt. Er plante ein Volkstheater, dessen rangloser Zuschauerraum gleich dem eines antiken Amphitheaters kreisförmig sein sollte. Die Verwirklichung eines derartig »demokratischen« Projektes war aber in Preußen unmöglich. Erst 1818—21 wurde von Schinkel ein neues Schauspielhaus in Berlin errichtet. Er verließ die bisher im Theaterbau übliche Kastenform und ordnete die einzelnen Bauteile ihrer inneren Funktion entsprechend an; es entstand ein meisterhaft gegliederter Baukörper. Eine breite Freitreppe führt zu einer ionischen Säulenvorhalle mit Giebeldreieck empor, hinter der sich, wiederum durch einen Dreiecksgiebel geschmückt, der Hauptbau mit Zuschauerraum und Bühne anschließt. Das zerstörte Gebäude wird im Zuge der Neugestaltung des Berliner Stadtzentrums wiederaufgebaut.

Die Leistungen des klassizistischen Städtebaus erkennt man am besten in den Erweiterungen der deutschen Residenzstädte nach 1800. In der badischen Hauptstadt Karlsruhe wuchs die Einwohnerzahl von etwa 8000 im Jahre 1800 auf 16 000 um 1820. Neue Wohngebiete mußten an die strahlenförmig angelegte Barockstadt organisch angegliedert werden. Die Pläne schuf der badische Oberbaudirektor Friedrich Weinbrenner (1766—1826), einer der bedeutendsten klassizistischen Architekten Süddeutschlands. Durch entsprechende Bauordnungen und finanzielle Bauzuschüsse, zu deren Zahlung der Fürst bis 1818 in

München, Karolinenplatz, angelegt zu Beginn des 19. Jahrhunderts

der Lage war, konnte wie beim absolutistischen Städtebau eine weitgehend einheitliche Bebauung erzwungen werden. Höhepunkt der städtebaulichen Gestaltung war die Anlage einer Triumphstraße im Zuge der Hauptachse des Schlosses mit einer Folge verschiedenartiger Plätze. Zu diesen gehörte auch der neue Marktplatz mit seinen bürgerlichen Monumentalgebäuden. War bisher der Schloßplatz Zentralpunkt der absolutistischen Stadt gewesen (vgl. S. 171), so fügte Weinbrenner ab 1797 ein bürgerliches Zentrum mit Rathaus, Stadtkirche, Schule, Läden und Gasthöfen an. Die beiden dominierenden Bauten, die Stadtkirche (1806—1816) und das Rathaus (1821—1825), liegen

München, Glyptothek, erbaut 1816—34 von Leo von Klenze

Potsdam, Schloß Charlottenhof, erbaut 1826 von Carl Friedrich Schinkel

sich am Markt axial gegenüber und bilden ein Gegengewicht zu der durch das Schloß bestimmten Hauptachse der Stadt. Der Ausbau von Karlsruhe gilt als die bedeutendste stadtbaukünstlerische Leistung des beginnenden 19. Jahrhunderts. Sie stellte den Abschluß des landesfürstlichen Städtebaus in Deutschland dar.

War in der Stadterweiterung von Karlsruhe noch eine einheitliche und geschlossene Bebauung erzwungen worden, so setzte sich bei der Münchner Maximiliansvorstadt die offene Bauweise durch. Der bürgerlichen Isolierungstendenz entsprach der Wunsch nach frei stehenden, von Gärten umgebenen Einfamilienhäusern. Verwirklicht wurde dieses neue Wohnideal bei dem kreisrunden Karolinenplatz. Trotz seiner geometrischen Grundform war dieser Platz kein strenggefaßter architektonischer Raum mehr. Die Bebauung bestand aus Wohnhäusern, die nach Art italienischer Renaissancevillen locker vom Grün umgeben waren. Nur die Mitte des Platzes betonte ein Obelisk.

In der Maximiliansvorstadt entstanden in der Folgezeit eine Reihe von Museen, die dem bürgerlichen Bildungsideal und dem Repräsentationsbedürfnis König Ludwigs I. entsprachen. Das bedeutendste unter ihnen, die klassizistische Glyptothek, schuf 1816 bis 1834 der Hofarchitekt Leo von Klenze (1784—1864).

Das von Schinkel 1826 begonnene und ausgeführte, asymmetrisch angelegte Schlößchen Charlottenhof im Park von Sanssouci macht in Verbindung mit den umgebenden Grün- und Wasserflächen den Eindruck eines bescheidenen Landhauses.

Völlig schmucklos und von charakteristischer Würfelform waren auch vielfach die bürgerlichen Wohnhäuser jener Zeit. Ein nach 1825 in Dresden entstandenes zweistöckiges Wohnhaus weist nur eine leichte Betonung der Mittelachse durch eine vorgelegte Treppe und ein Dachfenster auf. Auf plastischem Schmuck ist bis auf die Putzquaderung des Untergeschosses und einen Mäanderfries unter dem Gesims verzichtet worden. Selbst Fensterumrahmungen fehlen. Das Walmdach entsprach einer Bauordnung, die das barocke Mansarddach verbot.

Die dem Klassizismus eigene Klarheit der Gliederungen, Feierlichkeit und Bevorzugung der frei stehenden Säule kamen auch in Innenräumen zum Ausdruck. Der Berliner Architekt Heinrich Gentz (1766 bis 1811) schuf in den Jahren 1801 bis 1803 in Zusammenarbeit mit Goethe den Festsaal im Schloß von Weimar. Die klar gegliederte Decke wird von einer den ganzen Raum umschließenden Reihe ionischer Säulen mit darüberliegendem Gebälk getragen. Die einfarbigen Wände, nur durch symmetrisch angeordnete Türen und Nischen gegliedert, treten hinter der Säulenfront zurück.

Die bürgerlichen Wohnräume der ersten Hälfte des 19. Jahrhunderts zeichneten sich durch Einfachheit, klare und zweckvolle Möbelformen und eine sinnvolle Gruppierung der Einrichtungsgegenstände aus, die vom Klassizismus bis zum Biedermeier (auslaufend um 1850) reichen.

Ein europäisches Zentrum klassizistischen Bauens war Petersburg, das heutige Leningrad, die Residenzstadt der Zaren von Rußland. Russische und vor allem italienische Architekten waren hier tätig.

Dresden, Wohnhaus, Antonstraße 8, erbaut nach 1825

Beim Umbau der Admiralität, der einstigen Schiffswerft Peters I., die zum Verwaltungs- und Staatsbau geworden war, übernahm Adrian Sacharow (1761—1811) von dem Vorgängerbau das Motiv der nadelartigen Turmspitze. Dieser Turm ist nicht nur das markanteste Architekturglied des 400 Meter langen Gebäudes, sondern ähnlich wie in Karlsruhe auch der Blickpunkt der drei wichtigsten Straßenzüge der ganz regelmäßig angelegten Stadt.

Im Jahre 1832 vollendete Carlo Rossi (1775—1849) den Bau des Puschkin-Schauspielhauses, das seine prächtige, durch ein Viergespann bekrönte Säulenfront dem Newski-Prospekt, der Hauptstraße Leningrads, zuwendet.

Eine vollendet klassizistische Fassade schuf Georg Fischer für die ehemalige Klosterkirche irischer Mönche. Den Quadersockel unterbricht allein der Eingang mit seinen zwei flankierenden dorischen Säulen. Höchst sparsam sind die beiden Obergeschosse gegliedert. Ein flach vortretendes Risalit mit Girlanden und zwei halbrunden Fenstern betont die Mitte. Der Schwere des Baues entspricht das ausladende Kranzgesims mit dem flachen Giebel, dessen Wirkung eine schmucklose Attika noch erhöht.

Das Schlößchen Klein-Trianon im Park von Versailles, das König Ludwig XV. für seine Geliebte Madame Dubarry errichten ließ, stammt aus der Zeit des beginnenden Klassizismus. Streng geometrisch ist die Wand aufgegliedert, alle Einzelteile haben ihre selbständige Bedeutung eingebüßt. Die ausgeglichene Komposition wird durch eine Dachbalustrade abgeschlossen.

Weimar, Festsaal im Schloß, erbaut 1801—03, von Heinrich Gentz

Weimar, Goethes Arbeitszimmer

Zu den frühesten neugotischen Bauten Deutschlands gehört das ab 1773 errichtete »Gotische Haus« im Wörlitzer Schloßpark von Georg Christoph Hesekiel (1732—1818). Hier war die Kunstsammlung des Fürsten von Anhalt-Dessau untergebracht. Über dem Gartensaal im Erdgeschoß befinden sich ein »Rittersaal«, ein Speisezimmer und ein »geistliches Kabinett«. Die Formen der mittelalterlichen Gotik wurden frei angewandt. Spitzbogenfenster, Fialentürmchen und andere gotische Motive bestimmen das phantasievolle Bild der Parkfassade. Die Zierformen sind weiß von den Mauerflächen aus rotem Backstein abgesetzt.

Backstein verwendet auch Schinkel beim Bau der 1831 vollendeten Werderschen Kirche in Berlin, die spätgotischen englischen Kapellen nachgebildet ist. Von den ursprünglich vorgesehenen vier Türmen kamen nur die beiden Fronttürme zur Ausführung.

Architekturformen der italienischen Renaissance verwendete Gottfried Semper bei seinen beiden Opernhäusern in Dresden. Der erste 1841 vollendete Bau brannte 1869 nieder und wurde ab 1871 durch einen zweiten ersetzt. Schon beim ersten Bau markierte sich der halbkreisförmige Zuschauerraum hinter einer dem römischen Kolosseum ähnlichen Fassade. Bei dem späteren Neubau sind die Funktionen der einzelnen Bauteile deutlich von außen ablesbar: Eingangshalle von einem Panthergespann bekrönt, Wandelgänge, Garderoben, Zuschau-

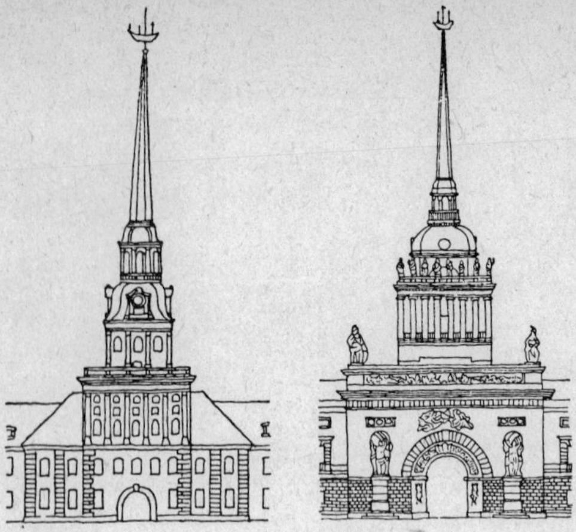

Leningrad, Admiralität, erster Bau 1732—1738 von Korobow, zweiter Bau 1806 bis 1820 von Sacharow

erraum und Bühnenturm. Die schlichten Frührenaissanceformen werden von der kräftigen, reichen Architektur der Hochrenaissance abgelöst. In dem prunkvoll ausgestatteten Theaterbau mit vier Rängen fanden 2000 Besucher Platz. Das im Zweiten Weltkrieg ausgebrannte Gebäude wurde gesichert und seine Fassade restauriert; der Wiederaufbau ist vorgesehen.

Leningrad, Puschkin-Schauspielhaus, erbaut 1827—1832 von Carlo Rossi

Praha, »U Hybernů«, 1812

Während bei den Gebäuden im Stil einer italienischen Neurenaissance vielfach die Klarheit der Baumassen vorherrschte, bestimmte bei der deutschen Neurenaissance eine verwirrende Vielfalt architektonischer Details das Bild. Dieser Gegensatz zeigt sich im Vergleich zwischen dem 1861 bis 1869 von Hermann Friedrich Waesemann (1813 bis 1879) erbauten »Roten Rathaus« in Berlin und dem 1881 vollende-

Versailles, Petit Trianon, Parkansicht, 1762 bis 1764

Wörlitz, Gotisches Haus im Schloßpark, erbaut 1773 von Georg Christoph Hesekiel

ten Rathaus in Kaufbeuren von Georg Hauberisser (1841—1922). Die vielfältigen Erker, Türmchen, Ziergiebel und reichen Portale schaffen zwar malerische Effekte, doch vermißt man die Großzügigkeit und Ruhe, die von dem Berliner Bau ausgeht.

In der wilhelminischen Zeit erreichte die Sucht nach dekorativen Architekturformen ihren Höhepunkt. Das in einem Gemisch aus For-

Berlin, Werdersche Kirche, Entwurf von Carl Friedrich Schinkel

Dresden, Opernhaus, erbaut 1841 von Gottfried Semper, 1869 abgebrannt

men der italienischen Renaissance, aus römischen und neubarocken Formelementen errichtete Reichstagsgebäude in Berlin von Paul Wallot (1841—1912) und der neubarocke Berliner Marstall von Ernst von Ihne zeugen von dem maßlosen Repräsentationsbedürfnis der feudalen Hofkreise. Fast 30 Millionen Mark wurden für den Reichstagsbau aufgewendet; die Mittel stammten aus den französischen Kriegskon-

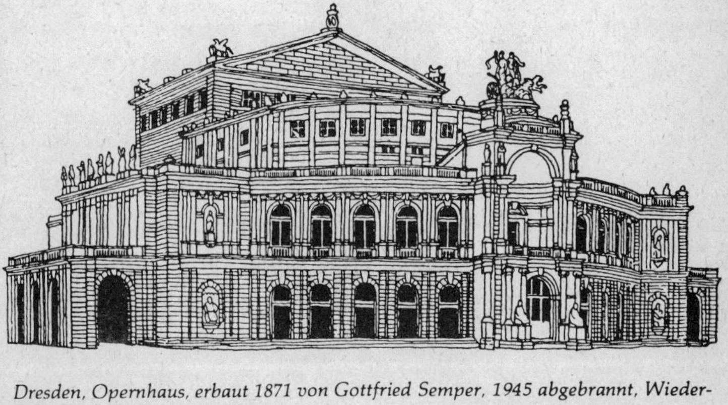

Dresden, Opernhaus, erbaut 1871 von Gottfried Semper, 1945 abgebrannt, Wiederaufbau vorgesehen

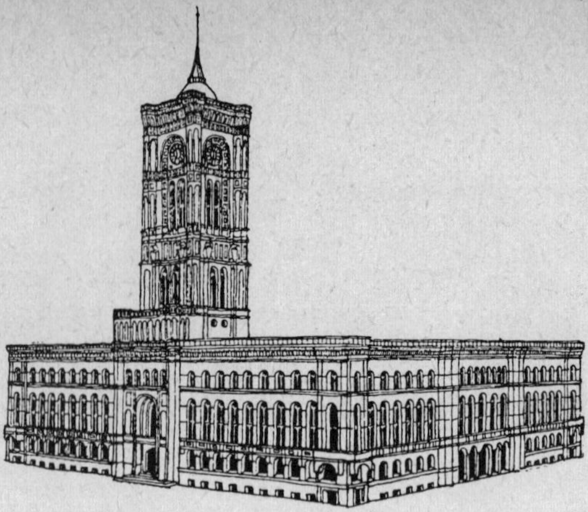

Berlin, Rathaus, erbaut 1861—69 von Hermann Friedrich Waesemann

tributionen. Kostbare Materialien, überreicher Säulen- und Skulpturenschmuck und eine aus Eisen und Glas konstruierte Kuppel bestimmten das Bild dieses Riesenbaus, der von der »Macht und Herrlichkeit« des Kaiserreiches künden sollte.

In den Großstädten nutzten die privaten Bodenbesitzer jeden Qua-

Kaufbeuren, Rathaus, erbaut 1881

Berlin, Reichstagsgebäude, erbaut 1884—94 von Paul Wallot

dratmeter Grundstückfläche zum Bau von Mietskasernen aus. Ein Planausschnitt vom Norden Berlins zeigt winzige Hinterhöfe inmitten der fünf- und sechsgeschossigen chaotischen Wohnbebauung. Bis zu 1400 Menschen wohnten auf einem Hektar Land. 50 Prozent aller Berliner Wohnungen lagen um 1900 an einem Hinterhof, über 5 Pro-

Berlin, Marstall

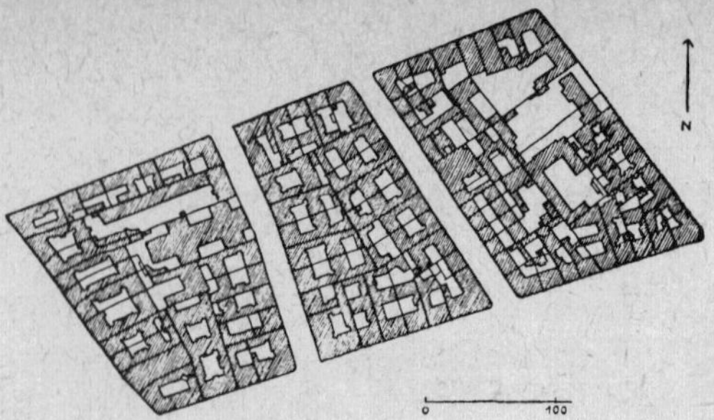

Berlin, Lageplan eines Arbeiterwohnviertels

zent in Kellern. 4086 Wohnungen mit 7759 Einwohnern bestanden nur aus einer Wohnküche. Für derartige menschenunwürdige Behausungen mußten die Arbeiter bis zu 25 Prozent ihres Lohnes zahlen. Rund 100 000 Berliner hatten gar keine eigene Wohnung, sie galten als sogenannte »Schlafleute«, Untermieter, die kein eigenes Zimmer, oft nicht einmal ein eigenes Bett besaßen. Zynisch nannte der preußische Historiker Heinrich von Treitschke (1834—1896) diese Ordnung »gerecht,

Berlin, typischer Hinterhof

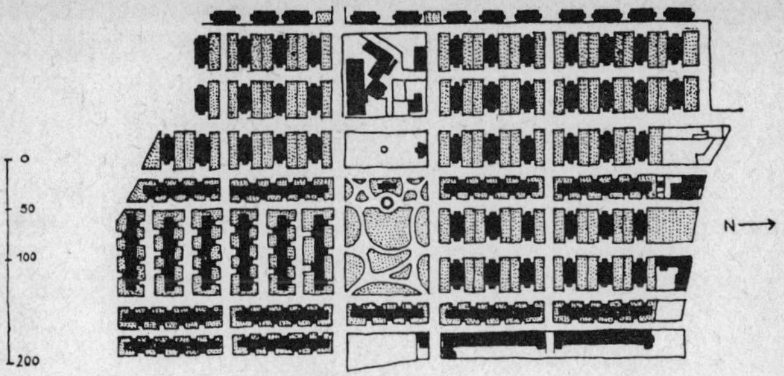

Essen, Kruppsiedlung Cronenberg, erbaut 1874

denn das wahre Glück des Lebens, der Frieden der Seele und die Freuden der Liebe, verschließt sich keinem«.

Verschiedene Fabrikanten erkannten gegen Ende des 19. Jahrhunderts die Vorteile, die sich für sie aus dem Bau von Werksiedlungen ergaben. Neben zusätzlichen Profiten sicherten sie sich auf diese Weise eine ständige Kontrolle über das Leben ihrer Arbeiter. Städtebaulich stellten die Werksiedlungen im Gegensatz zu den Mietskasernenvier-

Fabrikantenvilla in Berlin

teln einen Fortschritt dar. Die 1874 vollendete Siedlung Cronenberg der Kruppwerke in Essen enthielt 1500 Wohnungen in dreigeschossigen, von kleinen Gärten umgebenen Reihenhäusern. Den Mittelpunkt der klar geordneten Anlage bildeten ein kleiner Park und ein Platz mit den öffentlichen Einrichtungen, wie Schulen, Kaufhaus, Gasthaus und Post. Während die Mehrzahl der Arbeiter weiter unter schlechtesten Wohnbedingungen litten, bewohnten die Angehörigen der herrschenden Klasse protzige Villen an den Stadträndern.

19. Jahrhundert

ALLGEMEINE GESCHICHTE

1789	Ausbruch der bürgerlichen Revolution in Frankreich
1806	Auflösung des Deutschen Reiches, Bildung des Rheinbundes
1807—12	Die preußischen Reformen (Stein, Hardenberg, Scharnhorst)
1813—14	Befreiungskriege gegen die napoleonische Fremdherrschaft
1817	Wartburgfest
1818	Karl Marx geb. († 1883)
1820	Friedrich Engels geb. († 1893)
1824	Beethoven vollendet seine IX. Symphonie
1831	Goethe beendet II. Teil des »Faust«
1834	Gründung des Deutschen Zollvereins
1835	Erste deutsche Eisenbahn von Nürnberg nach Fürth
1837	Samuel Morse erfindet den Telegrafen
1837—1901	Regierungszeit der Königin Victoria in England
1844	Aufstand der schlesischen Weber
1844	»Deutschland, ein Wintermärchen« von Heinrich Heine erscheint
1847	Bund der Kommunisten wird gegründet
1848	K. Marx und Fr. Engels veröffentlichen das »Kommunistische Manifest«
1848	Bürgerlich-demokratische Revolution in Deutschland
1851	Erste Weltausstellung in London
1856	Henry Bessemer konstruiert die Bessemerbirne zur Stahlgewinnung
1859	Charles Darwin veröffentlicht seine Abstammungslehre
1860	Philipp Reis erfindet das Telefon
1869	Gründung der Sozialdemokratischen Arbeiterpartei Deutschlands
1870	W. I. Lenin geb.
1870—71	Deutsch-Französischer Krieg
1871	Pariser Kommune
1871	Gründung des Deutschen Reiches
1878—90	Kampf der deutschen Arbeiterbewegung gegen das Sozialistengesetz
1882	Robert Koch entdeckt den Tuberkelbazillus
1895	Konrad Röntgen entdeckt die nach ihm benannten Strahlen

1792 Fertigstellung des Brandenburger Tores
1806 Tod des französischen Revolutionsarchitekten C. N. Ledoux
1815 Fertigstellung der Admiralität in Petersburg (Leningrad)
1818 Fertigstellung der Neuen Wache in Berlin
1824 Erfindung des Zements
1831 Fertigstellung der Werderschen Kirche in Berlin
1834 Fertigstellung der Glyptothek in München
1834 Baubeginn des Parlamentsgebäudes in London
1835 Eröffnung der Schinkelschen Bauakademie in Berlin
1837 Vollendung des Triumphbogens in Paris
1841 Fertigstellung der ersten Semper-Oper in Dresden
1842 Fertigstellung der Walhalla bei Regensburg
1851 Bau des Kristallpalastes in London
1857 Einweihung der Isaaks-Kathedrale in Petersburg (Leningrad)
1860 Grundsteinlegung zur Pariser Oper von Charles Carnier
1861 Stadterweiterungsplan für Berlin von James Hobrecht
1861 Erste Kruppsche Arbeitersiedlung in Essen
1867 Erfindung des Stahlbetons durch Monier
1869 Einweihung des Roten Rathauses in Berlin
1869 Einweihung des Suezkanals
1871 Baubeginn der zweiten Semper-Oper in Dresden
1871 Berliner Bauarbeiter erkämpfen den Zehnstundentag
1871–73 Sogenannte »Gründerjahre«
1873 Höhepunkt der Wohnungsnot in Berlin
1880 Vollendung des Kölner Domes
1884 Grundsteinlegung zum Reichstagsgebäude in Berlin
1885 Grundsteinlegung für das Parlamentsgebäude in Budapest
1887 Erstes Stahlskelett-Hochhaus in Chicago
1889 Bau des Eiffelturmes in Paris
1895 Bau des Reichsgerichtsgebäudes in Leipzig

Die Baukunst im 20. Jahrhundert

Die Baukunst unter dem Einfluß des Imperialismus und die Baukunst in der sozialistischen Gesellschaft

Die Silhouetten der großen Städte werden in den ersten Jahrzehnten des 20. Jahrhunderts beherrscht von Hochhausbauten aus Beton, Stahl und Glas, oft willkürlich in Höhe und Ausdehnung aneinandergereiht, ungeachtet jener Harmonie und Ordnung, wie sie uns aus den Stadtbildern früherer Jahrhunderte in Erinnerung sind. Ausgedehnte Industrie- und Verkehrsanlagen, eintönig-freudlose Wohngebiete des Proletariats und großflächige Villenvororte lassen die Städte stetig anwachsen.

Die auffällige architektonische Einheitlichkeit dieser Riesenstädte liegt in der weitgehenden Annäherung der Lebensweise in allen Ländern begründet. Karl Marx schrieb bereits im Kommunistischen Manifest: »Die nationalen Absonderungen und Gegensätze der Völker verschwinden mehr und mehr schon mit der Entwicklung der Bourgeoisie, mit der Handelsfreiheit, dem Weltmarkt, der Gleichförmigkeit der industriellen Produktion und der ihr entsprechenden Lebensverhältnisse.« Diese Entwicklung begann mit dem ausgehenden 19. Jahrhundert. Der internationale Austausch von Baumaterialien, Projekten und Architekten sowie die vielfältigsten Publikationsmittel beschleunigten den architektonischen Kosmopolitismus.

Entsprechend der gesellschaftlichen Struktur wird die Großstadt von riesigen Bürohochhäusern, den Verwaltungsgebäuden der Großbanken und Monopolvereinigungen beherrscht. Dem rücksichtslosen Konkurrenzkampf entspricht das Streben nach eindrucksvollen Bauten; man wetteifert in Stockwerkszahlen und luxuriösen Ausstattungen. Das Bild der Stadtzentren wird von einer chaotischen Häufung derartiger »Reklame«-Bauten bestimmt. Prototyp der modernen Weltstadt war viele Jahrzehnte die »Skyline« von Manhattan, der City New Yorks, die den verwirrenden, rücksichtslosen Individualismus besonders deutlich werden läßt. Die individualistischen Tendenzen in der Architektur spiegeln sich ebenfalls in den komfortablen Einfamilienhäusern oder mehrgeschossigen Wohnblocks für die Reichen wider, noch mehr in den zahlreichen Experimentalbauten. Einige bauliche Experimente, wie sie von Charles Edouard Jeanneret — genannt Le Corbusier — (1887—1965) erarbeitet wurden, zielten auf eine Neuordnung des gesellschaftlichen Zusammenlebens der Menschen. Das aber kann die Architektur allein nicht leisten.

Eine jahrtausendealte Bautradition brach ab. Sämtliche Bauformen der Vergangenheit beruhten auf handwerklicher Fertigung. Schon seit der Mitte des 19. Jahrhunderts sahen einzelne Ingenieure, Architekten und Kunsttheoretiker eine Weiterentwicklung der Architektur nur auf der Grundlage der maschinellen Massenfabrikation. Die Nachbildung historischer Stilformen wurde seit der Jahrhundertwende immer mehr überwunden; aber erst zögernd setzte das »neue Bauen« ein. Deutsche Architekten, wie Walter Gropius (1883—1969) und Mies van der Rohe (1886—1969), haben an dieser Entwicklung ebensolchen Anteil wie der Österreicher Richard Neutra (geb. 1892), der Amerikaner Frank Lloyd Wright (1869—1959) oder die Franzosen Auguste Perret (1874—1954) und Le Corbusier. In Deutschland war es in den 20er Jahren vor allem das »Bauhaus«, von dem neue architektonische Impulse ausgingen. Der Direktor dieser Kunstschule, Walter Gropius, wollte Waren und Bauten entwickeln, die ausdrücklich für eine industrielle Produktion entworfen werden, wobei er eine Synthese von künstlerischer und materieller Produktion anstrebte. Von ihm stammt auch der Entwurf für das 1926 in Dessau errichtete Schulgebäude. Die fortschrittlichen künstlerischen und pädagogischen Ideen des Bauhauses reduzierten jedoch mehr oder weniger die gesellschaftliche Wertung des Bauwerkes auf eine zweckmäßige Nutzung. Die umfassende Durchführung des Programms des Bauhauses scheiterte an den sozialen Verhältnissen in der bürgerlichen Gesellschaft und erwies sich als prinzipiell unvereinbar mit ihnen. Einfache Architekturformen, die vor allem dem Zweck des Gebäudes und dem gewählten Konstruktionsprinzip ent-

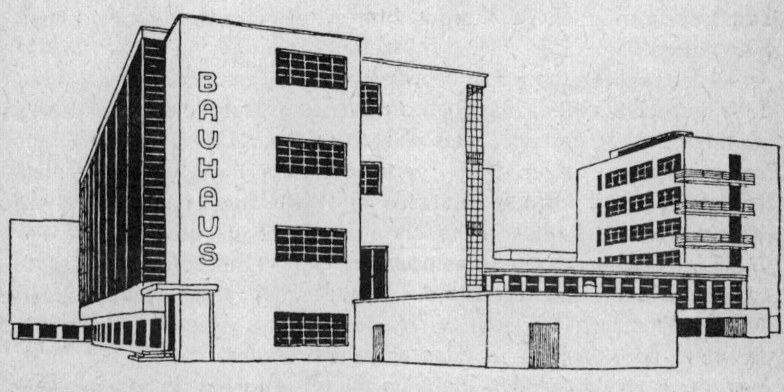

Dessau, Bauhaus, 1926, von Walter Gropius

New York, Verwaltungs- und Tagungsgebäude der UN

sprechen, sind für die rationalistische Richtung der heutigen Architektur des Westens typisch. Klar setzt sich beim UN-Hochhaus in New York der hohe würfelförmige Bürobau von den niedrigen Untergeschossen mit dem Sitzungssaal ab. Eine andere Richtung ist die irrationalistische Strömung, die klare, geometrische Bauformen als kalt, gefühllos und unpersönlich ablehnt und als Reaktion gegen das Vordringen des industriellen Bauens und der »Katalogarchitektur« zu erklären ist. Da bei dem Entwicklungsstand der Technik nahezu jede Form konstruktiv möglich ist, kommt man zu gewollt individualistischen Bauwerken.

Die Entwicklung der Bautechnik machte besonders in den Jahren nach dem Ersten Weltkrieg große Fortschritte, Stahlbeton- und Stahlgerippekonstruktionen wurden vervollkommnet. Das um 1930 erbaute 86geschossige Empire State Building in New York war viele Jahre lang der höchste »Wolkenkratzer« der Welt. Bereits im Jahre 1921 projektierte Mies van der Rohe schon ein Hochhaus, das nur aus Eisen und Glas bestehen sollte. Das tragende Gerüst bestimmt bei Skelettkonstruktionen meist das Bild der Fassaden. Die senkrechten Stützen und waagerechten Balken bilden ein sogenanntes »Raster«, dessen Felder mehr oder weniger in Glas aufgelöst werden. Häufig läßt man aber auch die tragenden Bauteile hinter »Vorhangfassaden« verschwinden. Eine durchgehende gläserne Außenhaut überdeckt die ganze Gebäudefront. Am Werkstättenflügel des Dessauer Bauhauses wurde dieses Konstruktions- und Gestaltungsprinzip angewandt. — In zunehmendem Maße kommen Hänge- und Schalendächer zur Anwendung. Sie stellen eine Weiterentwicklung traditioneller Wölb- und Zeltkonstruktionen dar. Für beide findet man Beispiele in der Natur: eine leichte und doch äußerst stabile Schalenkonstruktion ist das Hühnerei; einem Hängedach ähnelt das großflächige und doch so widerstandsfähige Netz der Spinne. Mit gekrümmten Dachflächen aus Stahlbeton, die nur wenige Zentimeter dick sind, lassen sich Räume bis zu 200 Metern Spannweite für Industrie-, Verkehrs-, Kultur- und Sportbauten stützenfrei überdecken. Ihre Verwendung führt zu völlig ungewohnten Gebäudeformen, die an Gebilde der sphärischen Geometrie, an Muscheln und Zelte erinnern. Neue Perspektiven eröffnete für das Bauwesen die Verwendung von Kunststoffen. Leichte Trennwände aus Schaumstoffen, Platten für Innenraumausstattungen und Fassadenverkleidungen liefert die chemische Industrie.

Die technischen, gestalterischen und städtebaulichen Leistungen verschiedener Architekten in kapitalistischen Ländern werden kritisch auch für das Bauschaffen in den sozialistischen Ländern ausgewertet.

Weltweite Konkurrenzkämpfe der großen Industriemonopole und Banken um neue Rohstoffquellen und Absatzmärkte, verbunden mit einer immer stärkeren internationalen Verflechtung des Monopolkapitals, führten gesetzmäßig zu zwei verheerenden Weltkriegen, die ungeheure Menschenopfer forderten und weithin Städte und Dörfer vernichteten.

Dresden, Innenstadt nach der Zerstörung im Februar 1945

In der Epoche des Imperialismus verschärfte sich weiter der Widerspruch zwischen der raschen Entwicklung der Produktivkräfte und den Produktionsverhältnissen, zwischen dem gesellschaftlichen Charakter des Produktionsprozesses und der privatkapitalistischen Form der Aneignung der Produktionsergebnisse; die Klassengegensätze zwischen der herrschenden Monopolbourgeoisie und dem ausgebeuteten Proletariat spitzten sich zu. Sie führten zwangsläufig zur proletarischen Revolution.

Erstmalig ist in der sozialistischen Gesellschaft das werktätige Volk selbst Erbauer, Bauherr und Nutznießer der Bauwerke zugleich. Der gesellschaftliche Besitz an Grund und Boden im Sozialismus ist eine wesentliche Voraussetzung für jede großzügige und einheitliche Bauprojektierung. Im Vordergrund der Bautätigkeit in den sozialistischen Ländern stehen einerseits der Bau von Produktionsanlagen und andererseits der Wohnungsbau sowie die Bauten neuer gesellschaftlicher Einrichtungen.

Bei der Planung neuer sozialistischer Wohngebiete ist neben ihrer Beziehung zu Industriekomplexen vor allem der Bau gesellschaftlicher Einrichtungen für die Entwicklung neuer sozialistischer Beziehungen der Menschen untereinander von größter Bedeutung. Die meist mehrgeschossigen, frei stehenden Wohnblocks werden zu Wohngruppen und Wohnkomplexen gruppiert und mit den notwendigen Kindergärten und -krippen, Schulen und Ambulatorien, Verkaufsstätten und Klubrestaurants, Grünflächen und Spiel- und Sportplätzen ausgestattet.

Schwerpunkte des Wohnungsbaus sind neben den Großstädten vor allem die Industriegebiete. Man wird aber auch die Wohngebiete auf dem Lande, mit zum Teil mehrgeschossigen Wohnblocks, streng von den Produktionsanlagen trennen, so daß die Unterschiede zwischen Stadt und Land auch im äußeren Bild der Siedlungen verschwinden.

Als Mittelpunkt des gesellschaftlichen Lebens werden die Zentren der großen Städte als Höhepunkte der städtebaulichen Komposition und der architektonischen Gestaltung einer sozialistischen Stadt aufgebaut. Großzügige und weiträumige Ensembles von Kultur- und Verwaltungsbauten, von Handels- und Erholungseinrichtungen, aber auch Wohnbauten werden hier geschaffen. Durch die Ensemblebildung unterscheiden sich diese Stadtzentren grundsätzlich vom chaotischen Bild in den Zentren kapitalistischer Städte. Das Gesicht neuer sozialistischer Stadtzentren zeigt sich in der DDR besonders eindeutig in der Hauptstadt Berlin, in Karl-Marx-Stadt, Dresden, Rostock, Leipzig, Magdeburg und Cottbus.

Neubrandenburg, Haus der Kultur und Bildung

Die großen Leistungen des sozialistischen Bauwesens sind nur auf der Grundlage einer hochentwickelten Bau- und Baustoffindustrie möglich. Typisierte Wohn- und Industriebauten werden aus massenweise industriell vorgefertigten Bauelementen nach dem Prinzip eines Baukastens montiert. Die Großblock- und Großplattenbauweise im Wohnungsbau ermöglicht die Verkürzung der Bauzeiten und die Senkung der Baukosten. Gesellschaftliche Bauten werden in zunehmendem Maße in der rationellen Gleitkernbauweise errichtet. Auch der Stahlleichtbau gewinnt an Bedeutung.

Die schwere körperliche Arbeit der Bauarbeiter wird durch die Anwendung moderner Maschinen und Kräne erleichtert. Bis zu 4500 kg schwere Bauteile — ganze Zimmerwände, Deckenplatten, Treppen usw. — werden montiert. In der Sowjetunion wurde bereits mit der Vorfertigung geschlossener Raumzellen begonnen, die auf Tiefladewagen zur Baustelle transportiert und von einem Baukran versetzt werden.

Auch im Industriebau löst die Montage industriell hergestellter Bauteile das traditionelle Bauen ab. So bestehen die Produktionshallen der Baumwollspinnerei Leinefelde aus Fertigteilen; auch die Schalenelemente des großen Hangars auf dem Zentralflughafen Schönefeld wurden vorgefertigt. Gekrümmte Flächentragwerke finden vorgearbeitet, z. B. in Form der HP-Schale und der VT-Falte, aber auch monolithisch immer mehr Verwendung. Dadurch entstehen neue Architekturformen, wie die Gaststätten »Teepott« in Warnemünde und »Ahornblatt« in Berlin, die das Bild unserer Umwelt bereichern.

Klarheit und Einfachheit der architektonischen Form, Verwendung moderner Baustoffe, Anwendung rationeller Konstruktionsprinzipien und Vermeiden aller subjektiven Formspielereien sind äußere Merkmale der sozialistischen Architektur. Das darf natürlich Fantasiereichtum und gestalterische Vielfalt nicht ausschließen. Vor allem aber muß ein sozialistisches Bauwerk, ein Wohnkomplex und das gesamte Stadtensemble dem neuen sozialistischen Leben der Gesellschaft dienen; es muß Ausdruck der Stellung der Menschen in der Gesellschaft sein. Ermöglicht ein Raum, ein Bauwerk, ein Wohnkomplex oder ein Stadtorganismus die harmonischen Beziehungen zwischen dem einzelnen Menschen und der Gesellschaft auf der Grundlage der Einheit der gesellschaftlichen und persönlichen Interessen, so kann man ihn mit Recht »sozialistisch« nennen.

Die Entwicklung der Umweltgestaltung und damit der Architektur wird nie abgeschlossen sein. Die sozialistischen und kommunistischen Formen des Zusammenlebens der Menschen werden neue Bedürfnisse entwickeln und davon ausgehend zu heute noch unbekannten Gebäudegattungen und Architekturformen führen.

Die Nachahmung historischer Stilvorbilder wird bereits an der im Jahre 1906 von dem Belgier Henry Clemens van de Velde (1863—1957)

Weimar, Hochschule für Architektur, erbaut 1906 von Henry Clemens van de Velde

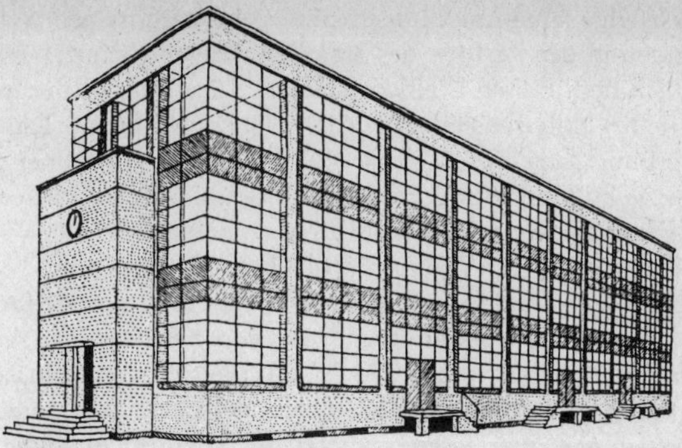

Alfeld an der Leine, Schuhleistenfabrik, erbaut 1911 von Walter Gropius

erbauten Kunsthochschule in Weimar völlig überwunden. Die Fassade ist noch vertikal gegliedert, aber die Fensterbänder beider Stockwerke und der Ateliers im Dachgeschoß sind bereits in Stahlrahmen aus genormten Industrieprofilen gefaßt.

Bei der 1911 gebauten Schuhleistenfabrik von Walter Gropius sind schon alle Elemente eines modernen Industriebaus vorhanden: eine klare kubische Form mit flachem Dach, große Glasflächen und die Vermeidung schmückender Details. Helle, zweckmäßige Produktionsräume zu bauen, war das wichtigste Anliegen vieler Architekten dieser Zeit. Die Abkehr von handwerklichen Bauformen und die Hinwendung zu einer klaren, dem Zweck des Gebäudes und der Konstruktion entsprechenden Gestaltung kam schon vor dem Ersten Weltkrieg zum Durchbruch.

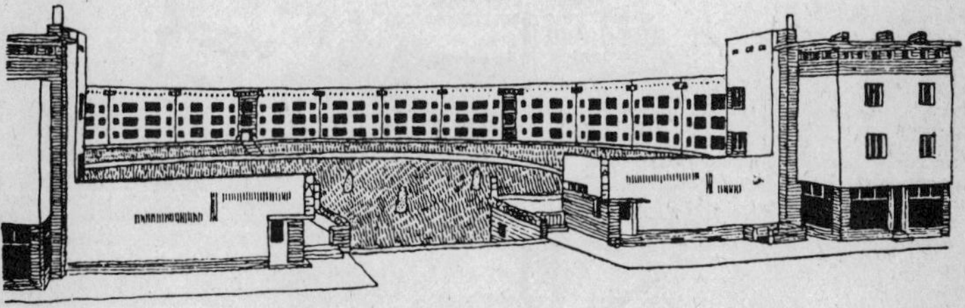

Berlin-Britz, Zentrum der Hufeisensiedlung, angelegt 1927 nach Plänen von Bruno Taut

Großzügige Wohnsiedlungen mit mehrgeschossigen Wohnblocks entstanden in der Periode des staatlich subventionierten Wohnungsbaus nach dem Ersten Weltkrieg. Um 1927 wurde in Berlin-Britz die sogenannte »Hufeisensiedlung« nach Plänen von Bruno Taut (1880 bis 1930) erbaut. Den Kern dieses Wohngebietes am Berliner Stadtrand bildet eine hufeisenförmig umgebaute Grünfläche; an ihrem Zugang liegen einige Läden. In den meist dreigeschossigen Wohnblocks befinden sich gesunde, sonnige und zweckmäßig bemessene Wohnungen. Zur Senkung der Baukosten wurden in diesen Jahren vielfach Typenwohnungen gebaut, deren Grundrisse von bedeutenden Architekten entworfen worden waren. Doch die Weltwirtschaftskrise brachte Arbeitslosigkeit und Elend. Viele Bewohner neuer Siedlungen mußten ihre Wohnungen verlassen, weil sie die Miete nicht mehr bezahlen konnten.

Zu den konsequentesten Vertretern der rationalistischen Strömung in der heutigen Architektur des Westens gehört Mies van der Rohe. Wie Walter Gropius lehrte er in den 20er Jahren am Dessauer Bauhaus und emigrierte nach 1933 in die Vereinigten Staaten. Von großer Klarheit im Grundriß und in der Ansicht ist seine 1956 gebaute Crown Hall, das Gebäude der Architekturabteilung der Technischen Hochschule Chicago. Der 60 m lange, 36 m tiefe und 6 m hohe gläserne Kubus umschließt nur einen einzigen Raum, der durch leichte Trenn-

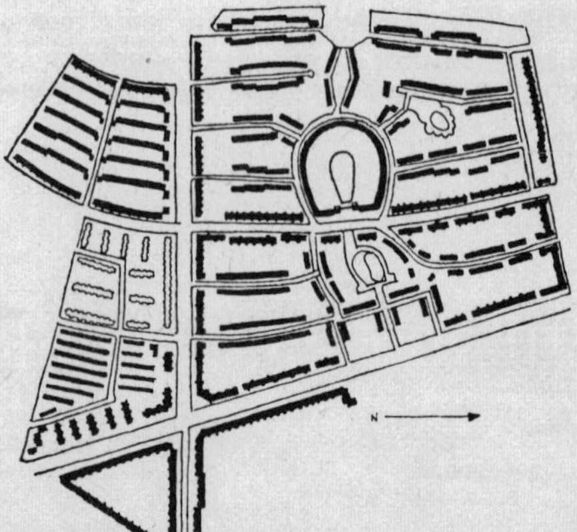

Berlin-Britz, Lageplan

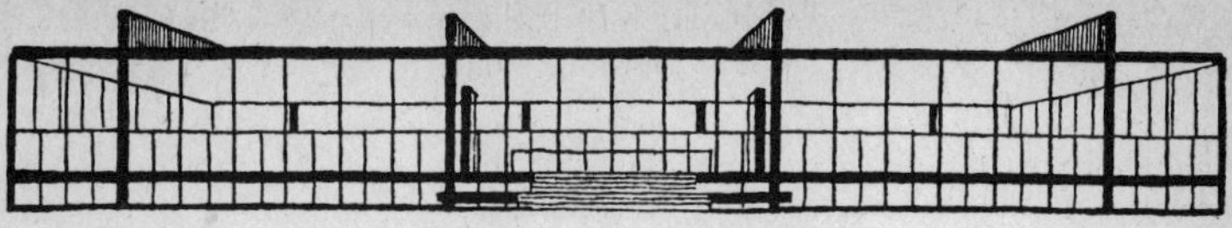

Chicago, Crown Hall, erbaut 1956 von Mies van der Rohe

wände beliebig unterteilt werden kann. Die raumvereinheitlichende Decke hängt an vier Trägern; Innenstützen sind überflüssig.

In ihrer äußersten architektonischen Disziplin, der Einheit von Raum und Körper, gehört die Crown Hall zu den eindrucksvollsten Bauten der letzten Jahrzehnte. Gegen diese kühle Sachlichkeit wenden sich die Vertreter einer irrationalistischen Richtung in der Architektur des Westens.

Der Kirchenbau ist in der kapitalistischen Architektur das größte Experimentierfeld, und seine Skala reicht vom historisierenden Stil bis zu betont irrationalistischen Auffassungen, wie sie sich in der Wallfahrtskirche Le Corbusiers in Ronchamp zeigen.

In den Jahren 1950 bis 1955 baute Le Corbusier die Wallfahrtskirche Notre Dame du Haut in Ronchamp. Das nur 13 m breite und 25 m

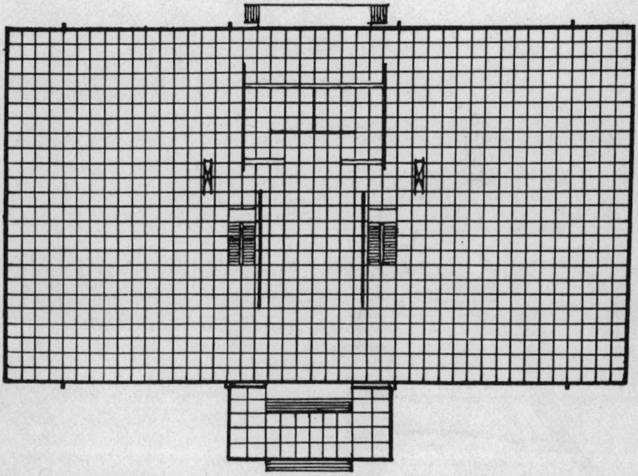

Chicago, Crown Hall, Grundriß

Ronchamp, Wallfahrtskirche, erbaut 1950—55 von Le Corbusier

lange Gebäude bietet etwa 200 Menschen Raum. Geschwungene Wände und eine tief in den Raum hineinhängende, dunkle Decke, mehrere plastisch geformte Türme, die Vermeidung des rechten Winkels und regellos verstreute Lichtöffnungen unterschiedlicher Größe und Form lassen den Bau im Inneren wie eine Höhle erscheinen. Kleine, von gekurvten Wänden umschlossene Raumteile enthalten Nebenaltäre. Unter dem vorkragenden Dach befinden sich Altar und Kanzel für Predigten im Freien.

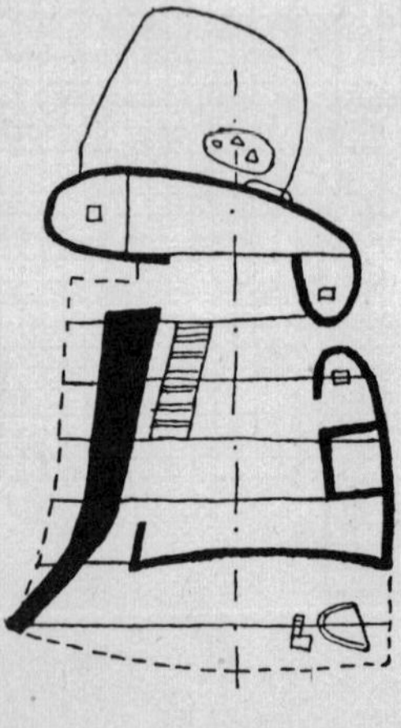

Ronchamp, Wallfahrtskirche, Grundriß

Raleigh (USA), Sporthalle, erbaut von Matthew Novicki

Neuartige Konstruktionsprinzipien führen zu völlig ungewohnten Bauformen. Vor wenigen Jahren baute Matthew Novicki eine Mehrzweckhalle für sportliche und kulturelle Veranstaltungen in Raleigh (North Carolina). Das aus einem mit Beton vergossenen Drahtseilnetz bestehende Dach hängt zwischen zwei geneigten, parabolischen Druckbögen. Die Dachhaut ist nur wenige Zentimeter stark. Hier wurde nicht nur eine sehr rationelle Lösung zur stützenlosen Überdachung einer großen Halle gefunden, sondern zugleich eine überzeugende architektonische Gestaltung erreicht.

Die Raleigh-Arena von Matthew Novicki wurde in den letzten Jahren zum Vorbild vieler ähnlicher Hallen. Das Neuartige des Raumerlebnisses in derartigen Bauten besteht vor allem darin, daß die Decke sich zur Raummitte hin senkt und zu den Wänden hin ansteigt.

Den traditionellen Gewölbeformen ähnlicher sind die modernen Schalendächer. Einer großen, am Rande gewellten Muschel gleicht die kreisrunde Markthalle in Royan von René Sarger. Funktion, Konstruktion und Form stellen hier eine eindrucksvolle architektonische Einheit dar.

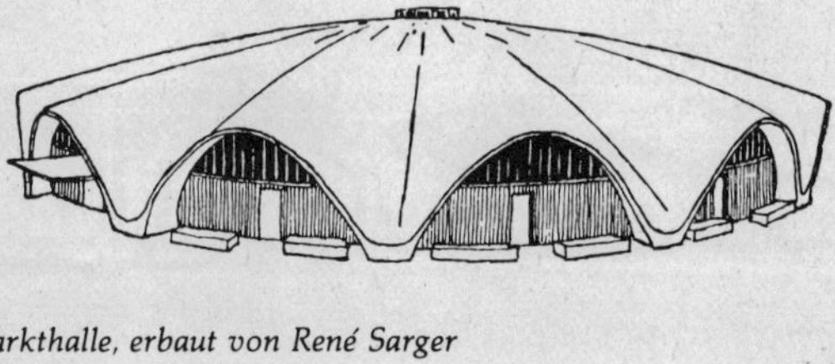

Royan, Markthalle, erbaut von René Sarger

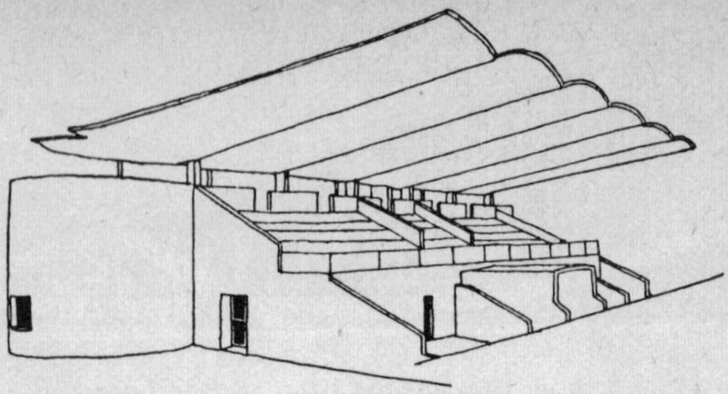

Madrid, Tribüne der Pferderennbahn, erbaut 1935 von Eduardo Torroja

Im Gegensatz zu der Kapelle in Ronchamp, deren segelartig geblähtes Dach ebenfalls aus einer Betonschale besteht, ist der Baukörper dieser Halle eindeutig zu erfassen. Wie bei klassischen Gewölbebauten, zum Beispiel beim Pantheon, hebt sich die Decke hier zur Raummitte hin.

Aus dünnen Betonschalen besteht auch das Tribünendach der Pferderennbahn in Madrid, das bereits im Jahre 1935 von Eduardo Torroja (gest. 1961) erbaut wurde. Weit ausladend schützt das aus Segmentbögen gebildete Kragdach die Zuschauer vor Regen und Sonne. Keine Unterstützung, die die freie Sicht der Zuschauer beeinträchtigen könnte, ist nötig.

Aus trichterförmigen Schalenelementen, die jeweils von einer Mittelstütze getragen werden, konstruierte der Mexikaner Felix Candela (geb. 1910) Bahnsteigüberdachungen, Markt- und Lagerhallen.

Durch eine sinnvolle Versetzung der einzelnen Schalenelemente lassen sich auch gläserne Oberlichter in die Dachfläche einfügen. Die

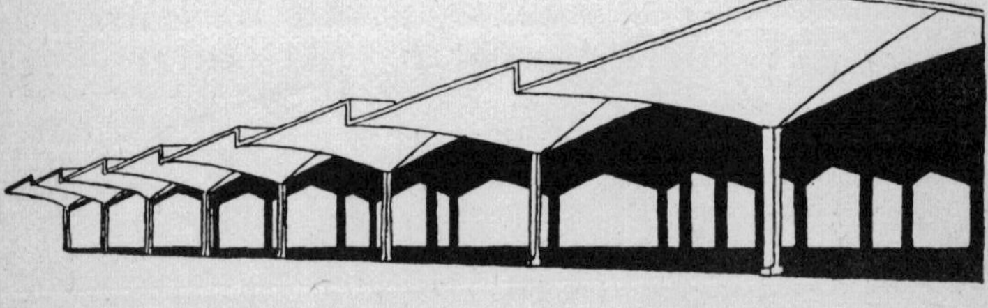

Mexiko, Lagerhalle, erbaut von Felix Candela

Entwässerungsrohre für das Regenwasser befinden sich im Innern der Stützen. Theoretisch unbegrenzt große Flächen lassen sich auf diese Weise überdecken.

Bei weitem vielfältiger, als hier gezeigt werden konnte, ist das Bild einfach- oder doppeltgekrümmter Schalen- und Hängedächer. Bei derartig modernen Konstruktionen ist eine enge schöpferische Zusammenarbeit von Architekten und Ingenieuren unerläßlich. Die Schönheit der hier abgebildeten Bauten ist nicht schematisch auf mathematische oder physikalische Gleichungen zurückzuführen. Der künstlerisch geschulte, gestalterisch erfahrene Architekt muß »Dirigent in der grandiosen architektonischen Sinfonie« (Nervi) bleiben.

Das Streben nach neuen, dem 20. Jahrhundert entsprechenden Formen der Synthese von Architektur und Bildender Kunst führte vor allem in Mexiko zu eindrucksvollen Ergebnissen. In Anlehnung an die Traditionen der altmexikanischen Kulturen schufen fortschrittliche Künstler wie Diego Rivera (1886—1957) und David Alfaro Siqueiros (geb. 1896) Wandbilder größten Ausmaßes für öffentliche Gebäude. Besonders im Ensemble der Universität von Mexiko-City ist es gelungen, aus städtebaulichem Raum, plastischem Baukörper und Bildwerk ein einzigartiges Gesamtkunstwerk zu schaffen, in dem der allseitig bildkünstlerisch gestaltete Kubus der Hauptbibliothek den Höhepunkt darstellt.

Bei dem Opernhaus, das in der Hafenbucht von Sydney als neues Wahrzeichen der Stadt entstand, ist das Gesamtbauwerk zur Plastik geworden. Aus 2500 vorgefertigten Segmenten erhebt sich ein phantastisches Schalendach über den beiden nebeneinander liegenden Hauptsälen für 2800 beziehungsweise 1200 Zuschauer.

Unter den wenigen »Idealstädten«, in denen alle Prinzipien modernen Städtebaues verwirklicht scheinen, nimmt Brasilia den ersten Platz ein. 1956 errang Lucio Costa bei einem Wettbewerb zur Konzeption für eine neue, im Landesinnern liegende brasilianische Hauptstadt den ersten Preis. Zwei Jahre darauf begannen die Bauarbeiten. Klarheit, Zweckmäßigkeit und Überschaubarkeit zeichnen nicht nur den Stadtplan, sondern auch die architektonische Haltung der Einzelbauten aus. Besonders charakteristisch ist der Kontrast der Hochhauskörper mit Hunderten von Büros zu dem Flachbau mit Sälen für Senat und Parlament, beide durch geometrisch-klare Kugelsegmente gekennzeichnet, am Regierungsgebäude.

Experimente um neue Wohnformen beschäftigten zeitlebens den französischen Architekten Le Corbusier. Im Jahre 1952 konnte in Marseille das erste seiner Großwohnhäuser von 1600 Menschen bezogen

Mexiko-City, Bibliothek mit Mosaiken von Diego Rivera

werden. Im 7. und 8. Stockwerk befinden sich Versorgungseinrichtungen, auf dem Dach ein Kindergarten und Sportstätten.

Das Grundanliegen des sozialistischen Städtebaus äußert sich eindrucksvoll in harmonisch geschlossenen Ensemblegestaltungen, die auf eine vielseitige Befriedigung der Bedürfnisse aller Werktätigen ausgerichtet sind. Eine großzügige und repräsentative Bebauung gibt dem neuen Alexanderplatz in Berlin ein modernes Gesicht. Breite Straßen und Unterführungen für Fahrzeuge und Fußgänger gewährleisten einen schnell fließenden Verkehr. Gesellschaftliche Bauten und Wohnhäuser sind in ihrer Anlage sinnvoll aufeinander bezogen. Zentrale

Sydney, Opernhaus, 1958

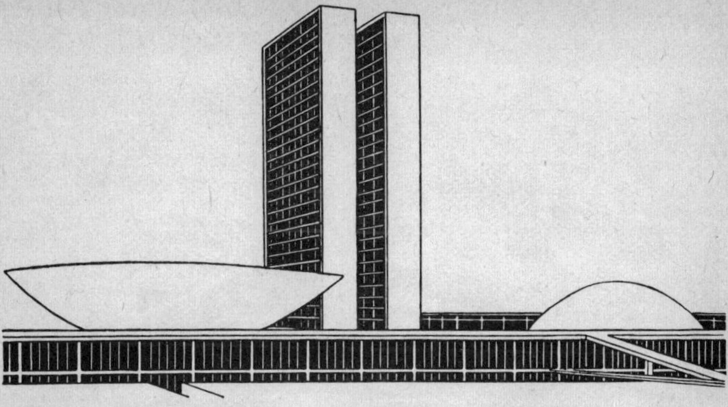

Brasilia, Regierungsgebäude, erbaut 1958 von Oskar Niemeyer

Punkte dieser weiträumigen Anlage sind das »Haus des Lehrers« mit Kongreßsaal, ein Warenhaus, ein Hotelhochhaus und das »Haus der Elektroindustrie«. Höhendominante ist der Fernsehturm.

Die Rekonstruktion der Zentren gehört auch in vielen anderen Städten der DDR zur architektonisch-städtebaulichen Hauptaufgabe. In Dresden gehen beim Aufbau des im Zweiten Weltkrieg zerstörten Stadtzentrums Pflege historischer Baudenkmale und Neubau großzügiger Straßen und Plätze Hand in Hand. In den nächsten Jahren wird die Prager Straße als reiner Fußgängerbereich neu bebaut.

In den letzten Jahren wurden in den Bezirkshauptstädten und in

Marseille, Großwohnblock »Unité«, erbaut 1952 von Le Corbusier

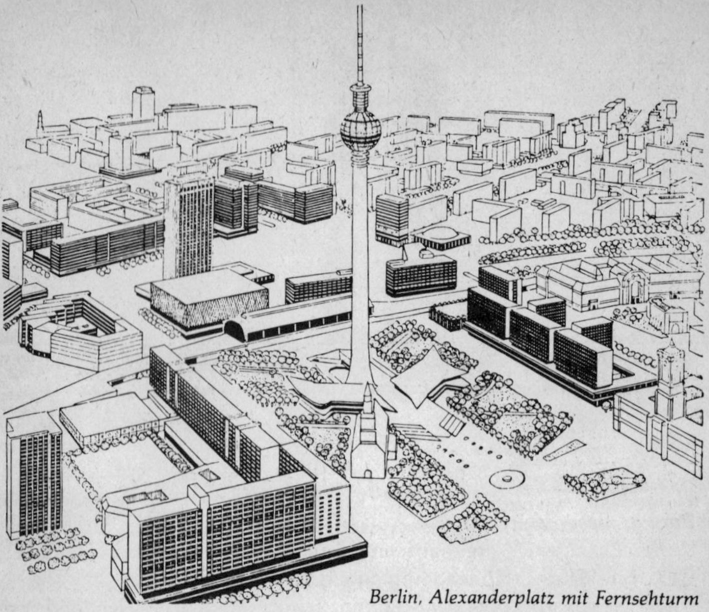

Berlin, Alexanderplatz mit Fernsehturm

landschaftlich besonders reizvollen Gegenden viele moderne Hotelbauten und Ferienheime errichtet. Mit ihrem Ausstattungskomfort können sie allen Bedürfnissen der Gäste gerecht werden.

Die Neubauten im Berliner Stadtzentrum werden in industriellen Bauverfahren errichtet. Sie zeichnen sich durch Zweckmäßigkeit und

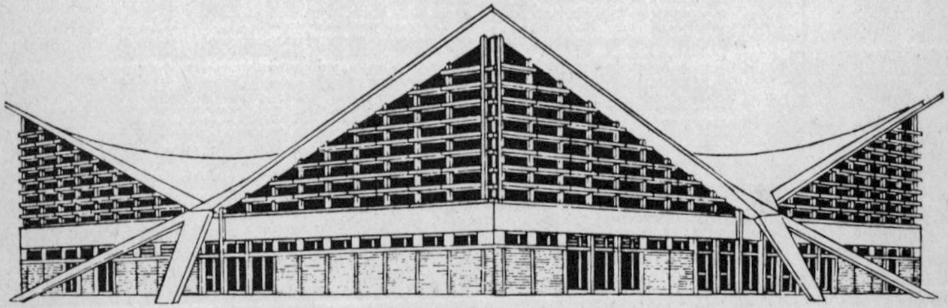

Rostock-Lütten Klein, Kaufhalle

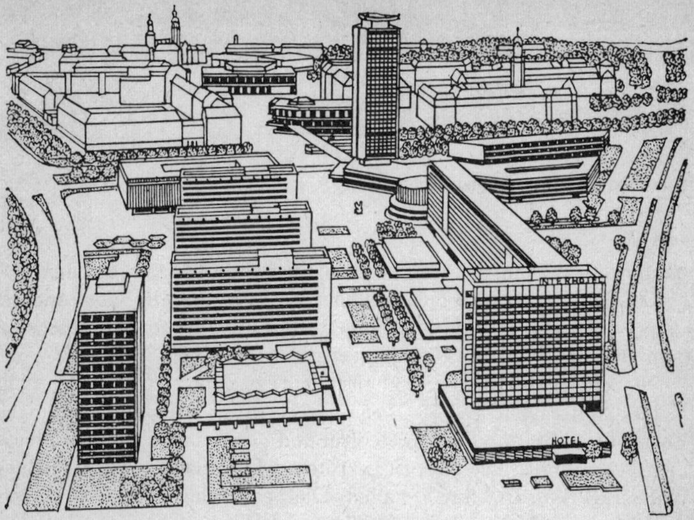

Dresden, Prager Straße mit Blick zum Altmarkt

durch eine lebendig gestaltete architektonische Form aus. Zwischen Spittelmarkt und Friedrichstraße entsteht die neue Leipziger Straße, deren städtebaulicher Rhythmus von 25geschossigen Wohnhochhäusern auf der Südseite und einer plastischen Front 11geschossiger Wohnbebauung auf der Nordseite bestimmt wird. Moderne Wohn-

Oberhof, Ferienhotel der Gewerkschaften »Panorama«

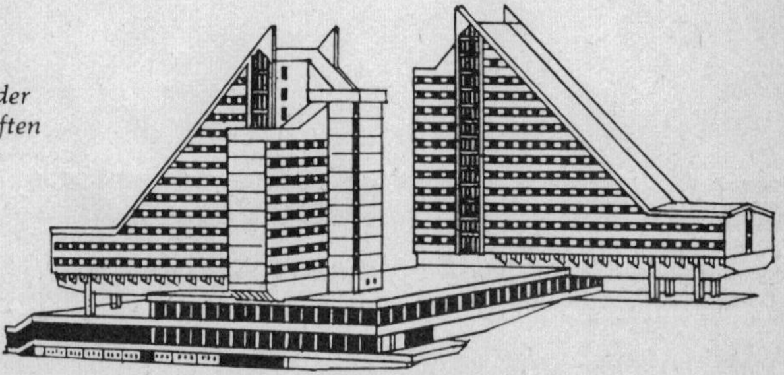

Schwerin, Sport- und Kongreßhalle

bauten wurden an der Rathausstraße errichtet. In den unteren Geschossen befinden sich Einrichtungen des Handels, der Gastronomie und der Kultur, die durch Fußgängerpassagen und Terrassengeschosse sinnvoll mit der Wohnbebauung verbunden werden.

Die Schweriner Mehrzweckhalle gehört zu den größten neuen Hallenbauten der DDR. Der 80 × 65 m große Innenraum, der bis zu 8120 Zuschauer faßt, ist völlig stützenfrei und bietet damit ausgezeichnete Sichtverhältnisse. Die doppelt gekrümmte Dachfläche wird von einer Gitterträgerkonstruktion gehalten. Die Sportanlagen der Halle werden durch ein benachbartes Stadion und Übungsfelder ergänzt. Ein Punkthochhaus eines angrenzenden Wohngebietes überragt das gesamte Ensemble.

In exponierter Lage neben dem alten Leuchtturm entstand in Warnemünde der »Teepott«, der gastronomische Einrichtungen mit 380 Plätzen enthält. Die aus drei Grundflächen zusammengesetzte 1200 m^2 große hyperbolische Paraboloidschale gibt, bei nur 7 cm Stärke, der Konstruktion eine hohe Festigkeit und Spannkraft. Das Gebäude wurde in nur 5 Monaten errichtet.

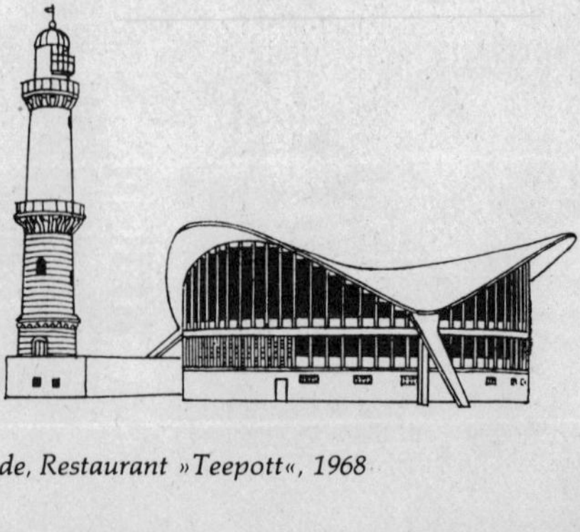

Rostock-Warnemünde, Restaurant »Teepott«, 1968

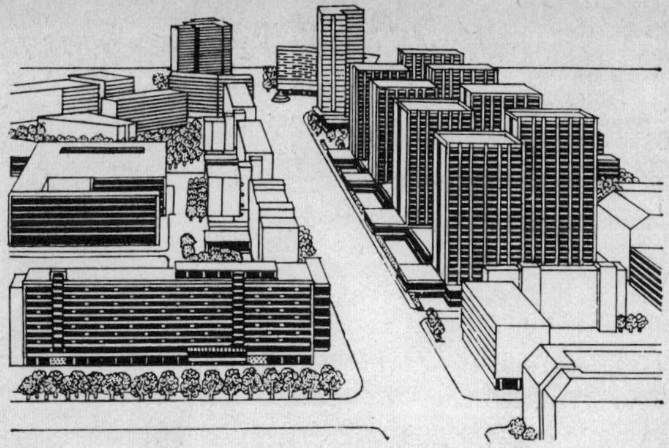

Berlin, Leipziger Straße, Projekt für Neuaufbau

Zu den wichtigsten architektonischen und städtebaulichen Aufgaben in der bulgarischen Hauptstadt Sofia gehört der Bau eines neuen Hauptbahnhofes. Es entstand ein 300 m langes und 120 m tiefes Bahnhofsgebäude, dessen Dach von 11 Mittelpylonen getragen wird. Am Bahnhofsvorplatz werden eine Post, ein Kaufhaus, ein Kino, zwei Hotels und andere gesellschaftliche Einrichtungen entstehen. Die Leistungen der bulgarischen Architekten wurden in den letzten Jahren besonders bekannt durch den Bau von Erholungszentren am Schwar-

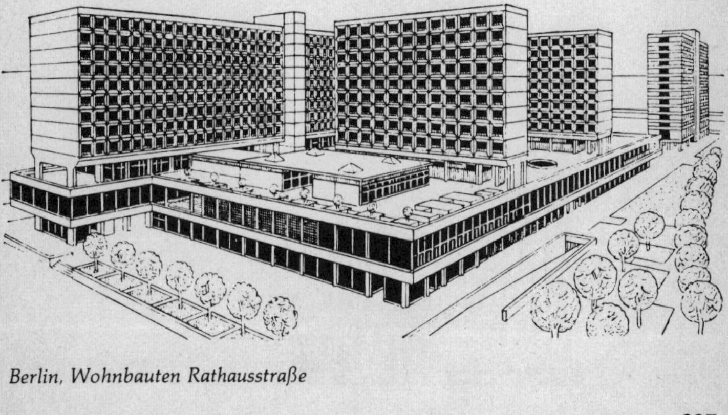

Berlin, Wohnbauten Rathausstraße

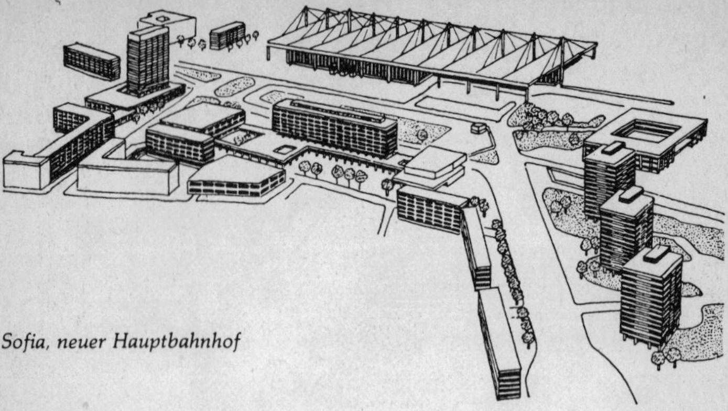

Sofia, neuer Hauptbahnhof

zen Meer. Am »Goldenen Sand« bei Warna und am »Sonnenstrand« bei Nessebar entstanden Hotels, Restaurants und Klubs für in- und ausländische Gäste. Das neueste Projekt wird in Albena verwirklicht. Hier wurden bis 1975 10 miteinander verbundene Hotelgebäude errichtet, die 10 000 Urlaubern Platz bieten. Der terrassenförmige Aufbau geht harmonisch über in die Höhenzüge des Balkangebirges. Trotz der ausschließlichen Verwendung seriengefertigter Bauelemente imponiert Albena durch seine abwechslungsreich gestaltete Architektur.

Albena, Hotelneubau

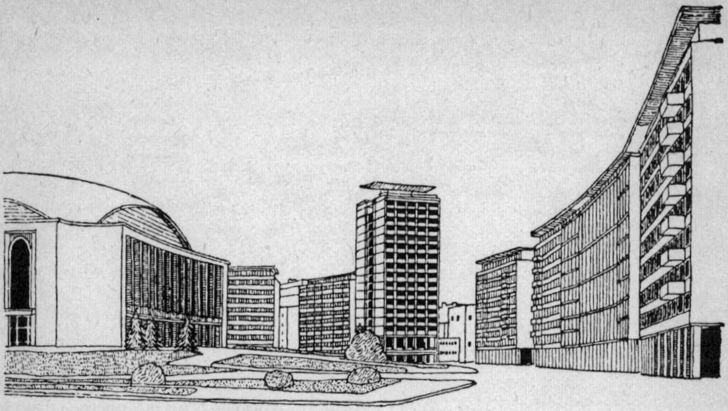

Bukarest, Platz der Republik

In der rumänischen und bulgarischen Volksrepublik entstanden, besonders an der Schwarzmeerküste und in den Hauptstädten, unter Berücksichtigung der modernsten Bautechnik und einer gelungenen Einbeziehung nationaler Elemente hervorragende Bauten. In Bukarest, der Metropole des einst rückständigen Rumäniens, waren bis 1960 bereits über 25 000 neue Wohnungen entstanden. Das eindrucksvollste städtebauliche Ensemble ist der »Platz der Republik«, der von modernen zehngeschossigen Wohnhochhäusern eingefaßt wird. Ein achtzehngeschossiges Punkthaus bildet den Akzent der Anlage.

Budapest, Wohnhaus

Moskau, Kongreßpalast im Kreml, Innenansicht

Das neue Stadtbild der ungarischen Hauptstadt weist viele interessante architektonische Lösungen auf. Die Errichtung moderner, industriell gefertigter Wohnsiedlungen steht im Vordergrund der Bemühungen der Budapester Städtebauer. Daneben steht die Schließung vorhandener Baulücken durch Einzelbauten, die besonders durch die vielfältige Variation ihrer äußeren Form auffallen.

Im Oktober 1961 beschloß der XXII. Parteitag der KPdSU den Aufbau des Kommunismus in der Sowjetunion. Er faßte diesen welthistorischen Beschluß in einem neuen Kongreßpalast, der dem Ensemble des Moskauer Kreml eingeordnet wurde.

Der Entwurf stammte von dem Architektenkollektiv M. Posochin. Der 50 m lange und 20 m hohe Saal bietet 6000 Besuchern Platz und ist mit den neuesten technischen Einrichtungen ausgestattet: Hunderte

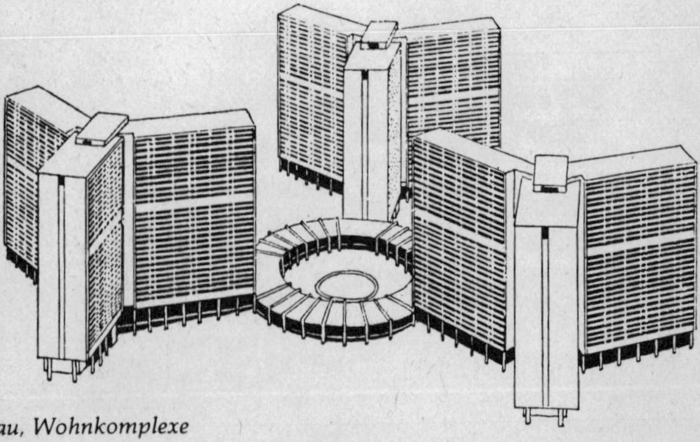

Moskau, Wohnkomplexe

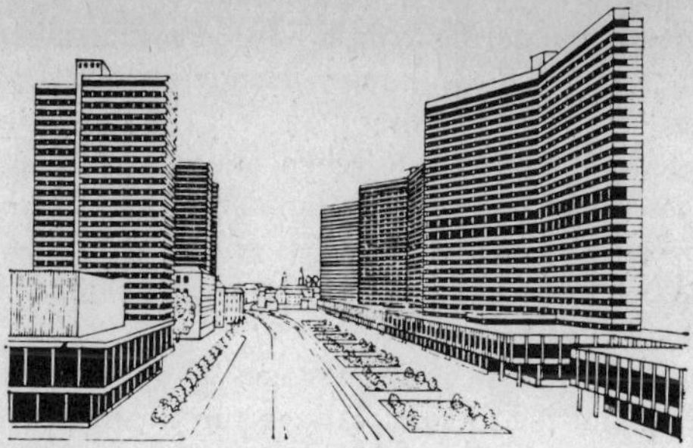

Moskau, Kalinin-Prospekt

unsichtbar angebrachter Lautsprecher erzeugen eine ausgezeichnete Akustik; jeder Platz ist an eine Übersetzeranlage für 19 verschiedene Sprachen angeschlossen. Die Wände sind mit Eschenholz und einem Kunstledermosaik verkleidet; verdeckt angebrachte Leuchtstoffröhren und 4500 Direktleuchten erhellen den Saal.

Für 6000 Menschen wurde dieser moderne Wohnkomplex von sowjetischen Architekten gebaut. Drei Wohnhochhäuser stoßen an einen ringförmigen Flachbau, der Räume für Veranstaltungen und Dienstleistungen enthält. Zum Klub, zur Sporthalle, zum Lesesaal und zum Restaurant gelangt man durch eine Reihe überdachter Galerien, ohne die Straße überqueren zu müssen. In der Nähe liegen Schule, Kindergärten und Kinderkrippen.

Zu den modernsten Moskauer Straßen gehört der Kalinin-Prospekt.

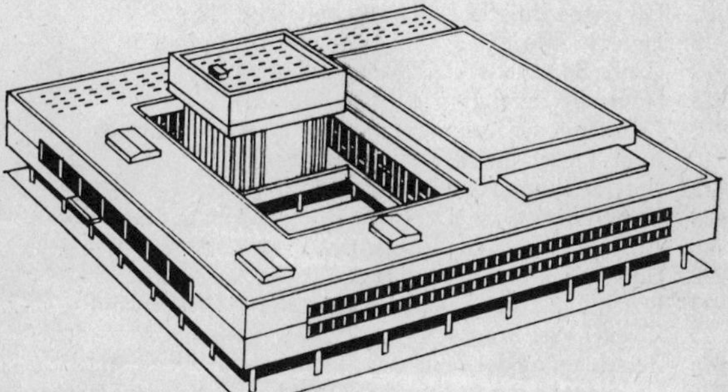

Uljanowsk, Lenin-Memorial

Vier 24stöckige Gebäude, die in ihrer Form an aufgeschlagene Bücher erinnern, beherbergen Verwaltungs-, Handels- und gesellschaftliche Einrichtungen. Fünf Turmhäuser von je 21 Stockwerken auf der gegenüberliegenden Straßenseite geben Tausenden Moskauern komfortabel ausgestattete Wohnräume. Ein den Häusern vorgeschobener 850 m langer Flachbau enthält u. a. das größte Moskauer Restaurant »Arbat« mit 2000 Plätzen und die größte Buchhandlung Europas mit 4000 m^2 Verkaufsfläche.

Anläßlich des hundertsten Geburtstages W. I. Lenins wurde eine in die neue städtebauliche Gesamtplanung für Uljanowsk einbezogene Gedenkstätte eingeweiht. Der Atriumhof dieses eigenwilligen Bauwerkes umfaßt das Geburtshaus Lenins. Die historische Stätte wird von einem modernen kubischen Flachbau (100 × 100 m) umschlossen. In dem Gebäude sind Gesellschaftsräume, eine Bibliothek und andere kulturelle Einrichtungen untergebracht. Das 7,50 m hohe Untergeschoß ist in Stützen aufgelöst, die dem monumentalen Gebäude ein transparentes und einladendes Aussehen verleihen. Der 14 × 14 m große, aber 16,50 m hohe Leninsaal überragt den Hauptbaukörper; er birgt eine Leninstatue aus weißem Marmor.

20. Jahrhundert

ALLGEMEINE GESCHICHTE

1900	Max Planck veröffentlicht seine Quantentheorie
1900—03	Die erste zyklische Weltwirtschaftskrise
1914—18	Erster Weltkrieg
1917	Große Sozialistische Oktoberrevolution
1918	Novemberrevolution in Deutschland
1918	Gründung der Kommunistischen Partei Deutschlands
1920	Kapp-Putsch durch Generalstreik vereitelt
1922	Unterzeichnung des Rapallo-Vertrages
1928	Uraufführung der »Dreigroschenoper« von B. Brecht und K. Weill
1929	Ausbruch der Weltwirtschaftskrise
1932	UdSSR erfüllt den ersten Fünfjahrplan
1933	Errichtung der faschistischen Diktatur in Deutschland
1939—45	Zweiter Weltkrieg
1945	Zerschlagung des deutschen Faschismus durch die Antihitlerkoalition
1946	Vereinigung der KPD und SPD zur Sozialistischen Einheitspartei Deutschlands

1949 Gründung der Bundesrepublik Deutschland
1949 Gründung der Deutschen Demokratischen Republik
1949 Konstituierung des Comecon
1954 Erstes Atomkraftwerk der Welt in der UdSSR eingeweiht
1955 Abschluß des Warschauer Verteidigungsvertrages
1957 Erster künstlicher Erdtrabant von der Sowjetunion gestartet
1961 Programm für den Aufbau des Kommunismus auf dem XXII. Parteitag der KPdSU beschlossen
1963 Atomteststopabkommen
1966 Warschauer Vertragsstaaten beschließen »Bukarester Deklaration«
1969 Internationale Beratung der kommunistischen und Arbeiterparteien in Moskau
1971 XXIV. Parteitag der KPdSU
VIII. Parteitag der SED

BAUGESCHICHTE

1902 Erstes Stahlbetonskelett-Wohnhaus in Paris
1907 Gründung des Deutschen Werkbundes
1911 Walter Gropius baut die Schuhleistenfabrik in Alfeld
1925 Vollendung des Lenin-Mausoleums in Moskau von A. W. Stschussew
1925 Bruno Taut und Martin Wagner bauen die Großsiedlung Berlin-Britz
1926 Walter Gropius baut das Bauhaus in Dessau
1934 Gründung der Akademie für Architektur in Moskau
1934 Baubeginn der Moskauer Untergrundbahn
1935 Generalplan zur Umgestaltung Moskaus
1939 Fertigstellung der Leninbibliothek in Moskau
1948—50 Bau eines Kollektivwohnhauses in Gottwaldow (ČSSR) von I. Vozenilck
1950 Rekonstruktion der Altstadt von Warschau
1951 Gründung der Deutschen Bauakademie
1951 Baubeginn von Eisenhüttenstadt
1952 Gründung des Nationalen Aufbauwerkes in der DDR
1953 Eröffnung der Lomonossow-Universität auf den Leninbergen in Moskau
1956 Baubeginn des Kombinats »Schwarze Pumpe« und von Hoyerswerda-Neustadt
1956 Mies van der Rohe baut die Crown-Hall in Chicago
1957 Ausbau von Erholungszentren am Schwarzen Meer in Rumänien und Bulgarien
1957 Baubeginn von Brasilia
1960 Eröffnung des neuen Leipziger Opernhauses
1962 Baubeginn am »Haus des Lehrers«, Berlin
1963 Ende der Wiederherstellungsarbeiten am Dresdner Zwinger
1966 Fertigstellung des Funkhauses in Paris
1967 Eröffnung des Hotels »Rossija« in Moskau
1969 Fertigstellung des Fernsehturms in Berlin
1970 Fertigstellung des Comecon-Gebäudes in Moskau
1971 Fertigstellung des Alexanderplatzes in Berlin und der Marszalkowska in Warschau
1972 Olympia-Bauten in München

Anhang

Stilübersichten — Giebel, Brunnen, Schränke — Deutsche Bauernhäuser

Um den Blick für Wesen und Eigenart der verschiedenen Baustile zu schulen, vergleiche man Einzelformen miteinander. Breit lagert sich der Giebel am romanischen Bau. Schmuckbänder, ein Keilschnittfries in Verbindung mit einem Rundbogenfries, heben seine Gesamtform hervor. Eine Rose betont die Mitte. Steil klettert der gotische Giebel empor, dicht gereiht drängen Streben zur Höhe, als Türmchen endend; von den Treppenstufen weisen zudem noch kleinere Giebel aufwärts. Der nächste, ein Giebel der ausklingenden Spätgotik, hat die abgetreppten Schrägen beibehalten. Doch sind die Staffel jetzt zierlich und durchbrochen, sie bilden eine Kante um das Muster aus waagerechten Reihen sich durchdringender Bogenschwünge, das den Giebel überflutet. Noch kräftiger kommen an dem klar gegliederten Renaissancegiebel die Waagerechten zu Wort. Zweifach, als Geschoß- und als Brüstungsgesimse, kreuzen sie die von Halbsäulen betonten Senkrechten. Den Bremer Giebel gliedern nur Geschoßgesimse. Ihn überwuchern plastische Bandornamente (Beschlagwerk). Die Formen sind bizarr,

Links: Maulbronn, Zisterzienser-Klosterkirche, Westfassade Ende 12. Jahrhundert; rechts: Grimmen, Rathaus 14. Jh.

Links: Mühlberg/Elbe, Propstei, erbaut 1531; rechts: Zittau, Heffter- Giebel, erbaut 1552

teilweise knorpelartig. Sie gehören der »manieristischen« Spätstufe der Renaissance an. Der barocke Erfurter Giebel hat eine einzige, von Kolossal-Voluten gefüllte Stufe, er wird kraftvoll von stark ausladenden Gesimsen und Pilastern gegliedert. Einfach und klar ist die klassizistische Fassade der Singakademie. Gleichmäßig reihen sich Pilaster

Links: Bremen, Essighaus, erbaut 1618; rechts: Erfurt, Karthäuserkirche, erbaut 1728 von Maximilian v. Welsch

Berlin, Maxim-Gorki-Theater, ehem. Singakademie, erbaut 1827

zwischen halbhohen Portalen. Einziger plastischer Schmuck ist ein Fries, den Reliefs mit den Kapitellen bilden. Den modernen Giebel ziert großzügig und zweckmäßig allein der verglaste Mittelteil mit dem Portal.

Am romanischen Brunnen lastet auf dem Sockel ein wuchtig gegossenes Becken. Ein schwerer Steinschaft trägt eine Schale. Viel leichter steigen am gotischen Brunnen vom massigen Sockel aus die reliefgeschmückten Schalen zu steiler Höhe, gestützt von zierlichen maßwerkartigen Streben. Der spätgotische Brunnen ist nicht mehr in einzelne Geschosse gegliedert. Aus den geschwungenen Baldachinen über den

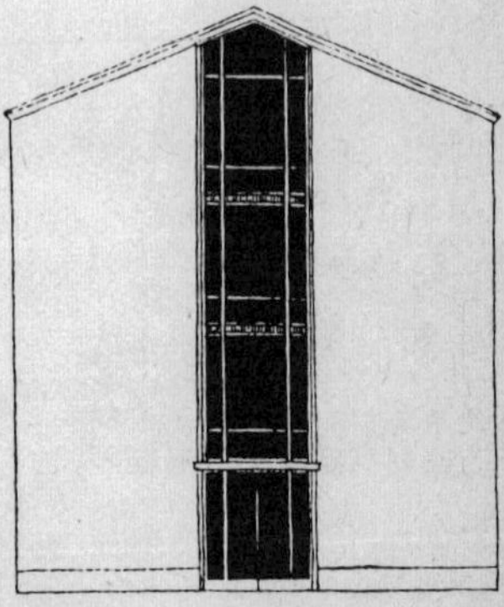

Dresden, Technische Universität, 1960

Links: Goslar, Marktbrunnen, erbaut 13. Jahrhundert; rechts: Braunschweig, Marktbrunnen, Zinn, erbaut 1408

Links: Ulm/Donau, »Fischkasten« am Rathaus, erbaut 1482; rechts: Rottweil am Neckar, Marktbrunnen, erbaut 1550

Reutlingen, Löwenbrunnen,
Anf. 17. Jh.

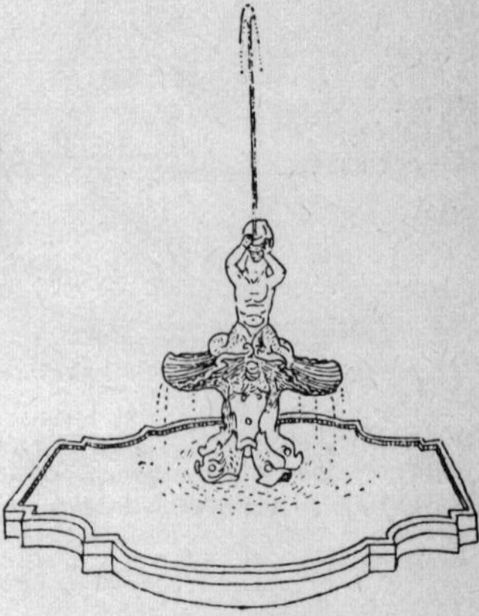

Rom, Fontana del Tritone,
erbaut vor 1644 von G. L. Bernini

Kirchberg a. d. Jagst,
Schloßhofbrunnen

Dresden, Großer Garten,
Mosaikbrunnen, 1922,
Hans Poelzig

Schrank um 1210,
Halberstadt

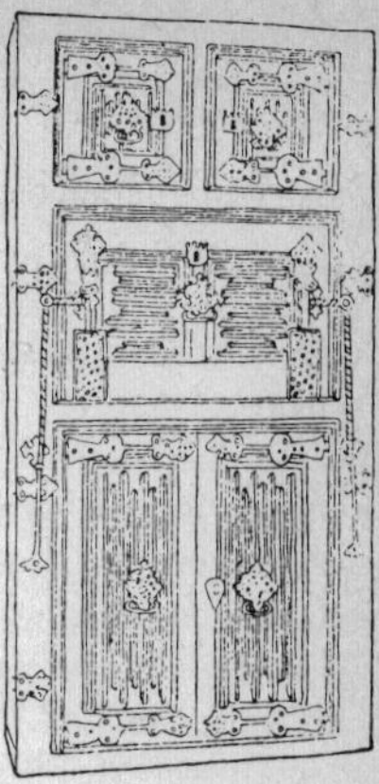

»Schenkschyve«,
um 1500, Lüneburg

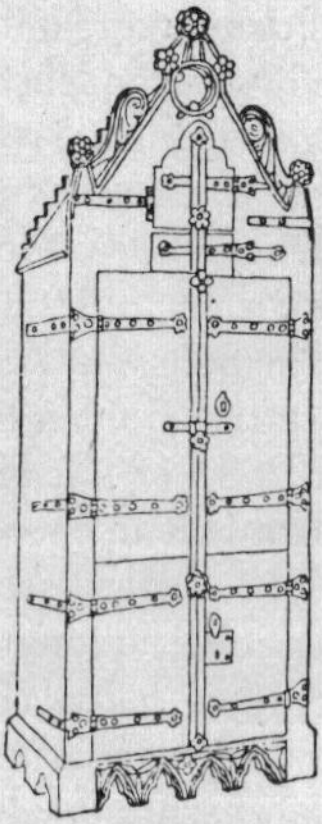

Giebelschrank, 14. Jh.,
Halberstadt

»Ulmer Fassadenschrank«,
Ende 16. Jh.

Hamburger Barockschrank,
sogenannter »Schapp«, 1682

Figuren schraubt sich ein nadelfeiner Helm spiralig nach oben. Ein Renaissancemeister errichtete eine Pyramide aus Säulengehäusen mit Giebeln bzw. Bogen und belebte sie mit Figuren. Mit dem Beginn des Barocks bauchen sich die Brunnensäulen energischer aus.

Bernini bildet den Aufbau allein aus lebensvollen Naturformen. Vier Delphine tragen auf ihren hochgeringelten Schwanzflossen zwei kühn geschwungene Muscheln. Kniend hält sie ein fischschwänziger Triton zusammen, er bläst aus einer Muscheltrompete einen feinen Wasserstrahl gen Himmel. Starr, streng und voll Ebenmaß ist der klassizistische Brunnen. Auf dem knapp und kantig profilierten Pfeiler sitzt unvermittelt ein kanneliertes Säulenstück und trägt eine Urne. Am letzten Brunnen steigen aus einem Trog Kelche, von deren Rändern zarte Wasserschleier herabrieseln. Rings um die Wände ziehen sich wellenartige Muster in leuchtendem Mosaik.

Auch am Mobiliar läßt sich der Stil einer Zeit verfolgen. Massig und schwer ist der romanische Schrank. Auf eichenen Eckpfosten liegen überragende Balken, kräftige Bohlen füllen die Zwischenräume. Malereien auf Goldgrund schmücken alle Flächen. Kennzeichnend für die Gotik ist die schlanke Form, die in einem Giebel mit geschnitztem Rand ausläuft. Die spätgotische »Schenkschyve« ist gedrungener, ihre Vorderseite ist aus Rahmen mit Füllung gezimmert. Verschiedene Felderpaare zeigen feingliedriges Faltwerk. Reiche, durchbrochene Eisenbeschläge auf rotem und blauem Grund beleben die Fläche. Den breiten viertürigen Renaissanceschrank gliedert ein Gerüst aus Nischen, Pilastern, Architraven und flachen Giebeln. Am wuchtigen Barockschrank kontrastieren Schnitzereien mit spiegelnd polierten Flächen. Die reichen profilierten Verkröpfungen an Rahmen und Füllung bewegen sich gegenläufig. Weit lädt das schwere Kranzgesimse aus. Am Rokokoschrank sind die glänzenden Furnierflächen elegant geschwungen. An dem Berliner Schreibschrank aus dem Klassizismus verjüngen sich die glatten, allein von der Mahagonimaserung belebten Wände. Einziger Schmuck sind die blockhaften Löwen. Der moderne Schrank wirkt durch die Ausgewogenheit der Proportionen und die Schönheit des Holzes.

Während in der Urgesellschaft Speicher und Stallungen wohl Gemeinbesitz waren, bildeten sich später im Feudalismus Gehöfte aus. Neben regellosen Haufenhöfen kommen geregelte Anlagen, Winkel-, Parallel-, Hufeisen- und Vierkanthöfe vor.

Als Beispiel sei aus der Vielfalt ein mitteldeutscher Dreiseithof herausgegriffen. Wohnhaus, Scheune und Seitengebäude umgeben im Rechteck den Hof. Links steht das Hauptgebäude. Vom Hausflur ge-

Links: Rokoko-Schrank aus Norddeutschland, Mitte 18. Jahrhundert; rechts: Berliner Biedermeier-Sekretär, um 1825

langt man geradeaus zur Küche mit dem angebauten Backofen, rechts zum Kuhstall und links zur Wohnstube, von der aus der Bauer Hof und Straße überschauen kann. Im Obergeschoß befinden sich Schlafstube, Gast- und Gesindekammern, im Dach der Schüttboden. An der Rückseite liegt die Scheune, deren Tenne gleichzeitig die Durchfahrt zum Feld bildet. Das rechte Seitengebäude, das Auszüglerhaus, enthält

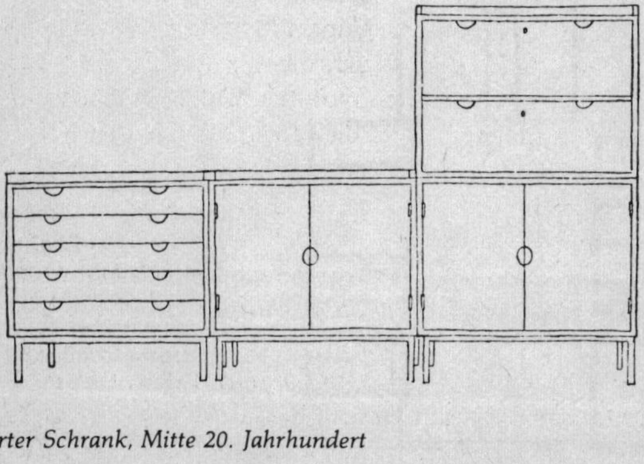

Kombinierter Schrank, Mitte 20. Jahrhundert

Mitteldeutsches Gehöft

zu ebener Erde Pferdestall und Wagenschuppen, darüber die Altenteilwohnung und den Strohboden.

Das deutsche Bauernhaus weist mannigfaltige Formen auf. Neben Gehöftanlagen gibt es Bauernhäuser, die Wohnung, Stall und Scheune unter einem Dach bergen, die Einbauten, Groß- oder Haupthäuser. Sie eignen sich für Gebiete mit Weidewirtschaft, für Gegenden mit reichen Niederschlägen, da hier selbst anhaltende Schneefälle den Wirtschaftsbetrieb in keiner Weise behindern.

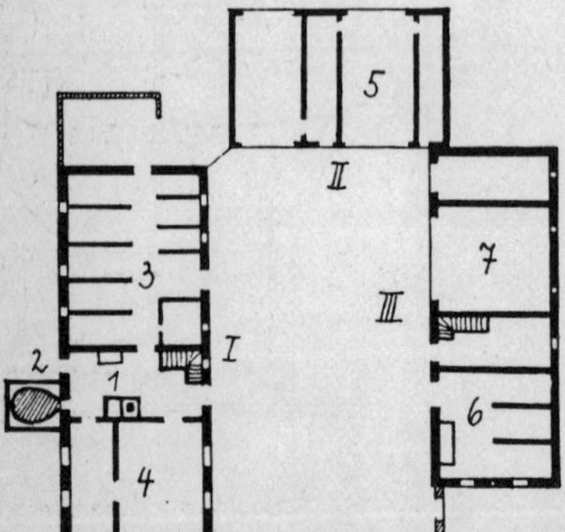

Mitteldeutsches Gehöft, Grundriß; I Wohnhaus: 1 Hausflur und Küche, 2 Backofen, 3 Kuhstall, 4 Wohnstube; II Scheune: 5 Tenne mit Durchfahrt zum Feld; III Auszüglerhaus: 6 Pferdestall, 7 Wagenschuppen, darüber Altenteilwohnung und Strohboden

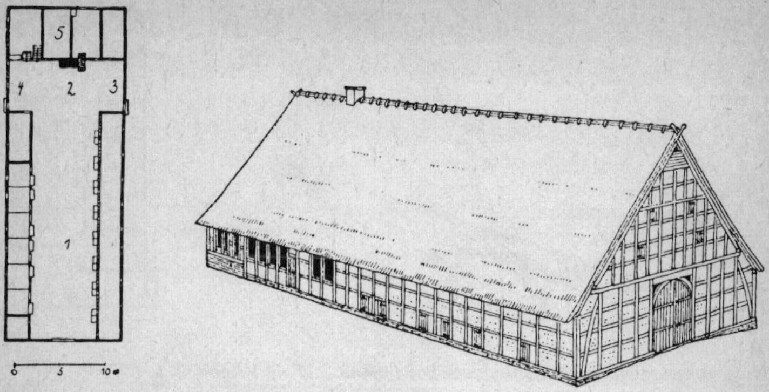

Niedersachsenhaus (Flachhallenhaus), Kreis Tecklenburg/Westfalen: 1 Längsdiele, 2 Fleet mit Herd, 3 Waschplatz, 4 Eßraum, 5 Kammern

Das Niedersachsenhaus, ein Ackerbauernhaus, faßt Wohnung, Stall und Wirtschaft in einem einzigen Raum zusammen. Zwei Ständerreihen bilden eine dreischiffige Halle. Ein gewaltiges Stroh- oder Reetdach überspannt das Haus, es wird von schrägen Sparren getragen, die sich gegenseitig stützen und daher der Mittelständer entbehren können. — Das friesische Großhaus, der Haubarg, dürfte aus der Zusammenfügung einzelner Häuser entstanden sein. An der deutschen Nordseeküste besteht es seit dem 16. Jh. Heute stehen nur noch einige auf Eiderstedt.

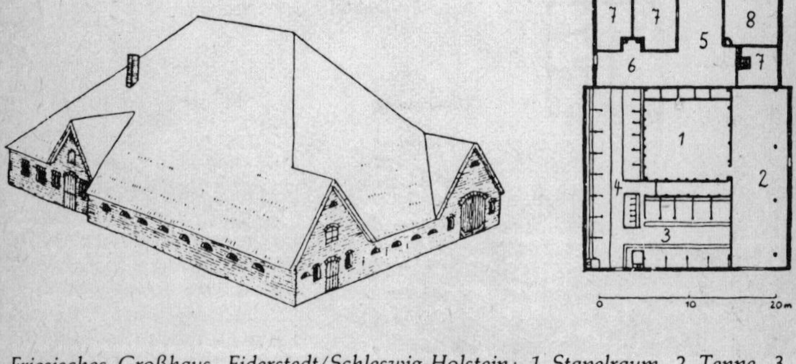

Friesisches Großhaus, Eiderstedt/Schleswig-Holstein: 1 Stapelraum, 2 Tenne, 3, 4 Pferde- und Kuhstall, 5 Diele, 6 Küche, 7 Wohnräume, 8 Prachtstube

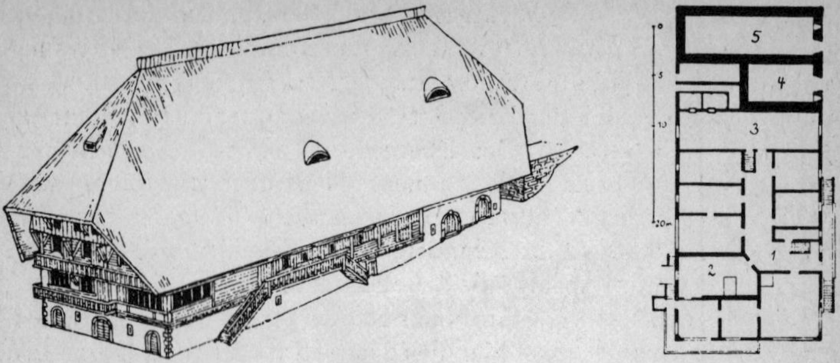

Schwarzwaldhaus (Oberdeutsches Einhaus): 1—3 Wohnteil, 4, 5 Viehställe

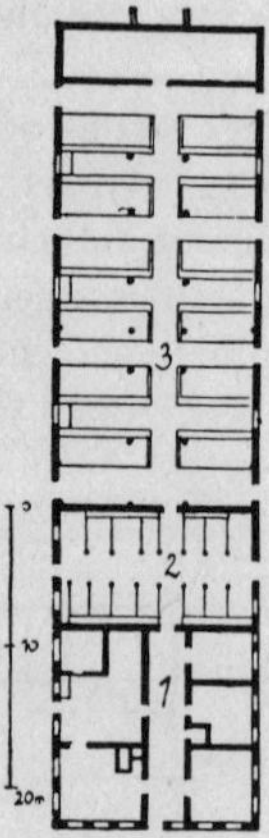

Oberbayernhaus: 1 Wohnteil mit Flur, Küche, Stube und Kammern, 2 Viehställe, 3 Wirtschaftsteil

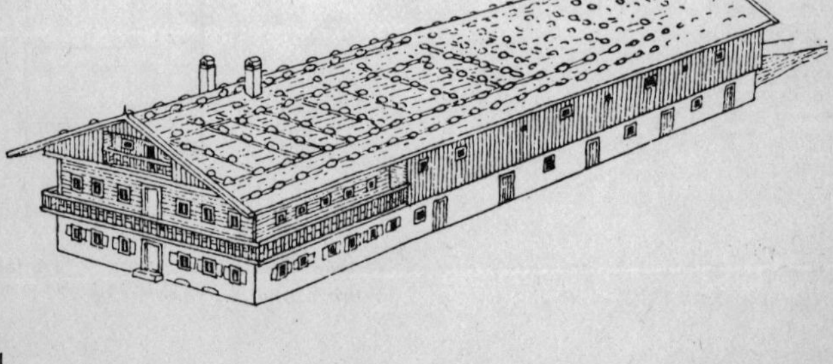

Die oberdeutschen Einhäuser sind Stockwerksbauten und zugleich Querdielenhäuser. Das Dach wird von horizontalen Balken, den Pfetten, getragen, die auf senkrechten Ständern ruhen. So stehen in Hausmitte stets die Säulen der Firstpfette. Das Schwarzwaldhaus hat ein steinernes Sockelgeschoß. Das Obergeschoß ist in Blockständerbauweise ausgeführt, horizontale Tannenbohlen füllen die Räume zwischen den tragenden Wandständern. Ein seitlicher Aufgang führt zum Wohnteil. Die stroh- oder schindelgedeckte Dachhaube hat an den Giebelseiten weit vorspringende Krüppelwalme.

Auch das oberbayrische Großhaus ist quergeteilt, hat ein stark ausladendes Pfettendach, es ist hier allerdings flach und breit. Die langen Legschindeln aus Lärchenholz werden von Windstangen gehalten, die mit Steinen beschwert sind. Um alle drei Seiten ziehen sich Hochlauben, schmale Laufgänge mit Brüstungen. An den Wohnteil schließen sich, durch eine Brandmauer getrennt, ebenerdig die Viehställe an.